KB075872

타인이라는
가능성

타인이라는 가능성

나의 세상을
확장하는
낯선 만남들에 대하여

윌 버킹엄 지음
김하현 옮김

어크로스

엘리 커크(1977~2016)를 추모하며

차례

2부 미지의 세상에 들어서다

여는 말

오전이 반쯤 지났을 때였고, 8월 초의 흐린 날이었다. 집에 돌아와 고양이를 부르니 조용히 다가와 야옹야옹 울며 내게 인사를 건넸다. 허리를 굽혀 고양이를 쓰다듬어주었다. 일주일 동안 고양이를 제대로 돌보지 못했다. 지난 7일간 호스피스 병동에서 엘리의 곁에 머물며 가끔씩만 사료를 가득 채워주러 집에 들렀기 때문이다. 방치한 것이 미안했다. 등 뒤로 현관문을 닫고 부엌으로 들어왔다. 호기심이 생긴 배고픈 고양이가 내 뒤를 따라왔다.

싱크대 위에 채식 케저리(영국에서 많이 먹는 인도풍 쌀 요리-옮긴이)가 가득 든 커다란 플라스틱 통이 놓여 있었다. 우리 집 열쇠를 가지고 있는 친구가 두고 간 것이었다. 그때는 일일이 셀 수 없을 만큼 많은 친구들이 우리 집 열쇠를 갖고 있었다. 용기 뚜껑에 직접 쓴 메모가 붙어 있었다. 요리하고 싶지 않을 수도 있으니까.

뒷마당을 내다보니 해가 최선을 다해 구름을 뚫고 나오고 있었다. 엘리가 겨우 일주일 전에, 짐 쌀 시간도 없이, 우리가 함께 살던 집을 그토록 갑작스레 떠난 것을 떠올렸다. 우리는 병원에 금방 다녀올 거라고, 몇 시간 뒤면 집에 돌아올 거라고 생각했다. 우리에겐 더 많은 나날이, 심지어 몇 주는 남아 있을 거라고 생각했다. 그러나 병원에 도착하자 사람들이 즉시 엘리를 중환자실로 데려갔고, 중환자실에서 다시 호스피스 병동으로 보냈으며, 엘리는 다시 집으로 돌아오지 못했다.

호스피스 병동에서 돌아온 나는 몹시 지쳐 있었다. 일주일 동안 엘리의 침대 옆 의자에서 쪽잠을 잤고, 엘리의 손을 붙잡고 엘리가 정신이 들었다 나갔다 하는 것을 지켜보며 끝을 기다렸다. 이제 엘리는 없었고, 나는 돌아왔고, 집은 텅 비었다. 눈물을 흘릴 힘이 없었다. 잠이 필요했다. 함께 13년을 살았는데, 이제는 이렇게 텅 비어 있었다. 느닷없이 밀려든 슬픔이 아직 낯설었다. 나는 이 슬픔이 내게 무엇을 할지, 나를 어떻게 변화시킬지 기다리고 있었다.

그날 오후에 친구들과 가족들에게 연락해서 상황을 전했다. 페이스북에 엘리의 부고를 올렸다. 메시지가 쏟아져 들어왔다. 친구들에게서, 낯선 사람들에게서. 그들의 다정함이 고마웠지만 양이 너무 많았다. 나는 몇 개의 메시지에 답장을 보낸 다음 노트북을 닫고 이제 무엇을 해야 할지 고민했다.

시인 나야 마리 아이트Naja Marie Aidt는 슬픔에 빠졌을 때 "우리는 미래에 대한 희망을 잃고 미래를 상상하지도 느끼지도 못한다. 한 시간, 15분, 1분 앞도 내다보지 못한다. 계획을 세우지 못한다. 우리는 미래가 없는 시간을 살아간다"라고 말한다.[1] 슬픔은 마비이며, 미래의 상실이다. 세상이 무너졌을 때 무엇을 할 것인가? 나의 첫 본능적 반응은 숨는 것이었다. 상처 입은 동물처럼 나의 슬픔과 함께 몸을 웅크리는 것이었다. 마치 이 슬픔이 독특하고 이례적이고 소중히 간직해야 하는 것인 양, 오로지 나만의 것인 양 세상에 드러내 보이지 않는 것이었다. 나는 몸을 동그랗게 말고 상실의 껍데기 안으로 숨고 싶었다.

그날 저녁에는 요리를 했다. 술에 취해야 하나 고민했다. 탁자 위에 나를 취하게 해줄 싱글 몰트 위스키 반병이 놓여 있었다. 그러나 술을 마실 기력이 없었다. 우유 한 잔을 따뜻하게 데워 침대로 갔다. 고양이가 와서 내게 몸을 기댔다. 새벽이 되자 고양이는 잠들지 못하고 우는 나를 귀찮아하며 다시 아래층으로 내려갔다.

그렇게 잠들지 못한 다음 날, 다시 부엌 식탁에 앉았다. 지난 수년간 엘리와 내가 함께 살았던 집들과 수많은 손님, 우리가 초대한 낯선 사람들과 친구들을 떠올렸다. 사람들이 오고 갔던 것, 우리 집으로 무엇이든 스며드는 듯 보였던 것, 집이 숨을 쉬었던 것을 떠올렸다.

"나의 집은 속이 비치지만 유리는 아니다"라고 조르주 스피리다키Georges Spyridaki는 말한다. "그보다는 증기의 성질에 더 가깝다.

우리 집의 벽은 내가 원하는 대로 수축하고 팽창한다. 가끔은 벽을 갑옷처럼 내 몸에 두른다.… 그러나 때로는 마음껏 펼쳐 내보이고, 그럴 때 벽은 무한히 확장된다."[2]

내게는 숨 쉬는 공간이 필요했다. 그 어느 때보다 더. 벽을 내 몸에 둘렀다가 다시 펼쳐내는 것이. 삶의 들숨과 날숨이.

노트북을 열고 온라인에 접속해 짧은 메시지를 남겼다. 지금 나는 상처 입었다고 썼다. 나는 비참했다. 그러나 숨어들고 싶진 않았다. 다른 이들과 함께 있고 싶었고, 연결되고 싶었다.

이리로 와, 나는 말했다. 내가 요리할게.

상실은 세상에 구멍을 낸다. 우리를 발가벗기고, 찢긴 곳과 틈을 드러낸다. 혼란을 일으키며 우리 삶의 나침반을 망가뜨린다. 상실은 미래를 없애는데, 오로지 과거만을 가리키기 때문이다. 그러나 상실은 전면적이지 않다. 때로는 그 틈과 찢긴 곳 사이로 새로움이라는 바람이 불어올 수 있다. 우리가 망가졌음을 인정할 때, 취약함 속으로 낯선 이가 다가와 우리를 안아줄 수 있으며, 이 포옹 안에 새로움으로 향하는 다리가 놓여 있다. 에마뉘엘 레비나스Emmanuel Levinas는 낯선 이와의 관계가 곧 미래와의 관계라고 말했다.[3]

엘리가 세상을 떠나고 며칠 뒤 시내 중심가를 걷고 있었다. 역 바깥에 세워둔 자전거가 사라졌고, 나는 자전거 도둑의 인정머리 없는 시기 선택에 분노하고 있었다(페이스북에 이렇게 썼다. "내 자전거를 훔쳐 간 도둑에게. 더 좋은 때를 택할 수도 있었잖아. 더 좋은 자전거를 택할 수도 있었다고").

거리에서 모르는 사람이 나를 붙잡았다. 기금을 모으는 사람이었다. 20대 여성이었고, 정직하고 낙천적으로 보였다. "안녕하세요." 그가 말했다. "친절한 분처럼 보여요. 잠시 시간 내주실 수 있을까요?"

나는 주저했다. 그가 입은 조끼의 로고가 보였다. 그는 유방암 연구 기금을 모으고 있었다.

"유방암에 대해 좀 아시나요?" 그가 물었다.

거짓말을 할 수도 있었다. 무시하고 지나갈 수도 있었다. 목이 조여오는 게 느껴졌다. 그러나 그때 사실대로 말하는 편이 낫겠다는 생각이 들었다. "네." 내가 말했다. "이번 주 초에 제 파트너가 호스피스 병동에서 세상을 떠났어요."

그가 가만히 멈추고 내 말을 받아들였다. "그분 성함이 뭐였어요?" 그가 물었다.

그 질문이 나를 놀라게 했다. 지극히 단순했지만 내게는 선물 같았다. "엘리요." 내가 말했다.

그가 미소 지으며 손을 뻗어 내 팔을 잡았다. "안아드려야겠어요." 그가 말했다. 그러고서 두 팔로 나를 꽉 안았다. 비닐 재질의 조끼에서 바스락거리는 소리가 났다. 연대의 포옹이자, 고된 삶에 대한 공감의 표현이었다.

"고마워요." 나는 감정에 완전히 압도되어 그의 어깨에 기대 울며 말했다. "정말로 고마워요."

엘리가 떠나고 몇 주간 많은 것이 필요했다. 고독이 필요했다. 친구들, 즉 가장 가까운 사람들이자 나와 똑같은 상실을 경험한 사람들이 필요했다. 우리 집의 네 벽을 갑옷처럼 둘러야 했다. 그리고 그 벽들을 바깥으로 확장해 사람들을 초대해야 했다. 그러나 내가 놀란 것은 낯선 이들, 엘리를 전혀 알지 못하고 내가 느끼는 슬픔의 종류를 전혀 모르는 사람들이 정말 많이 필요하다는 것이었다. 나는 인생의 많은 시기에 걸쳐 미처 깨닫지 못한 채 낯선 사람들, 낯선 아이디어와 낯선 상황을 찾았다. 한 번도 만난 적 없는 사람들에게 집을 공개했고 다른 이들의 집에서 시간을 보냈다. 이러한 만남들이 내 삶의 형태를 거듭 바꾸었다. 그러나 낯선 사람과의 만남이 슬픔이 초래한 마비 상태의 강력한 해독제가 될 수 있음을 깨달은 것은 엘리가 죽고 난 후였다. 내게 오늘 어떠냐고 물은 카페 직원(물론 거짓말을 했다). 시장의 과일가게 주인("오늘 어떠슈?"). 전광판에 기차 운영이 취소되었다는 메시지가 떴을 때 함께 눈빛을 교환한 기차역의 승객들. 바닥에 광택제를 바르러 온 남자들(몇 주 전에 엘리와 함께 예약했다). 전부 사소한 일들이었다. 그러나 엘리가 세상을 떠난 뒤의 그 며칠, 몇 주, 몇 달 동안 나는 낯선 이들과의 만남을 통해 세상이 여전히 굴러가고 있으며 슬픔만이 전부는 아님을 알게 되었다.

사회학자 게오르크 지멜Georg Simmel은 이방인이 가까이 있으면서도 멀리 떨어져 있다고 말한다. 그리고 이 근접성과 원격성의 조합은 "완전히 긍정적인 관계"라고 낙관적으로 덧붙인다. 최악의 시기에 모르는 사람에게 자전거를 도둑맞아본 적은 없는 게 분명하다. 엘리의 죽음 이후 완전히 긍정적인 관계는 그 어디에도 없었다(모든 것에는 장단점이 있다). 하지만 나는 낯선 이들에게, 그들이 지닌 가능성에 어딘가 사람을 자유롭게 하는 측면이 있음을 알게 되었다. 낯선 사람들은 우리의 세상과 생활에 엮여 있지 않고, 바로 이 사실이 우리의 짐을 가볍게 해줄 수 있다. 그래서 가끔 모르는 사람에게 자기도 모르게 속내를 털어놓게 되는 것이다. 지멜은 우리가 낯선 이들과 "가장 놀라운 사실과 비밀"을 주고받으며, 이러한 풍경이 "때로는 성당의 고해실을 떠올리게 한다"라고 말한다.[4]

암 연구 기금을 모으던 모르는 사람이 거리에서 나를 안아주었을 때 마음이 가벼워지는 것이 느껴졌다. 고해실에서 나온 신자처럼, 나는 세상이 뜯겨나가고 무너질 때도 세상을 다시 세울 수 있음을 알게 되었다.

이 책은 낯선 사람들에 관한 것이다. 낯선 이들이 불러오는 새로움에 대한 희망과 그들이 우리 안에 일으키는 공포를 다룬다. 세상이 그 어느 때보다 어두워 보일 때, 우리의 집과 세상이 어떻게 더 깊게 숨 쉬고 열릴 수 있는지에 관해 이야기한다. 인간의 뇌는 대략 150명 가량을 파악할 수 있다. 이 150명은 우리가 안다고 주장할 수 있는 사람들, 계속 연락을 주고받는 사람들이다. 길에서 우연히 만났을 때 한잔하러 가자고 하거나 격리된 아파트에서 줌Zoom으로 화상채팅을 하자고 제안해도 이상하게 여기지 않을 사람들이다. 우리 스스로 그들의 내면세계와 행동의 동기를 어느 정도 꿰뚫고 있다고 여기는 사람

들이다.[5]

대부분 인간 역사에서 바로 이 사람들이 우리가 속한 사회를 이루었다. 가장 가까운 사람들, 친척과 친구들, 동료들. 우리는 이들과 함께 살아가고 일상의 고됨을 견뎌냈으며 가장 큰 기쁨을 누렸다. 이들이 우리와 세상의 한구석을 공유하는 소집단이었다. 우리 뇌가 그렇게 만들어졌다. 어느 수준을 넘으면 뇌의 신피질은 그 모든 사람의 삶을 다 파악하지 못한다.

우리의 조상이 작은 수렵채집인 무리를 이루며 살던 시절, 공동체 구성원은 대개 친족이었다. 공동체에 나타난 낯선 사람, 즉 놀랍거나 새로운 인물은 그냥 지나가거나, 공동체에 머물 경우 곧 친족 연결망에 흡수되었다. 로빈 던바Robin Dunbar에 따르면 "(외로운 인류학자를 제외하면) 공동체에 들어온 사람은 곧 구성원과 결혼하고 자식을 낳음으로써 근친 관계로 엮였다".[6] 1990년대 중반에 나는 인도네시아 동부의 타님바르제도에서 인류학 현장연구 중이었다. 그때 나의 집주인 이부 린Ibu Lin은 내게 자기 양아들이 된 셈 치라며, 그러니 내 아내를 찾는 것이 자신의 의무라고 말했다. 친족 관계의 핵심은 혈통을 잇는 것이 아니라 후손에 대한 이해관계를 공유하는 것이다. 나를 이곳에서 장가보내면 나 또한 미래의 일부, 소속망의 일부가 되는 것이었다.

1800년경까지 사람들 대부분은 이런 소규모 대면 공동체에서 살았다. 주위에는 친족과 이웃, 친구들이 있었고 이방인은 극소수였기에 사람들의 입에 오르내렸다.[7] 그러나 산업혁명이 모든 것을 바꾸어놓았고 지금도 꾸준히 진행 중인 도시화를 불러왔다. 우리는 낯선 이들 수백만 명이 거주하는 연담도시conurbation(중심 도시가 팽창하면서 주변 도시와 합쳐져 형성된 거대 도시-옮긴이)로 밀려들고 있다. 그러므로 부담감을 느끼게 되는 것은 자연스러운 일이다.

지구를 공유하는 80억 명의 사람들과 비교하면 우리의 작은 사회에 속한 150명의 친밀한 사람들은 매우 미미하다. 관계의 동심원 속에서 아무리 바지런하게 내가 속할 곳이라는 감각을 엮어봐도, 이 원들은 곧 내가 알지 못하는 아찔한 수의 인간 집단 사이로 흐릿하게 사라져버린다. 이 아찔한 낯섦과 알 수 없음, 다수성을 어떻게 이해할 수 있단 말인가?

우리는 낯선 사람에게 늘 이중적인 반응을 보인다. 불안과 가능성, 흥분과 두려움에 몸이 떨린다. 낯선 이들은 속을 알 수 없고 명확하게 이해하기도 힘들다.[8] 우리는 그들이 무슨 생각을 하는지, 앞으로 무엇을 하려 하는지 알지 못한다. 그들이 무엇을 할 수 있는지, 폭력이나 우리가 모르는 질병을 일으킬지에 대해서도 알지 못한다. 낯선 사람은 우리의 통제 너머에, 우리가 가진 힘과 이해력 너머에 있다. 수도 너무 많다. 낯선 사람에 대한 공포는 대상이 다양하다. 이 공포는 그들이 할 수도 있는 행동에 대한 두려움이다. 신경 써야 할 사람이 이미 버거울 정도로 충분히 많다는 두려움이다. 우리의 연약한 소속망이 붕괴될 것이며 다수성이 우리를 압도하리라는 두려움이다. 변화에 대한 두려움, 낯선 사람이 우리 삶에 들여올 좋을 수도 나쁠 수도 있는 새로운 것들에 대한 두려움이다.

낯선 사람에 대한 공포, 말 그대로 '제노포비아xenophobia'는 우리의 의식 깊은 곳에 자리한다. 우리는 제노포비아를 익히 악한 것으로 여긴다. 그러나 증오나 적의로 굳어지기 전에, 제노포비아는 알 수 없음과 이에 따른 위험이 불러일으키는 합당한 불안에서 비롯된다. 자신의 연약함과 취약함, 세상의 무자비함을 떠올리면 온몸에 전율이 인다. 이러한 떨림은 먼 옛날의 문헌에서도 발견된다. 《오디세이아》(낯선 이들이 제기하는 가능성과 위협의 이중성에, 환대와 적의, 환영과 폭력의 백지장 차이에 심취한 텍스트다)에도, 《성서》에도 등장하며, 《길가메시 서사시》와 중국 및 인도의 고대 문헌에도 나온다. 이 문헌들은 사람들이 도시로 몰려들어 이방인이 일으키는 문제가 증가하고, 알지 못하는 사람들에게 둘러싸인 세상에서 사는 것이 어떤 의미인지 더욱 절실하게 묻게 되었을 때 쓰였다.

그러나 낯선 이에 대한 두려움은 이야기의 절반일 뿐이다. 이들은 우리의 흥미를 불러일으키며, 뜻밖의 가능성과 상상 못한 미래를 약속한다. 완전히 반대라고는 할 수 없는 제노포비아의 짝은 새로움에 대한 매혹, 낯설고 익숙하지 않은 것 앞에서 느끼는 호기심이다. 그리스인들은 낯선 것과의 이 우호적 관계, 낯선 사람과 연결되고자 하는 이 욕망을 '필로제니아philoxenia'라고 부른다. 이 단어의 뿌리는 《신약》에 있다. 〈히브리서〉 13장 2절에는 "필로제니아를 잊지 말라. 어떤 이들은 이를 통해 자기도 모르는 사이 천사들을 대접한다"라는 말이 나온다. 인류의 가장 오래된 문헌들은 낯선 이들이 불러오는 위험으로 가득하지만, 한편으로는 다름 앞에서 우리의 삶을 열어젖힐 때의 짜릿한 흥분과 가능성으로 흘러넘친다. 이 문헌들은 손을 내밀어 미지의 것과 연결되고자 하는 인간의 욕망을 증명한다.

모든 새로움과의 만남에는 호기심과 두려움, 필로제니아와 제노포비아, 환대와 적의가 복잡하게 얽혀 있다. 이러한 두려움과 매혹의 뒤섞임은 언어 자체에도 내재한다. 영어 단어 'host(손님을 맞이한 주인)', 'guest(손님)', 'hospitality(환대)', 'hostility(적의)', 'hostage(인질)'는 모두 어근이 같다['hotel(호텔)'과 'hostel(호스텔)', 'hospital(병원)'은 말할 것도 없다]. 철학자 자크 데리다Jacques Derrida는 언어학자 에밀 벵베니스트Émile Benveniste의 뒤를 이어 이 개념들의 기원을 고대 어근인 *hosti-pet에서 찾는다(별표는 이 단어가 재구성된 것임을 의미한다).[9] 이 재구성된 어근은 두 부분으로 이루어진다. 첫 번째 부분인 hosti는 '이방인'이라는 뜻이며, 두 번째 부분인 pet은 '가능성' 또는 '힘'이라는 뜻이다. 낯선 사람들은 언제나 우리에게 불확실성을 안긴다. 천사일까, 악마일까? 가능성일까, 위협일까? 이 질문들에는 힘이 있다. 좋은 쪽이든 나쁜 쪽이든 상황을 변화시킬 가능성이 있다.

낯선 사람들로 가득한 이 세계에서의 삶은 어떤 면에서 우리의 고립과 외로움을 악화시킨다. 우리는 다닥다닥 붙어 살고 고층 건물과 지하철로 밀려들며 붐비는 보도 위의 좁은 공간을 두고 다투는 사회적 포유동물이다. 그러면서도 연결되는 것을 어려워한다. 도시화는 외로움을 부채질하고 도심에서는 1인 가구가 갈수록 증가한다.[10]

지난 2세기 동안 전 세계에서 생활방식이 바뀌었다. 한때 우리 대부분은 농경사회에서 살았다. 이러한 사회에서는 여러 세대가 한집에 살았고 계층 이동의 기회가 적었으며 장거리 여행이 드물었다. 그때는 자기 부족과 소속 집단을 알아보기가 어렵지 않았다. 이제 우리의 삶은 더욱 원자화되었다. 이동이 더 쉬워졌고 많은 사람이 혼자 살며 관계가 일시적이고 덧없어졌다.[11] 그 결과 외로움이라는 고통이 퍼졌다. 우리는 연결되기를 갈망하고 타인과 함께 사는 삶의 의미를 간절히 느끼고 싶어 하지만 이러한 연결은 너무나도 찾기 힘들다. 마리나 키건Marina Keegan은 말했다. "우리에게는 외로움의 반대말이 없다. 외로움의 반대말은 사랑도 아니고 공동체도 아니다. 곁에 사람이, 수많은 사람이 있다는 느낌이다."[12] 도시 생활의 역설은 그 어느 때보다 많은 사람에게 둘러싸여 있으면서도 우리에게 함께라는 느낌이 없다는 것, 우리가 그 느낌을 갈망한다는 것이다. 서서히 퍼지는 이 외로움은 무서운 결과를 낳는다. 외로움은 우리의 정신적·신체적 안녕을 방해한다. 면역 체계를 크게 약화한다.[13] 건강에 악영향을 미친다. 상투적으로 느껴질 만큼 자주 반복되는 진실이다. 우리는 이 세상의 한복판에서 셀 수 없을 만큼 많은 타인에게 둘러싸여 서성이면서도 단절된 상태로 외로워한다.

이 책은 두 가지 문제, 즉 낯선 이들의 세상에서 살아가는 문제와 외로움의 문제를 해결하는 방법을 알아본다. 고립을 넘어서서 더욱 확장되고 타인을 환대하는 삶을 살아갈 수 있도록, 낯선 이가 가져다주는 가능성에 더욱 마음을 터놓을 수 있도록 문을 활짝 열어 다시 연결되는 방법을 찾고자 한다. 고립과 제노포비아라는 거대하고 어려운 문제에서 빠져나오는 방법을 찾으며 다양한 문화와 학문, 역사적 시기를 가로지르고 철학과 문학, 역사, 인류학의 이야기를 엮는다. 이 문제가 손댈 수 없을 만큼 방대해 보이더라도 인간의 창의력은 끝이 없어서 때로는 예상치 못한 곳에서 우리가 찾는 해결책을 발견할 수도 있기 때문이다.

1부에서는 관계에서의 친밀감에 대해 살펴본다. 집이 어떻게 숨을 들이쉬고 참는지 질문하고, 낯선 사람을 환영하거나 반대로 자신이 환영받는 것이 어떤 느낌인지 따져본다. 서로 삶의 문턱을 넘을 때 추는 미묘한 의례의 춤, 우리를 묶기도 나누기도 하는 예법, 주인과 손님이 함께 나누는 기쁨, 문제가 발생할 수 있는 상황, 불가피한 떠남의 순간, 우리 자신이 삶의 이방인이 되어 생과 사의 문턱을 넘어가는 순간을 살펴본다.

2부에서는 동심원의 크기를 키워 우리의 집과 친밀한 관계뿐만 아니라 어떻게 하면 살기 좋은 세상을 만드는 데 기여할 수 있을지를 질문한다. 넘기 힘든 경계와 문턱을 넘어간, 여행자와 이민자들의 여정에 관해 이야기한다. 도시와 군중의 이중성, 즉 집단 속에서 느끼는 야단법석한 기쁨과 고통스러운 외로움을 다룬다. 어떻게 하면 이웃과 더 사이좋게 지낼 수 있을지 질문하고, 늘 변화하는 세상, 낯섦이 곧 표준이 된 세상에서 공동체가 어떤 의미를 띨 수 있을지 살핀다.

우리 주위의 수많은 낯선 사람들은 앞으로도 사라지지 않을 것이다. 우리에게는 선택지가 있다. 뒤로 물러나 무관심할 권리를 요구하며, 그들이 처한 상황이 우리와 무슨 상관이냐고 묻고 그들의 삶은 우리의 관심사가 아니라고 말할 수도 있다. 제노포비아가 세력을 떨치게 내버려두고 전시 체제에 돌입해 우리 사회의 한복판에서 낯선 이들을 몰아내고 통제하고 폄훼하려 할 수도 있다. 그러나 무관심과 적의는 모두가 살기 좋은 미래를 약속하지 않는다. 이 책은 세 번째 선택지를 살핀다. 더 어렵지만 결국에는 더욱 값진 이 선택지는, 우리가 얼마나 두렵고 얼마나 쉽게 상처 입는지를 인식한 상태로 사회의 한복판에서 낯선 이들에게 문을 활짝 여는 것이다. 문을 열고, '안녕'이라 인사하고, 그들의 낯섦을 껴안는 것. 이렇게 하면 모두가 함께 더욱 훌륭하고 창의적인 삶의 방식을 발견할 수 있다.

1부

낯선 세상을 맞이하다

낯선 사람이 친밀한 사람들이 모인 따뜻한 집 안에 들어오면
모두 경계 태세가 된다. 이 세상에 무언가 새로운 것이 도착했고
아직 아무도 그 정체를 모른다. 모두가 서로를 탐색하며 자신이
어떤 사람을 상대하고 있는지 파악하려 한다. '어서 들어오세요.'
우리는 이렇게 말하고, 손님은 미소를 지으며 문 안으로 들어온다.
이 따뜻함 아래에는 경계심과 불확실에서 오는 떨림이 있다.
이제부터 이 안에서 무슨 일이 벌어질지 알 수 없기 때문이다.

01

우리 집에 오신 것을 환영합니다

기원전 58년, 로마의 위대한 연설가 마르쿠스 툴리우스 키케로 Marcus Tullius Cicero는 집을 멀리 떠나 있었다. 테살로니키로 망명한 그는 에게해의 해안에서 무더운 여름이 지나가길 기다렸다. 망명은 그에게 큰 고통이었다. 그는 낯선 사람들에게 둘러싸인 채 깊은 우울에 빠져들었다. 별다른 할 일 없이 향수병에 시달렸고, 분노와 비참함, 외로움을 꼼꼼히 기록한 편지를 고향에 부치느라 바빴다. 가까운 사람들에게서 멀리 쫓겨난 그는 동생 퀸투스에게 보낸 편지에 자신이 "유령 같은 한낱 산송장"이 되어버렸다고 적었다.[1] 그리고 이러한 참담함과 비참함을 경험해본 사람은 또 없을 거라고 주장했다. 시민권을 박탈당해 자신이 사랑하는 도시로 돌아가지 못하고 가족 그리고 고향 땅과 단절된 키케로는 자아가 무너지는 것을 느꼈다. 그는 이렇게 썼다. "내 재산과 가족만 그리운 것이 아니다. 이전의 내 모습도 그립다. 나는 무엇을 위해 존재하는가?"[2]

누구나 할 수 있는 질문이다. 집과의 미약한 연결조차 끊어졌을 때, 한 장소와 한 공동체 그리고 그동안 기반을 쌓아왔고 내가 이방인이 아니었던 세상의 한구석과 우리를 이어주는 끈이 사라졌을 때, 우리는 누구인가? 집은 신성한 공간이며 세상의 수많은 불확실성에서 우리를 보호해주는 장소다. 집은 곧 우리 자신이다. 그러므로 이방인이 된다는 것의 의미를 제대로 이해하고 싶다면 먼저 집에 머무는 것의 의미를 이해해야 한다.

키케로의 집

키케로는 적수였던 푸블리우스 클로디우스 풀케르Publius Clodius Pulcher와 오랜 불화를 빚은 끝에 추방당했다. 키케로가 추방되기 4년 전, 클로디우스는 류트 연주자처럼 여장을 하고 순결의 여신 보나 데아Bona Dea를 기리는 의식에 몰래 잠입했다가 붙잡혀 추문을 일으켰다. 베스타의 처녀들(화로의 여신 베스타Vesta를 모시는 사제들)이 관장하는, 오로지 여성만 참여할 수 있는 의식이었다. 의식은 율리우스 카이사르Julius Caesar의 집에서 극비리에 진행되었고, 카이사르의 아내 폼페이아Pompeia가 주최자 역할을 했다. 플루타르코스Plutarch의 설명에 따르면 클로디우스는 폼페이아에게 반해 있었고, "폼페이아도 마음이 없지 않았다".[3] 클로디우스는 변장을 하고 카이사르의 아내를 유혹하려 몰래 집 안에 숨어들었다. 처음에 사람들은 그가 여성 연주자인 줄 알았으나(플루타르코스는 그가 본래 수염이 없었다고 말한다) 여자 노예와 대화를 나누다 정체가 드러나고 말았다. 그의 굵은 목소리에 화들짝 놀란 여자가 의상 너머로 실체를 파악하고 경보를 울렸다.

거의 완벽에 가까운 추문이었다. 종교와 정치, 권력과 욕망, 젠더 금기, 신성함과 위반이 한데 들끓는 도가니와 마찬가지였다. 클로디우스는 불경죄로 기소되었고, 불경죄는 최대 사형을 선고받을 수 있었다. 이 법정에서 클로디우스에게 불리한 증언을 한 사람이 바로 키케로였다.[4] 재판은 2년간 이어졌으나 결국 클로디우스는 무죄 판결을 받았다. 그러나 사건은 여기서 끝나지 않았다. 기원전 58년에 클로디우스가 호민관(민중을 대변하는 자)으로 임명된 것이다. 클로디우스는 공격적인 포퓰리스트 정치인이었고, 난폭한 군중을 선동해 점점 강력해지는 자신의 권력을 뒷받침했다.

그러고 나서 그는 키케로에게 덤벼들었다. 적절한 법적 절차 없이 시민을 사형에 처한 관리에게 죄를 묻는 새로운 법안을 제출한 것인데, 이 법안이 소급 적용된 것이 결정적이었다. 5년 전 키케로는 로마공화국을 전복하려 했던 카틸리나 모반을 진압한 적이 있었다. 당시 키케로는 계엄령을 내려 음모를 억누르고 주요 가담자 다섯 명에게 즉결 처형을 선고했다. 클로디우스는 키케로를 목표로 삼고 법안을 밀어붙였다. 법안이 통과되자 키케로는 기소되어 유죄 판결을 받았다.

키케로가 받은 형벌은 아쿠아이 엣 이그니스 인테르딕티오aquae et ignis interdictio로, 물과 불의 사용을 금한다는 뜻이다. 이 형벌은 그를 환대하는 모든 행위(물 한 잔을 제공하거나 불을 함께 쬐는 행위)를 불법화하는 사회적 배척의 한 형태였다. 평범한 사교 생활을 완전히 빼앗긴 키케로는 재산권과 시민권, 영구 거주지를 전부 포기하고 망명하는 것 외에 다른 대안이 없었다. 즉 집이라고 여기는 모든 것을 잃은 것이었다.[5]

키케로도 이 씁쓸한 아이러니를 모르지 않았을 것이다. 이 이야기는 클로디우스가 화로를 지키는 사제들인 베스타 처녀들의 의식을 모독하면서 시작되었다. 그리고 키케로 본인이 자신의 화로와 가까운 모든 이들의 화로에서 추방되는 것으로 끝이 났다.

망명지에서 키케로는 점점 상태가 나빠졌다. 몸무게가 줄었고 자살을 생각했다. 눈물이 멈추지 않았다. 물과 불 사용의 금지, 집에서의 강제 추방은 견디기 힘든 고통이었다.[6] 그는 분노하고 흐느껴 울고 서성거렸다. 그러나 망명이 길어지면서 키케로의 분노와 향수병, 우울은 다시 돌아가겠다는 결심으로 굳어졌다. 고향에 보내는 편지는 더욱 신랄하고 논쟁적으로 변했다. 힘 있는 자들에게 탄원서를 보내 자신에게 내려진 금지 명령은 비합법적이므로 무효화해야 한다고 주장했다. 클로디우스의 법을 철회하라고 압박을 가했고 형 집행을 취소하라고 주장했다. 그러는 사이 로마에서는 정세가 변하고 있었다. 키케로를 복귀시키라는 요구가 일었다. 클로디우스는 권위를 지키려고 폭동을 일으켰다. 키케로에게 우호적인 당파도 폭동을 일으켰고, 거리에서 격전이 벌어졌다.

클로디우스의 호민관 임기가 끝나자 키케로의 지지자들이 다시 힘을 얻었다. 고향에서 로마 정세가 유리하게 변하고 있다는 편지를 받은 키케로는 정치적 여세를 이용하기 위해 테살로니키에서 아드리아해 해안에 있는 두러스로 이동했다. 두러스에서는 정치적 상황이 허락할 때 단시간 내에 로마로 돌아갈 수 있었다.

로마에서 클로디우스는 키케로가 돌아올 곳이 없도록 키케로의 집을 완전히 파괴해버렸다. 그리고 그 자리에 자유의 여신인 리베르타스Libertas에게 바치는 신전을 세웠다. 그러나 상황은 빠르게 바뀌었다. 기원전 57년 8월 4일, 로마 원로원이 한자리에 모여 키케로의 귀환을 허락하는 법안을 가결했고 키케로는 배를 타고 다시 이탈리아 브린디시로 돌아왔다.[7] 그리고 브린디시에서 다시 로마까지 이동했다. 로마에 도착한 키케로는 큰 환영을 받았다. 로마의 거의 모든 주민이 클로디우스에게 넌더리를 냈다. 로마의 권력자들이 마중을 나와 돌아온 키케로를 껴안았다. 그리고 훗날 키케로가 친구 아티쿠스Atticus에게 썼듯이, "가장 천한 사람들이 신전 계단에 떼 지어 몰려들어 떠들썩한 박수 소리와 함께 축하를 건넸다."[8]

키케로는 자신이 속했던 곳으로 돌아왔다. 그러나 아직 집에 돌아온 것은 아니었다. 땅의 소유권은 돌려받았을지 몰라도 그 자리에는 여전히 리베르타스 신전이 우뚝 서 있었다. 이 신전은 그에게 문제를 안겼다. 그에겐 두 가지 선택지가 있었다. 조각상 옆에 다시 집을 짓고 자신이 받은 모욕을 보여주는 기념비의 그늘 아래서 남은 생을 보낼 수도 있었다. 아니면 조각상을 완전히 없앨 수도 있었다. 그러나 두 번째는 선택하기 쉽지 않았다. 로마공화국에서는 쉽게 조각상을 허물 수 없었다. 키케로 본인이 잘 알았듯이 불경죄는 곧 죽음으로 이어질 수 있었다.

9월 29일, 키케로는 로마의 최고 종교 단체인 국가사제단Collegium Pontificum 앞에서 변론했다. 그의 연설 〈집에 대하여De domo sua〉는 날카로운 수사법의 극치를 보여준다. 키케로는 두 가지 측면을 내세웠다. 첫째, 애초에 그 땅을 축성한 것에 법적 효력이 없다. 클로디우스는 적절한 절차를 따르지 않았고, 더욱이 그는 불경한 건달이다. 여장을 하고 출입이 금지된 의식에 몰래 기어드는 사람에게 무엇을 기대하겠는가? 이와 동시에 키케로는 도무스domus, 즉 집은 그 자체로 성스러운 것이라 주장했다. 그는 이렇게 물었다. "시민 한 사람 한 사람의 집보다 더 성스럽고 종교에 보호받는 것이 무엇인가? 집에는 제단과 화로와 집의 수호신이 있다. 이곳에서 가족들이 의식과 의례, 축하 행사를 치른다. 집은 모두가 신성시하는 피난처다. 사람을 자신의 집에서 떼어놓는 행위는 신성모독과 같다."[9]

두 가지 측면에서 접근한 키케로의 전략은 성공적이었다. 국가

사제단은 그에게 유리한 판결을 내렸다. 클로디우스는 굴욕을 당했다. 키케로는 자신의 땅을 되찾았다. 그리고 조각상을 철거한 뒤 국가의 돈으로 다시 집을 지었다.

집의 발명과 공동체의 탄생

인간은 아주 오래전부터 집이라 부를 수 있는 장소가 필요했다. 집을 멀리 떠나왔을 때 느끼는 슬픔 또한 역사가 깊다. 그러나 인간이 집을 계속 고쳐 짓는 유일한 생명체는 아니다. 많은 동물이 더 안전한 서식처를 만들기 위해 환경을 바꾸고 자신이 처한 세상을 개조한다. 동물의 왕국은 굴과 둥지, 거미줄, 서식지, 벌집으로 가득하다. 베짜기새Weaver birds는 건축학적 경이와 다름없는 둥지를 짓는다. 비버는 전체 생태계를 자기 마음에 들게 바꾼다. 침팬지는 탄력성과 안전성이 완벽하게 조화를 이룬 최적의 입지를 찾아 가장 좋은 나무로 잠잘 곳을 만든 뒤 숲속 높은 곳에서 안전하게 잠든다.[10] 제비는 진흙으로 둥지를 빚는다. 방정맞은 멋쟁이인 바우어새Bower birds는 허세 넘치는 건축가다. 이들은 순전히 보여주려는 용도로 화려한 집을 짓는데, 이 집은 암컷을 유인하기 위한 가짜 집이다. 흰개미는 흙으로 거대한 신전을 쌓아 올린다. 소라게는 다른 게들이 떠난 집에 거주하는 무단 점유자다. 강바닥에 사는 날도래의 애벌레는 실크를 이용해 작은 돌과 모래를 대롱 모양으로 붙여 그 안에 산다. 어린 시절에 나는 물속에서 날도래 고치를 집어 들고 이토록 작은 곤충이 집을 짓는다는 사실에 감탄하곤 했다.

집이라 부를 장소를 원하는 인간의 욕망은 동물로서의 취약함에서 나온다. 인간은 몸이 너무 연약해서 몸을 웅크리고 안전함을 느낄 구석진 곳이 필요하다. 철학자 마사 누스바움Martha Nussbaum은 "모든 인간의 삶에는 육체적 노쇠와 질병, 통증, 상처, 죽음의 형태를 띤 취약함이 있다"라고 말한다.[11] 우리는 이 취약함에서 벗어날 수 없지만 주위에 껍데기를 두르고 그 안에서 위안을 구함으로써 상황을 개선할 수는 있다.

이처럼 인간의 집 개념이 우리의 취약함을 관리하려는 동물적 노력과 관련이 있긴 하지만, 인간의 집은 베짜기새의 둥지나 침팬지의 잠자리, 날도래의 딱딱한 고치보다 훨씬 더 복잡하다. 인간의 집에는 장소 이상의 의미가 있기 때문이다. 집은 그저 영역이나 범위, 세상의 한구석이 아니다. 인류학자 존 앨런John S. Allen은 집이 "그저 사람이 사는 풍경 속의 거주지만을 의미하지는 않는다"라고 말한다. 집은 "인간의 인식에서 특권적 위치를 차지한다".[12] 인간의 집짓기를 동물의 왕국 속 다른 집들과 구별해주는 것은 바로 이 인식적 차원, 집 개념이 가진 감정적 영향력이다. 집은 장소이자 공동체이며, 마구 타오르는 감정과 상상력의 혼합물이다. 우리는 자신의 집에 격렬한 감정을 느낀다. 자신이 속한 곳에서 느끼는 아늑함을 즐긴다. 집을 떠나면 향수병으로 괴로워한다. 집의 신성함에 관한 키케로의 주장이 결코 과장이 아닌 것은 이러한 이유 때문이다. 집은 그저 우리가 우연히 살게 된 곳이 아니다. 같은 곳에 속한 사람들, 가족과 가까운 이들로 이루어진 집단만을 의미하지도 않는다. 집은 집에 있다라는 강렬한 감각이다. 혹은 이곳이 우리를 둘러싼 낯선 세상과 인식적·감정적으로 분리된 나만의 공간임을 인지할 때 느끼는 태평함이다. 둥지를 틀고 그 안에 파고들어 가까운 사람들과 함께 몸을 웅크리고 싶은 욕망, 옹기종기 모여 소속감을 자아내고 싶은 욕망이다. 벌린 클링켄보그 Verlyn Klinkenborg가 말했듯, 집은 "아주 잠시도 이방인의 눈으로 바라볼 수 없는 장소"다.[13] 집은 "편하게 계세요"라는 말을 들을 필요가 없는 장소다. 이미 너무 편해서 더 노력할 게 없기 때문이다.

스스로 종교와 거리가 멀다고 여기는 사람도 집 개념에서 신성함을 느낀다. 인간 역사에서 최초로 등장한 신 중에는 화로의 신이 있었다. 인도의 가장 오래된 경전인 《리그베다》에는 신성한 불의 신 아그니Agni에게 바치는 찬가가 200개 이상 나온다. 한 찬가는 이렇게 노래한다. "좋은 불을 가지고 사랑받게 해주세요. 좋은 불이 있으면 신들이 우리가 원하는 것을 가져다주십니다. 좋은 불과 함께 기도하게 해주세요."[14] 인도에 아그니가 있다면 그리스에는 헤스티아Hestia가, 로마에는 베스타가 있다(베스타라는 이름은 '거주하다' 또는 '하룻밤을 보내다'라는 의미의 원시인도유럽어 어근에서 나왔으며[15] 키케로는 베스타를 "가장 은밀한 사생활의 수호자"라고 칭했다[16]). 다른 신들은 조각상이 있었지만 고대 로마의 베스타 신전에는 조각상 대신 신성한 화로가 있었다. (클로디우스가 잠입하려 했다가 실패한) 베스타의 처녀들이 돌본 것이 바로 이 화로였다. 로마에는 가정의 불을 수호하는 신인 페나테스penates도 있었는데, 키케로가 살던 시기에 페나테스는 이미 한참 오래전의 신으로 여겨졌다. 한편 중국에서는 지금도 부뚜막의 신인 자오신Zaoshen, 竈神이 부엌을 관장하며 가정사를 감시하고 매년 하늘로 돌아가 옥황상제에게 그 내용을 보고한다고 여겨진다.

이러한 불의 신들이 선사시대 이전으로 얼마나 거슬러 올라가는지는 알 수 없다. 그러나 인간이 늘 신에 대한 생각에 사로잡혀 있었으며 불이 (마치 자기만의 생각과 의지가 있는 것처럼) 매우 다루기 어렵다는 점을 볼 때, 인간이 처음 불을 통제하려 했을 때까지 거슬러 올라간다 해도 놀랍지 않을 것이다. 불의 신들이 얼마나 오래전에 등장했든 간에 이 한 가지만은 분명하다. 바로 화로가 발명되면서 집도 만들어졌다는 것이다.

집이 불을 통제하는 능력과 함께 나타나긴 했지만 고고학자들은 이 전환점이 언제냐를 두고 여전히 논쟁을 벌인다.[17] 그러나 우리의 조상이 언제 처음 화로를 만들고 불꽃을 함께 바라보며 소속감을 느꼈든 간에, 인간의 집을 보여주는 초기 증거들은 호모사피엔스의 정착지가 아니라 우리와 사촌지간인 네안데르탈인의 화덕에서 나왔다. 우리는 네안데르탈인의 정착지에서 인간의 집 개념을 이루는 풍성한 인지적 요소가 등장한 것을 볼 수 있다. 이들의 정착지는 사회적 의미가 켜켜이 쌓여 있는 곳, 장소와 공동체가 하나 되는 곳, 변화하는 세상 속에서 영속성을 구할 수 있도록 끊임없이 개조되는 곳이었다. 로라 스피니Laura Spinney가 〈뉴 사이언티스트New Scientist〉에 썼듯이, "네안데르탈인은 최초의 집순이 집돌이였을지 모른다".[18] 이들은 하나의 공동체를 이루며 좁은 장소에서 함께 먹고 잤다. 주거 공간의 질서를 세웠고, 그 과정에서 공동생활의 질서를 세웠다.

바르셀로나와 멀지 않은 애브릭 로마니Abric Romaní 암석 주거지에 가면 네안데르탈인이 수 세대에 걸쳐 먹고 살고 죽었던 난롯가의 흔적을 볼 수 있다. 애브릭 로마니는 11만 년 전에서 4만 년 전까지 약 7만 년간 주거지 역할을 했다. 고고학자들은 이곳에서 동물의 뼈로 뒤덮인 화덕 여러 개를 발굴했다. 연구자 마리아 게마 차콘María Gema Chacón의 말에 따르면 고고학자들이 땅을 깊게 파서 고대의 화덕을 발견한 곳에서는 지금도 구운 사슴고기 냄새를 맡을 수 있다. 약 열 명에서 스무 명으로 이루어진 공동체가 이곳에서 변화를 거듭하며 거의 24시간 동고동락했다. 이 공동 주거지는 위험한 세상에서 이들을 보호해주었다. 초기 인간 공동체는 이곳에서 서로를 돌보며 야생동물과 질병, 비바람, 자연재해, 나중에는 (네안데르탈인의 멸종에 크고 작은 역할을 했을지 모르는) 골치 아픈 호모사피엔스의 위협을 견딜 수 있었다.[19]

인간은 사회적 동물이다. 우리는 언제나 상호 협력하는 집단을 이루어 자신을 보호하려 한다. 그리고 이러한 상호 협력망은 종종 집에서 더욱 확장되어 이웃과 외부인을 아우른다. 애브릭 로마니 정착지는 지형상 방어가 쉬운 위치에 있지만, 정착지의 구조는 방어만큼이나 공동체 생활에 적합하다.[20] 여기서 공동생활이 상호 안전을 보장해준다는 것을 알 수 있다. 이들이 음식을 조리하던 화덕 근처에는 단체로 식사를 한 흔적이 남아 있다. 네안데르탈인의 요리는 놀라울 만큼 복잡했다. 사슴고기를 구워 먹었고 뼈는 육수를 냈으며, 살코기를 훈제하기도 하고 야생 허브로 맛을 냈다. 우리 호모사피엔스의 사촌 네안데르탈인이 소규모 가족 단위로만 식사한 것은 아니었다. 이들은 다른 사람을 식사에 초대하기도 했다. 화덕 주위에서 함께 식사한 사람의 수가 공동체 구성원 수를 훌쩍 뛰어넘는 경우도 많았다. 잔치를 여는 것만큼 외부인과의 동맹을 강화하기 좋은 방법은 없다.[21] 깜박이는 난롯불 주위에 둘러앉아 허브와 훈제 향을 입힌 사슴고기를 씹을 때, 우리는 나를 지켜주는 사람이 있음을 느끼며 따뜻한 소속감에 빠져들 수 있다.

집은 세상의 발판이 되어준다. 우리의 조상은 집이라 부를 곳을 찾을 때 몸을 피할 수 있는 푸릇푸릇한 곳을 선호했다. 깨끗한 물이 흐르고 사냥감이 풍부하며 포식동물이 적은 곳이 좋았다. 조상들은 낮은 언덕과 적당히 개방된 공간을 좋아했는데, 시야가 확보되면서도 필요할 때 몸을 숨길 수 있기 때문이었다. 지형상 방어에 적합하면서도 개방된 애브릭 로마니 같은 장소가 이상적이었다. 이러한 선호는 전 세계의 예술적·종교적 전통에서 발견되는 낙원의 이미지에서 다시 반복된다. 뜨거운 태양과 휘몰아치는 비, 바깥세상의 위험에서 우리를 보호해줄 시원한 동굴, 낮은 언덕, 잡목림과 그늘이 우거진 수풀, 과일이 주렁주렁 달린 나무, 생선이 풍부한 강, 사람과의 만남을 두려워하지 않는 물 마시러 온 사슴. 종교학자 야니 네르히Jani Närhi에 따르면 "묘사된 낙원은 진화에 이상적인 장소의 모습을 보여준다. 비록 그런 곳은 이 세상에 존재하지 않지만".[22] 그러나 낙원의 꿈은 그저 특정 환경에 대한 꿈이 아니다. 이 꿈은 특정 공동체, 즉 평화로운 공동체에 대한 꿈이기도 하다. 우리 인간 같은 사회적 동물에게 낙원은 사회적인 장소다. 풍경 속에 흩어진 시원한 동굴과 정자, 오두막에서 함께 시간을 보내며 조화로운 삶을 살고 즐거움을 만끽하는 것. 진화론적으로 말하면 이 꿈속의 낙원(공동체를 이루어 함께 번영하는 풍요의 공간)은 인간을 번성하게 하는 최적의 장소다. 필연적으로 세상은 이상에 한참 못 미치겠지만, 우리는 힘을 합쳐 세상을 원하는 방식으로 바꾸려 한다. 주어진 상황에서 최선을 다한다. 우리 인간은 가장 살기 힘들어 보이는 곳에서 살 만한 요소를 찾아내고 빙하와 사막조차 풍요로운 장소로 바꾸는 영리한 종족이다.

나만의 요새

인간이 생각하는 집의 모습은 늘 주변 환경에 따라 유연하게 바뀌었다. 장소와 공동체, 상상력의 상호작용은 유사 이래 대저택과 동굴집, 유목민 텐트, 롱하우스long house(전 세계에서 발견되는 건축 양식으로, 긴 집을 짓고 칸을 나누는 방식으로 수많은 가구가 함께 거주한다-옮긴이), 전원주택, 코뮌을 비롯한 매우 다양한 종류의 주거 형태로 이어졌다. 우리 인간이 가정을 꾸리는 방식 또한 무척이나 다양하다. 인류학자 프랜 바론Fran Barone은 "집은 단순한 장소가 아니라 공간과 근접성, 사랑, 유대, 행위와 생산으로 엮인 경험이다"라고 말한다.[23] 그리고 이 행위와 생산의 방식은 장소마다 다르다. 많은 북유럽 지역에서 집은 주로 조용하고 사적인 곳으로, 핵가족이 거주하고 손님이 많지 않으며 안팎의 경계가 뚜렷하다. 그러나 어떤 지역에서 집은 더 떠들썩하고 경계 없이 뻗어나간다. 어떤 문화에서 집은 손님을 재우고 대접하는 용도의 공간이 있을지 모른다. 어떤 문화에서는 이란의 집처럼 부엌과 침실을 제외한 모든 공간이 그때그때 다른 목적을 띨 수 있다.[24] 누군가에게 집은 가족이 대대로 살아가는 고정된 장소다. 다른 누군가에게 집은 유목민 공동체처럼 움직이는 장소로, 이러한 공동체에서 향수병은 어느 한 장소가 아닌 이동 자체를, 장소가 아닌 경로와 궤적을 갈망하는 것일 수 있다.[25]

그러나 집이 여러 형태를 띨 수 있다면 집을 다시 상상하고 바꾸는 것도 가능하다. 고립감과 이방인에 대한 두려움이 점점 커지는 세상에서 이러한 재상상의 과정이 그 어느 때보다도 절실하다. 30대 초반에 나는 버밍엄에 살았다. 돈에 쪼들렸던 나는 유럽 전역에서 진행되는 프로젝트의 조사원 자리를 얻어 노인을 대상으로 행복 수준에 관한 인터뷰를 했다. 매력적인 일은 아니었다. 거리를 떠돌며 모르는 사람의 현관문을 두드리고, 집에 노인이 있으면 행복도에 관해 물었다. 처음 몇 주간은 애스턴 교외 지역을 맡았다. 가난과 빈곤으로 유명한 동네였다. 당시 애스턴은 버밍엄의 2대 범죄 조직인 존슨 크루 Johnson Crew와 버거 바 보이스Burger Bar Boys 사이에서 끝없이 반복되는 폭력 사태의 진원이기도 했다. 애스턴 지역을 맡게 되었을 때 상사는 내게 몸조심하라고 말했지만, 애스턴에서 나는 처음부터 환대와 편안함을 느꼈다. 연립주택의 문들은 활짝 열려 있었고, 사람들은 계단에 앉아 담소를 나누었다. 아이들이 축구공을 차며 거리에서 뛰놀았고, 부모들은 문간에서 내게 인사하며 대화를 청했다. 노인들은 나를 환영했다. 나를 집 안으로 불러들였고, 내가 끝없이 질문을 던지는 동안 차와 커피, 케이크, 때로는 럼주를 잔뜩 내주었다.

애스턴 지역의 인터뷰를 마치자 건너편의 더 조용하고 인적 드문 지역에 배정되었다. 단독주택들이 철문을 사이에 두고 도로 멀찍이 서 있었다. 여기저기 방범 카메라가 달려 있었다. 거리는 녹음이 우거졌지만 고요했다. 개 산책이라는 핑계가 없으면 그 누구도 나무가 늘어선 대로를 걷지 않았다. 아이들도 뛰어놀지 않았다. 방어 태세를 취하고 외부의 위협에 맞서 바리케이드를 친 집들이었다. 나는 거리를 왔다 갔다 하며 철문 옆에 달린 버저를 눌렀다. 대개는 답이 없었다. 주민들은 카메라로 이미 내 모습을 보았고, 나를 외부자로 간주한 뒤 결정을 내렸다. 아주 가끔 스피커폰에서 탁탁 튀는 소리와 함께 보이지 않는 집주인의 목소리가 들려왔다. 내가 무엇을 원하는지 겁내는, 나의 침입에 화가 난 목소리였다.

며칠간 거리를 돌아다녔지만 집 안에 초대받은 적은 없었다. 단 한 번도. 아무도 내게 인사를 건네지 않았다. 아무도 내게 케이크와

차, 럼주를 내어주지 않았다. 아무도 나와 대화하려 하지 않았다. 일주일이 지나자 싫증이 났다. 보람 없는 일이었다. 더는 참을 수 없었다. 나는 일을 그만두었다.

유사 이래 인간이 집을 관리하는 방식은 무척이나 다양했다. 그러나 현재 우리가 사는 도시 사회에서는 특정한 하나의 집 개념이 확산되고 있다. 이 개념에서 집은 낯선 사람을 막는 요새이며, 외부 세계의 위험을 꼼꼼히 방어하는 영역이다. 집에 요새와 비슷한 측면이 있다는 (또는 있어야 한다는) 개념은 엘리자베스 1세 시대의 법률가 에드워드 코크 경Sir Edward Coke에게서 시작되었다. 《영국법 제요Institutes of the Laws of England》에서 그는 "모두에게 집은 침입과 폭력을 피하고 휴식할 수 있는 성이자 요새여야 한다"라고 말했다.[26] 이 생각은 키케로에게서 온 것이었는데, 코크는 라틴어로 "엣 도무스 수아 쿠이퀘 에스트 투티시뭄 레푸기암et domus sua cuique est tutissimum refugiam(모든 이의 집은 그의 안전한 피난처라는 뜻)"이라 적음으로써 키케로의 말을 되풀이했다.

코크가 한 이 주장의 배경에는 피터 시메인Peter Semayne이 원고였던 까다로운 소송이 있었다. 1604년 1월 1일, 시메인은 자신에게 상당한 금액을 빚진 조지 베리스퍼드George Beresford에게 돈을 돌려받으려고 민사 법원을 찾았다. 문제는 베리스퍼드가 죽었다는 것이었다. 그러나 희망은 있었다. 베리스퍼드는 블랙프라이어스 지역에서 리처드 그레셤Richard Gresham이라는 사람과 함께 살았고, 베리스퍼드가 사망한 뒤 그레셤이 그의 집을 물려받았다. 집행관들이 집을 압류하려고 찾아갔으나 그레셤은 그들을 집 안으로 들이려 하지 않았다. 집행관들은 문 앞에서 옥신각신하다 돌아왔고, 결국 시메인과 그레셤은 법원에서 시비를 가리게 되었다.

법원이 고민한 문제는 부동산의 소유권이 아니었다. 문제는 그보다 더 컸다. 집행관에게 문을 부수고 그레셤의 집으로 들어갈 권한이 있을까? 숙고한 끝에 법원은 그렇지 않다는 판결을 내렸다. 초대받지 않은 사람은 집에 들어갈 권한이 없었다. 법원은 이렇게 말했다. "그레셤은 아무 죄가 없으며 그의 행동은 법적으로 정당하다. 그러므로 계속 문을 걸어 잠가라."[27]

국가권력이 집의 문지방 안으로 들어올 수 없다는 원칙을 세웠다는 점에서 코크는 이 판결에 중요한 의의가 있다고 보았다. 이로부터 한 세기 후, 윌리엄 피트William Pitt, the Elder는 입장을 거부할 수 있다는 측면에서 집의 뜻을 정의했다. "가장 가난한 자일지라도 자기 오두막집에서는 왕의 군대에 저항할 수 있다. 집이 튼튼하지 않을 수도 있고, 지붕이 날아가 그 사이로 바람이 들이칠 수도 있다. 비바람이 불어닥치고, 빗물이 샐 수도 있다. 그러나 영국의 왕은 그 집에 들어갈 수 없다."[28] 집은 낯선 사람이 아무 권한도 갖지 못하는 곳, 심지어 군주도 들어갈 수 없는 곳이다.

집이 세상에 맞서 바리케이드를 친 일종의 요새라는 개념은 오늘날 여러 문화에서 너무나도 당연하게 여겨진다. 집이라는 영토를

24시간 지켜보고 감시하고 보호하는 최첨단 보안 체제가 발전하면서 이 개념은 더욱 강화되었다. 그러나 요새화된 집은 대개 우리에게 더 큰 안정감을 주지 못한다. 오히려 반대다. 보안 장치가 늘어날수록 세상 어디에나 실체 없는 위험이 존재한다는 느낌이 더욱 강해질 수 있다.

평생 동안 빗장 공동체gated community(외부인의 출입을 제한하는 주거 단지-옮긴이)를 연구하고 보안에 대한 우리의 집착을 기록한 인류학자 세타 로Setha Low는 집을 안전하게 지키려고 취한 예방 조치가 "범죄에 대한 두려움을 줄여주는 게 아니라 오히려 증가시킬 수 있다"고 말한다. 높은 울타리를 치고 카메라를 달고 블라인드를 내릴 때, 외부인을 우리의 안녕을 방해하는 위협으로 여길 때, 우리는 더 폭넓은 사회 구조에서 뒤로 물러나게 된다. 벽 너머 세상과의 관계가 약해지기 시작하고, 결국 취약함과 위협감이 고조되는 결과로 이어진다. 그리고 악순환이 발생한다. 자신이 취약하다고 느낄수록 우리는 "더욱 강력한 조치를 취하고… 이로써 사회적으로 더욱 고립된다".[29]

전 세계의 연구 결과는 안전에 대한 염려가 계급 및 인종 분열을 강화한다는 사실을 보여준다. 이러한 분열은 다시 불신과 두려움을 부채질한다.[30] 미국의 백인 중산층 주택 소유주들을 인터뷰한 로는 보안 장치가 그렇게 많아도 이 특권 계층 공동체에 "두려움과 불안, 걱정, 피해망상, 염려"가 팽배하다고 말한다.[31] 인터뷰 대상이었던 헬렌이라는 여성은 로에게 자신이 빗장 공동체에 사는 이유를 다음과 같이 설명했다. 헬렌에게는 워싱턴 DC 근처에 사는 백인 친구가 있었다. 어느 날 모르는 사람이 문 앞에 나타나 그 친구에게 물건을 팔려고 했다. "친구는 잔뜩 겁을 먹었는데, 그 남자가 흑인이었고 그 동네에는 흑인이 많지 않았기 때문"이었다. 친구는 이 상황에 "질겁"을 했다. 남자에게서 물건을 샀지만 최대한 빨리 남자를 돌려보내기 위해서였다. "그런 상황에 처하긴 싫어요." 헬렌이 이야기를 마치며 말했다. "보안 장치가 있는 게 좋아요."[32]

안전의 역설적 조건

그렇다면 진정한 안전은 어디에 있는가? 인도네시아 플로레스 섬 서부에 거주하는 망가라이족이 집을 안전하게 만드는 방법은 끝없이 벽을 세우고 집을 요새화하는 것이 아니다. 그 대신 이들은 사람들과 함께하며 그 온기를 공유한다. 현지에서 망가라이족을 연구한 인류학자 캐서린 앨러튼Catherine Allerton은 인도네시아의 다른 많은 공동체처럼 이곳에서도 라마이ramai가 집을 안전하게 만들어준다고 말한다. 인도네시아어 라마이는 "생기 넘치는", "떠들썩한"이라는 뜻이다. 라마이한 집은 방문객이 북적이는 생동감 있는 집, 음식과 담배, 농담과 대화를 나누는 집이다. 함께 있을 때 느껴지는 "안정감 있고 활기찬 흥분"으로 가득한 집이다.[33]

망가라이족의 전통 가옥은 요새의 대척점에 있다. 이들의 집은 공동 장소이며, "여자들이 커피 원두와 곡식을 빻는 리드미컬한 소리,

남자들이 커다란 칼을 가는 소리, 여자들이 허리띠 베틀로 직물을 짤 때 나는 톡톡 소리가 흘러넘치는 공간"이다.[34] 대나무 등의 목재로 짓는 망가리이족의 전통 가옥은 종종 여러 가구가 살며, 끊이지 않는 생활감이 가장 큰 특징이다. 소음이 스며들고 새어 나간다. 사람들이 벽 너머로 소리치며 친구와 가족에게 농담과 인사를 건넨다. 망가라이족의 집은 소리와 냄새, 생활이 쉽게 투과된다. 집 안에 앉아 옆집 이웃이 뭘 하는지 알 수 있을 정도다("저런, 저 집 아들은 울음을 안 그치네… 됐다 됐어, 저게 우리 마을 소리지 뭐", "와, 저 집 사람들 정말 기운이 넘치는구만"). 망가라이족의 세계에서 시끄러운 이웃은 짜증의 원인이 아니라 모두가 함께 있음을 보여주는 안정감의 표시다. 이곳에서는 저녁에 이웃집이 너무 조용하면 "너무 일찍 자지 마"라고 소리쳐 문제를 바로잡으려 하는 것이 아주 당연한 일이다.

이들의 집 안팎에는 앨러튼이 말한 "유쾌한 흥취"가 있을 뿐만 아니라 많은 것들이 오간다. 개와 닭이 자유롭게 돌아다닌다. 사람들이 불쑥 나타나 함께 시간을 보내다 돌아간다. 손님과 방문객(친구일 수도 있고 낯선 인류학자일 수도 있다)은 일상생활의 일부다. 망가라이족 사람들은 여러 집에서 편안함을 느끼고 그 집들을 전부 "우리 집"이라 부르기 때문에, 집 안에 있는 사람의 수가 매일 그곳에서 먹고 자는 사람보다 많다. 이러한 라마이의 활기는 집이 슬픔에 굴복하는 것을 막고 "삶을 '달콤'하게 만들어줄" 뿐만 아니라, "중요한 보호의 기능"을 한다.[35] 망가라이족의 집에서 진정한 보안의 원천은 대나무로 만든 허술한 벽이 아니라 공동체의 활기찬 온기에 있다. 이들은 함께 식사하고, 사람들을 초대해 대화를 나누고 커피를 마시며, 큰 규모로 어울리고, 남을 놀리고, 이야기를 들려주고, 농담을 한다. 망가라이족은 삶의 고난과 위험에서 몸을 피하는 가장 좋은 방법이 성을 짓는 게 아니라 공동체를 만드는 것임을 알기 때문이다.

인도네시아에서 나는 이런 공간을 많이 경험했다. 손님, 닭과 개, 거미와 도마뱀, 인류학자, 소리, 냄새, 외부의 소음이 쉽게 투과되는 공간들. 플로레스섬보다 더 동쪽에 있는 말루쿠 지방에 있을 때 내 친구 파이Paay와 틴Tin이 함께 새해를 보내자고 나를 초대했다. 파이는 말루쿠의 주도인 암본 출신이었고 파이의 아내인 틴은 이웃한 섬인 사파루아 출신이었다. 두 사람은 나무판자를 이용해 암본 외곽에 있는 숲속에 작은 집을 지었다. 완벽한 입지였다. 집 주변에는 파인애플을 심었다. 산기슭에 흐르는 개울이 목욕탕 역할을 했다. 숲에는 람부탄과 망고, 간다리아(달콤한 망고와 비슷한 살구 크기의 과일)가 열리는 과일나무가 많았다. 나는 두 사람의 집으로 가서 그들의 대가족과 함께 시간을 보내며 과일을 잔뜩 먹고, 책을 읽고, 수다를 떨고, 개울에서 몸을 씻고, 식사를 하고, 끝없이 체스를 두었다. 숲을 지나던 이웃과 친구, 가족이 예고 없이 불쑥 나타나 안부를 물었다. 그럴 때면 파이와 틴은 들어와서 커피 한잔하라고 청했다. 방문객은 언제나 재미있는 농담과 수다로 활기를 불어넣기 때문이었다. 새해에 두 사람은 잔치를 열었다. 사람들을 초대했고, 모두가 함께 인도네시아의 독주를 마셨다. 나는 등유 난로 위에 아슬아슬하게 올린 박스오븐box oven(종이상자와 알루미늄 포일로 만드는 임시 오븐-옮긴이)으로 호박 케이크를 구웠다. 저 멀리서 폭죽이 터지자 항구의 배들이 경적을 울리며 새해를 축하하는 소리가 들렸고, 삶은 정말로 달콤했다.[36]

나는 이런 생활방식에 어느 정도 익숙했다. 내가 맨 처음 살았던 집은 노퍽의 시골에 있는 사제관이었고, 이 집은 코크가 말한 요새와 성보다는 인도네시아의 활기찬 라마이에 더 가까웠다. 나는 지역 사제의 아들이었고 아버지는 다섯 세대에 걸쳐 이어진 계보의 마지막 성공회 신부였다. 집은 외풍이 들었고 구멍이 많았다. 열이 벽 사이로 새어 나갔고 습기가 스며들었다. 어두운 구석에서 거미와 좀벌레, 쥐며느리가 재빨리 움직였다. 겨울이면 벽난로 앞에 모여 몸을 녹였고 아귀가 안 맞는 문 아래에 문풍지를 잔뜩 밀어 넣었다. 그러나 여름이면 집은 쉼터가 되었다. 시원했고, 먼지와 삭은 깔개, 가구 광택제 냄새가 났다.

우리 가족이 사는 사제관은 사택이었다. 성당 소유였던 이 집은 우리 가족의 집이기도 하고 아니기도 했다. 우리 집은 완전한 공공장소도 아니고 완전한 개인 공간도 아닌, 가정집과 공동체 모임 장소의 중간쯤에 있었다. 그 누구도 이 장소의 전적인 소유권을 갖지 않았다. 지나가던 사람이 인사를 하러 들렀다. 낯선 사람이 불쑥 들어오기도 했는데, 갈 곳 없는 이들이 사제관에서는 편안하게 머물며 도움을 받을 수 있을지 모른다고 생각했기 때문이었다. '거리의 신사들'(그때 시골의 노숙자들은 이렇게 우아한 이름으로 불렸다)이 문을 두드렸다. 부모님은 그들에게 치즈 샌드위치와 차, 얼마의 여비를 주었다.

낮이든 밤이든 우리는 노크 소리에 놀라지 않게 되었다. 모임 공간이 필요하면 거실에서 쫓겨났다. 한밤중에 손님이 찾아오면 우리의 침실을 내어주었다. 집에 손님이 없을 때면 잇따라 찾아오는 동물들에게 피난처를 제공해주었다. 한번은 송전선에 부딪혀 쌓인 눈 위에 기절해 있는 황조롱이를 발견했다. 우리는 황조롱이를 집으로 데려와 주방 보일러 위의 작은 상자에 넣어 몸을 따뜻하게 데워주었다. 어머니가 정원용 장갑을 끼고 신선한 고깃덩이를 먹였다. 우리 가족은 깃털의 분홍빛과 푸른빛에 감탄했다. 다음 날, 황조롱이를 외곽으로 데리고 나가 풀어주었다. 황조롱이는 맑은 겨울 하늘로 날아오른 뒤 사라졌다.

우리 집은 세상에서의 도피처라기보다는 하나의 소우주에 가까웠다. 때로는 오가는 사람들의 소란스러움을 감당하기 힘들었다. 그러나 다른 사람과 함께 있을 때 느껴지는 안정감이 있었고, 두려움이 없었으며, 쉽게 투과되고 세상에 열려 있다는 바로 그 이유에서 이 공간이 안전하다는 생각이 들었다. 물론 문에는 잠금장치가 있었다. 가끔은 일부러 문을 잠그기도 했다. 세상에서 물러나 우리 가족 네 명만 난롯가에 모이기도 했다. 때로는 세상이 배경으로 사라지게 두고 몸을 숨겨야 할 필요도 있다. 그러나 이러한 상태는 오래가지 않았다. 얼마 안 가 문 두드리는 소리와 함께 낯선 사람이 나타났고, 또 다른 모임이나 행사가 열렸고, 다시 세상을 향해 문이 열렸다.

사촌지간인 네안데르탈인과 우리의 조상이 알았듯이, 보안은 방어만으로는 얻을 수 없다. 벽과 잠금장치, 문만으로는 집을 안전하게 만들 수 없다. 진심으로 우리의 취약함을 관리하고 싶다면, 그 방법은 정교한 기술이 아니라 서로에게 있다. 삶을 공유할 때 느껴지는 안정감 있는 온기에 있다. 이러한 온기는 외부인을 자신의 화롯가로 초대할 때, 위험을 무릅쓰고 밖으로 나가 몰랐던 사람의 화롯가에 자리 잡을 때 느낄 수 있다. 그때 우리는 세상의 어려움 앞에 혼자가 아니라는 것을, 언제나 우리를 보살펴줄 사람이 있음을 알게 된다.

직관에 반하는 소리처럼, 어쩌면 위험한 소리처럼 들릴 수도 있다. 그러나 두려움이 최고조에 달할 때, 때때로 집을 지키는 가장 좋은 방법은 문을 활짝 여는 것이다.

02

문간의 낯선 사람

1990년이고, 혼자 여행하는 10대인 나는 파키스탄의 산간벽지에 있다. 집을 이렇게 오래 떠나 있는 것은 처음이다. 낯선 사람들 사이의 이방인이 되는 불안함과 자유를 점점 즐기고 있다.

파키스탄에 도착하고 6개월 동안은 라호르에 있는 학교에서 영어를 가르쳤다. 그러나 그 일이 끝난 뒤로는 자유롭게 이 나라를 여행하고 있다. 지금은 젤룸강을 따라 펼쳐진 염분이 풍부한 산맥, 솔트 레인지Salt Range에 있는 카타스로 향하는 중이다. 거의 종일이 걸린 여행의 마지막 구간이며, 나는 차오 사이단 샤Chao Saidan Shah 근처에서 얻어 탄 오토바이 뒷자리에 앉아 있다. 해가 저물어가고 우리는 속도를 높여 협곡으로 향한다. "카타스." 오토바이 운전자가 말한다. 그리고 오토바이를 세워 나를 길가에 내려준다. 그가 잘 가라는 말과 함께 내게 행운을 빌어준 뒤 굉음과 함께 저 멀리 사라진다.

저녁 여섯 시다. 가다스에는 사람이 없다. 협곡 맨 아래에 있는 호수의 수면 위로 하늘이 비친다. 소금산 사이에 있지만 지하수가 솟아나 물은 깨끗하다. 전설에 따르면 이 호수는 아내 사티의 죽음을 애도하던 시바 신의 눈물방울이 모여 만들어졌다. 말의 죽음을 애도하던 것이라는 설명도 있다. 이야기는 저마다 다르다. 신이 눈물을 흘릴 이유는 많다.

호수 주위로 다 무너져가는 사원 몇 개가 모여 있다. 전설에 따르면 힌두교의 서사시《마하바라타》에서 판다바 오형제가 4년간 유배된 곳이 바로 이곳이다. 한때 카타스는 순례지였고, 11세기에는 아라비아의 학자인 알 비루니Al-Biruni가 이곳에서 산스크리트어를 배우고 유명한 인도 역사서를 집필했다. 그러나 이슬람교를 믿는 파키스탄에서 카타스는 거의 버려지다시피 했다.

이곳에도 묵을 숙소들이 있다. 오래되어 정보가 확실치 않은 내 가이드북에 그렇게 쓰여 있었다. 그러나 산 중턱에 있는 호스텔에 도착해 먼지 낀 창문 사이로 안을 들여다보니 사람도 가구도 없다. "여기요"라고 외치며 한 바퀴 돌아본다. 초키다르chowkidar, 즉 파수꾼이 나타난다. 전통의상인 살와르 카미즈를 입은 창백하고 하얀 나를 보고 깜짝 놀란다. 그가 묵을 곳이 없다고 말한다. 다시 차오 사이단 샤로 돌아가야 하지만 나는 떠나고 싶지 않다. 결국 그가 나를 협곡 아래로 데려가기로 한다. 그곳에 오래된 사원을 개조해 만든 집이 있다.

초키다르를 따라 언덕을 내려가니 폐허가 된 건물들이 나온다. 바깥에 노인 한 명이 서 있다. 자세가 꼿꼿하고 회색 수염을 길렀으며, 아름답게 수를 놓은 가운을 걸치고 있다. 우리가 다가가자 노인이 내게 인사를 건넨다. 품위 있는 억양으로 흠잡을 데 없는 영어를 구사한다. 그가 내게 안뜰로 들어오라고 청한다. 안으로 들어가니 아이들 몇 명이 뛰어다니며 해맑게 막대기를 휘두르고 있다. 노인이 내게 차를 권한다.

나는 감사히 마시겠다고 말한다. 그가 미소 지으며 카타스에 온 이유를 묻는다. 고대 사원을 보러 왔다고 대답한다. "어디서 묵을 생각이오?" 그가 묻는다. 나는 주저한다. "우리 집에서 지내도 좋소." 그가 말한다. "보다시피 라왈핀디에서 손주들이 와 있어서 정신은 없겠지만."

노인의 친구가 등장한다. 탄비르라는 이름의 이 지역 교사다. 그가 내게 학교에서 지내도 된다고 말했다가 생각을 바꾼다. "편하지 않을 거예요." 그리고 산 중턱에 오두막이 한 채 있다고 덧붙인다. 필요한 것들이 다 갖춰져 있다. "거기로 가시겠어요?"

"네." 내가 말한다. "감사합니다."

차를 다 마시고 노인에게 인사를 한다. 그가 이따가 식사하러 오라고 말한다. "손님 둘이 더 있소. 둘 다 고고학자요. 만나면 재미있을 거요."

탄비르가 나를 데리고 시바 신의 눈물로 만들어진 호수 옆을 지나 산 중턱에 있는 오두막으로 간다. 그가 잠긴 문을 연다. 침대 하나와 식탁 하나, 의자 두 개가 있고 창밖으로 소금산이 펼쳐져 있다. 완벽하다. 내가 짐을 풀 수 있게 탄비르가 자리를 비켜준다.

그날 저녁, 나는 노인과 그의 두 손님과 함께 오래된 요새의 잔해에 앉아 있다. 세 남자가 우르두어와 영어를 오가며 고고학과 정치, 역사 이야기를 한다. 정중한 태도로 나를 대화에 끌어들이려 하지만 내가 덧붙일 내용이 별로 없다. 나는 대화에 집중하기도 하고 관심을 돌리기도 한다. 탄비르가 나타나 나를 구해준다. "가서 나랑 영화 봅시다." 그가 말한다.

노인에게 감사를 표하고 자리를 뜬다. 탄비르가 나를 오토바이에 태우고 자기 집으로 간다. 우리는 함께 간식을 먹고 발리우드 스타일로 바꾼 마돈나와 마이클 잭슨 음악을 듣는다. 그리고 간수와 악명 높은 범죄자, 삼각관계가 등장하는 170분짜리 발리우드 영화 〈파아프 키 두니야Paap Ki Duniya〉를 처음부터 끝까지 다 본다.

영화가 끝나니 이미 밤이 깊다. 협곡 위로 높이 뜬 달이 호수 위에 비친다. 탄비르가 나를 다시 산 중턱에 있는 오두막으로 데려다준다. 그가 잘 자라고 말한다. 침대에 누워 달빛이 비치는 산맥을 바라본다. 멀지 않은 곳에서 자칼 우는 소리가 들려온다.

나는 잠이 든다. 집에서 멀리 떨어진 이곳에서 내가 안전하다는 것을 느끼며.

이방인, 귀빈 혹은 불청객

지난 몇십 년간 여행의 모습이 달라졌다. 산간벽지에서도 휴대폰과 인터넷을 사용하는 사람들이 있다. 온라인으로 숙소를 확인하고 후기와 사진을 살피며 선택지를 저울질한 뒤 일찌감치 예약을 한다. 호텔이나 게스트하우스가 없는 곳이라 해도 미리 전화를 걸어 자신의 방문을 알릴 수 있다. 그러나 솔트레인지에서 친절과 온기, 머물 곳과 안전을 기대하며 낯선 사람의 문간에 모습을 드러냈을 때 나는 인류 역사가 시작되기 전부터 존재한 여행 방식을 따르고 있었다. 예고 없이 불쑥 도착해 여기저기를 배회하며 "저기요"라고 외치고, 누군가 응답할 때까지 문을 두드리는 것 말이다.

우리 인간은 처음부터 이동하는 종種이었다. 브루스 채트윈Bruce Chatwin은 "진화가 우리를 여행자로 만들었다"라고 말한다.[1] 사실은 진화에 아무 의도가 없다 할지라도(진화는 그런 식으로 작동하지 않는다) 인간이 결코 한곳에 머물지 못한다는 채트윈 진단은 정확하다. 호모homo 속屬 인류는 약 200만 년 전에 처음 아프리카 밖으로 이동하기 시작했다. 우리가 속한 종인 호모사피엔스는 6만 년 전부터 아프리카에서 이동을 시작해 결국 전 세계 곳곳에 자리 잡았다. 호모사피엔스는 우리와 비슷했다. 언어와 문화가 있었고 이야기를 지어냈으며 예술 활동을 했다. 그리고 자신들의 이야기와 예술 작품을 지니고 여행을 했다.

이주는 새로운 것이 아니다. 필요에 따라서, 기후 변화 때문에,

다른 곳에서 더 나은 삶을 기대하며, 순전한 호기심으로, 우리의 조상들은 지구 전체로 퍼져나갔다. 인간이 이주할 수 있었던 것은 혁신 능력 덕분이었다. 우리의 뇌와 언어 능력, 문화의 유연성은 "현대 인류가 아프리카에서 다양한 거주지와 기후대로 빠르게 확산하는 데 틀림없이 중요한 역할을 했다".[2] 인과관계는 쌍방향으로 작용한다. 우리의 혁신 능력이 이주를 가능케 했고, 이주가 창의력과 유연성을 더욱 강화했다.

이해할 수 없는 언어를 사용하는 낯선 사람이 나타나 새로움(새로운 가능성, 새로운 혁신)을 약속하고 위험의 공포를 일으키는 것. 유사 이전에는 이러한 만남이 수천 번이고 반복되었을 것이다.

세계의 여러 문화가 이방인에 관한 이야기로 가득하다. 필로제니아와 제노포비아가 뒤섞인 이 이야기들은 우리를 찾아온 외부인을 잘 대접해야 한다고, 또는 큰 문제가 발생할 수도 있다고 조언한다. 아주 오래전 기록에서도 문간에 나타난 낯선 인물(으스스하고 흥미진진하며, 약속과 위협으로 가득하다)을 찾아볼 수 있다. 기원전 1500년경에 제작된 중국의 청동 유물에는 손님이라는 뜻의 글자 빈賓이 적혀 있다. 상형문자인 이 글자의 모양을 살펴보면 위에 지붕이 있고 그 아래 조개껍데기 화폐를 든 사람이 있다. 여기서 이방인은 우리의 지붕 밑에 체류하며 가치와 부를 가져다주는 사람이다. 이로부터 몇 세기 후, 기원전 9세기에서 8세기 사이에 편찬된《시경》에는 손님이 행운을 가져다주며 축복을 남기고 떠나므로 잘 대접해야 한다는 내용의 한시가 나온다. 또 다른 시는 이렇게 노래한다. "내게 좋은 술이 있으니 좋은 손님들과 잔치하며 즐기리."[3]

때때로 고대 문헌에서 손님은 행운만 가져다주는 것이 아니라 신적인 존재이기도 하다. 기원전 6세기의 〈창세기〉에는 아버지 아브라함의 장막에 나타난 세 손님 이야기가 나온다. 더운 날이었고 아브라함은 장막 어귀에 앉아 있었다. 그는 세 이방인에게 물을 주어 발을 닦게 해주었다. 아브라함의 아내 사라는 고운 밀가루를 반죽해 빵을 구웠다. 두 사람은 손님들에게 빵과 우유, 엉긴 젖, "부드러운 송아지 고기"로 한 상을 차려주었다.

알고 보니 세 이방인은 천사였다. 환대에 대한 보답으로 이들은 나이 많은 사라가 자식을 낳을 것이라 예언했다. 그 말에 사라는 웃었다. 그러나 천사들의 말은 사실이었고, 사라는 곧 임신했다. 세상에 태어난 이 아이는 '그는 웃을 것이다'라는 뜻의 이삭이라는 이름을 얻었다. 《신약》에서 낯선 이들이 변장한 천사일지도 모르니 필로제니아를 잊지 말라고 촉구한 것도 놀라운 일이 아니다.

고대의 집 개념이 화로의 신에게서 나온 것이라면 문턱과 이방인에게도 신성한 특성이 있다. 그리스에는 테오세니아theoxenia라는 단어가 있는데, 변장한 신theos인 이방인xenos을 환영한다는 뜻이다. 로마의 시인 오비디우스Ovid가 들려주는 이야기에 따르면, 어느 날 밤 티아나라는 마을에 지친 두 여행자가 나타나 음식과 쉴 곳을 찾았다. 그러나 그들을 받아주는 집이 없었다. 그때 늙고 가난한 부부인 바우키스와 필레몬이 문을 열어주었다. 두 사람은 여행자들에게 끓는 물에 부드럽게 데친 오래된 베이컨과 양배추, 달걀, 응고시킨 우유, 무, 엔다이브, 피클, 달콤한 와인을 대접했다. 여행자들에게 와인을 따라주던 바우키스는 와인이 줄어들지 않는다는 것을 알아차렸다. 그제야 노부부는 무언가 이상한 일이 벌어지고 있음을 깨달았다. 그들의 손님은 인간 여행자가 아니라 변장한 제우스와 헤르메스였다. 지나가던 신들에게 경의를 표하기 위해 노부부는 "이 작은 집의 든든한 수호자"인 거위를 잡아 바치려 했다. 제우스는 너무 지나치다며 노부부를 말렸다. 그리고 두 사람이 보여준 환대를 칭찬하며 그 보답으로 노부부의 오두막을 훨씬 더 아름답지만 아마도 실용적이지는 않았을 신전으로 바꿔준다.[4]

이방인과 맺는 관계가 얼마나 복잡한지에 대해 생각할 때마다 호메로스의《오디세이아》에 나오는 골치 아픈 이야기가 떠오른다. 이 책은 집과 여행의 본질, '손님과의 우정' 또는 손님과 주인 사이의 예법을 뜻하는 크세니아xenia의 본질에 대한 논문과도 같다.《오디세이아》의 옮긴이인 에밀리 윌슨Emily Wilson은 호메로스 시대의 그리스가 손님을 환대해야 하는 곳이었다고 설명한다. "도움이 필요한 누추한 이방인이 문간에 나타나면 이름을 묻기도 전에 반드시 그 사람을 집 안으로 들이고 따뜻한 목욕물과 갈아입을 깨끗한 옷을 제공해야 한다. 먹을 것과 와인을 주고 난롯가에 자리를 마련해준 뒤 만약 부유한 사람이라면 집에 상주하는 시인이나 가수의 시와 노래를 들려주어야 한다."[5] 윌슨은 옮긴이의 글에서 "돈과 호텔, 대중교통"이 없던 시절

에 여행자들은 낯선 사람의 호의에 의지할 수밖에 없었다고 말한다.[6]

어쨌거나 이건 이상이었다. 현실에서 상황은 언제나 이상과 멀어질 수 있다. "복잡한 남자"인 《오디세이아》의 주인공 오디세우스는 트로이 전쟁이 끝난 후 고향으로 돌아가고 싶어 한다. 그는 노스토스 nostos, 즉 고향에 대한 갈망으로 불타오른다. 그러나 길목마다 그의 바람은 좌절된다. 신들이 변덕을 부리고 불운의 바람이 불어 지중해 유역에 발이 묶인 오디세우스는 크세니아라는 복잡한 의례의 수혜자이자 피해자가 된다. 책 전체에 걸쳐 오디세우스는 귀빈에서 인질로, 다시 식객으로 끝없이 모습을 바꾼다. 크세니아의 의례를 지키는 것이 이상적이지만, 오디세우스 본인을 비롯한 모두가 그 의례를 따르는 것은 아니기 때문이다. 포세이돈의 아들인 폴리페무스Polyphemus라는 이름의 키클롭스Cyclops(외눈박이 거인-옮긴이)는 오디세우스와 그의 부하들에게 음식을 제공하는 대신 그들을 먹어 치우려 한다. 오디세우스는 애원하며 신들의 방식을 존중해달라고 청한다. "제우스께서도 우리의 편이오. 그분은 방문객과 손님, 도움이 필요한 사람을 돌보는 분이시기 때문이오."

폴리페무스는 그러한 방식에 관심이 없다. 그는 오디세우스를 바보라 부르고 제우스를 비방하며 자신은 그 누구도 존중하지 않으므로 "내 마음이 원하는 대로" 해야 한다고 말한다.[7]

오디세우스는 형세를 역전시켜 폴리페무스가 와인에 취하게 한 뒤 탈출한다. 그리고 불운한 인질에서 복수심에 불타는 손님으로 변신하여 폴리페무스의 눈을 멀게 한다. 오디세우스는 간신히 살아서 탈출한다. 하지만 아무리 목숨이 위험해도 크세니아의 의례를 어겨선 안 되는 법이다. 나중에 포세이돈은 폴리페무스를 홀대한 죄로 오디세우스를 벌한다.

《오디세이아》에서 크세니아의 의례는 손님과 주인을 모두 보호한다. 그러나 여기에는 어두운 측면도 있다. 윌슨은 이 의례가 "윤리와 예의 사이의 불편한 간극" 사이를 맴돌며 폭력과 만행의 가능성을 숨기고 있다고 말한다. 보호의 기능을 하는 바로 그 의례가 "강도나 해적일 수도 있는 인물을 자기 집에 기꺼이 들이려 하지 않는 자를 약탈하고, 죽이고, 노예로 만들고, 쫓아내는 것을 정당화하는 창의적 이유"가 될 수 있다는 것이다.[8] 의례가 외눈박이 거인의 하나뿐인 눈을 빼앗을 핑계가 될 수 있듯이 말이다.

경계심의 딜레마

크세니아가 언제나 좋은 결과를 낳는 것은 아니다. 《오디세이아》는 모든 이방인과의 만남에 도사리는 두려움과 희망, 위험, 적나라한 인간 욕구를 보여주는 증거다. 그러나 한편으로 《오디세이아》 속 이야기들에는 인간의 삶이 가진 우연성과 우리 자신 또한 언젠가 이방인이 될 수 있다는 사실에 관한 깊은 이해가 담겨 있다. 이러한 우연성은 다른 고대 문헌에도 등장하는데, 《구약》은 "이방인을 학대하거나 억압하지 말라. 너희도 이집트 땅에서 이방인이었다"라고 말한다.

안정적인 공동체는 문간에 나타난 이방인을 늘 두려워한다. 그러나 낯선 사람이 나타났을 때 공동체 구성원은 적어도 자기 근거지에 있다. 키케로처럼 역할이 뒤바뀌어 본인이 이방인이 될 때(자기 화롯가에서 멀리 떨어져 취약함이 드러나고 홀로 고립될 때) 위험은 훨씬 커진다. 타인의 친절에 기대는 것은 어려운 일이다. 가끔은 무서운 일이기도 하다.

낯선 사람의 제안을 받아들이려면 그 사람을 신뢰해야 한다. 그리고 신뢰는 어렵다. 처음 파키스탄에 도착했을 때 나는 크나큰 문화 충격을 받았다. 그 안에 섞여 들어가려고 최선을 다했다. 우르두어를 배우기 시작했다. 살와르 카미즈를 입었다. 영어를 가르치던 학교에서 자전거를 빌려 동네를 탐험했다.

집에서 떠나온 지 몇 주밖에 안 된 어느 날 붐비는 시장을 찾았다. 자전거에 자물쇠를 걸고 있는데 찻집에서 한 남자가 나왔다. 30대 아니면 40대 초반처럼 보였고 나처럼 살와르 카미즈를 입고 있었다. 그는 옆구리에 손을 얹고 내가 자물쇠를 거는 모습을 지켜보았다. 주차를 마치자 그가 내게 다가왔다.

"안녕, 친구." 그가 말했다. 그리고 내 손을 붙잡고 흔들었다. "어디서 왔어요?"

"잉글랜드요." 내가 말했다.

그가 환하게 웃었다. "잘 왔어요. 나랑 차 한잔해요."

나는 주저했다. 미천한 내 경험에서 볼 때 낯선 사람은 다른 저의

가 없다면 절대로 차를 권하지 않았다. 자연히 의심부터 들었다. 그의 친절한 미소 뒤에 사악한 의도가 도사리고 있을지도 모른다고 생각했다. "죄송합니다." 내가 말했다. "지금 좀 바빠서요."

남자는 고집을 꺾지 않았다. "그러지 말고." 그가 말했다. 그러고는 내 팔을 붙잡고 찻집으로 들어갔다.

긴장해서 어깨를 잔뜩 웅크린 채 어두침침한 찻집에 앉았다. 남자가 찻집 주인에게 손짓을 했다. 차이 왈라(인도식 밀크티인 차이를 만들어 파는 상인-옮긴이)가 뜨겁고 달콤한 차를 한 잔씩 내주었다. "마셔요." 남자가 말했다. 그리고 미소를 지었다.

나도 들어본 적이 있었다. 외국인이 약물을 탄 차를 받아 마시고 쓰러졌다가 깨어나 보니 여권과 돈, 옷이 없어졌다는 끔찍하고 근거 없는 이야기를.

나는 아마 초대한 사람을 만족시키는 손님이 아니었을 것이다. 초조하고 불편했던 나는 의심에 몸을 떨며 차를 지나치게 빨리 들이켰다. 혀가 다 데었다. 남자가 정중하게 질문을 던졌다. 나는 퉁명스러울 정도로 짧게 대답했다. 그리고 차를 다 마신 뒤 돈을 내겠다고 했다.

남자가 돈을 밀어내고 말했다. "내가 낼게요."

나는 화가 나서 고집을 부렸다. 그리고 내 몫은 내가 내겠다고 말했다.

남자는 처음으로 내 행동에 화가 난 듯 보였다. 그러나 내 돈은 계속 받지 않았다. 그가 차이 왈라에게 돈을 낸 뒤 뒤돌아서 내게 말했다. "만나서 반가웠어요." 그러고는 손을 내밀었다.

우리는 어색하게 악수를 나누고 작별 인사를 했다. 나는 찻집을 떠났다.

동네를 탐험하고 싶은 마음이 들지 않았다. 그저 이곳을 벗어나고 싶었다. 자전거의 자물쇠를 풀고 페달을 밟아 시장에서 빠져나왔다. 그러면서 내가 얼마나 화가 났는지를 깨달았다. 나는 낯선 사람의 친절함에 격분하고 있었다.

그날 밤, 일기를 쓰려고 책상 앞에 앉았다. 분노와 싸우며 이 분노가 어디에서 왔는지 고민했다. 나는 이렇게 적었다. "이 의무감이 싫다. 낯선 사람에게 빚지는 게 싫다. 자유롭지 못한 게 싫다."

마사 누스바움은 분노가 거의 언제나 자신의 취약함에 대한 인식과 무력감에 결부되어 있다고 말한다. 세상에 압도될 때, 자신의 삶이나 운명을 더 이상 자신이 통제하지 못한다고 느낄 때, 분노가 일기 시작한다. 누스바움은 이렇게 말한다. "분노의 목적은 잃어버린 통제권을 되찾는 것이며, 최소한 통제권을 되찾았다는 환상을 만들어낸다."[9] 자전거를 타고 시장을 빠져나올 때 내가 느낀 분노를 되돌아보면 나의 의심이 부끄러워진다. 그러나 그 의심을 변명할 수는 없어도 이해할 수는 있다. 내가 화가 났던 것은 무서웠기 때문이다. 그리고 내가 무서웠던 것은 취약하고 위험에 노출된 상태였기 때문이다.

이것이 바로 내가 파키스탄에서 배운 가장 큰 교훈이다. 우리가 낯선 사람에게 의존한다는 사실을 직면하는 데는 용기가 필요하다. 그리고 이 용기가 언제나 보상받는 것은 아니다. 말콤 글래드웰Malcolm Gladwell은 낯선 사람을 늘 신뢰하는 성향이 매우 위험할 수 있다고 주장했다. 오디세우스는 키클롭스를 믿었지만 그 보답으로 키클롭스의 식사가 될 뻔했다. 파키스탄에서 나는 오디세우스보다는 운이 좋았지만 똑같이 위험에 빠졌을 수도 있다. 낯선 사람은 늘 우리를 위험에 빠트린다. 그들은 알기 어렵고, 이해하기 어렵다. 그들이 다음에 무슨 행동을 할지 확신하기 힘들다. 그러니 경계하는 것이 좋다.

그러나 글래드웰이 말하듯 "그 대안, 즉 약탈과 기만에 맞서는 방어 수단으로서 신뢰를 내버리는 것은 더 나쁘다".[10] 파키스탄에 더 오래 머무를수록, 집에서 멀리 떠나온 이방인이 되는 경험에 더욱 익숙해질수록, 비록 신뢰에는 언제나 위험이 수반될지라도 내가 이곳에서 잘 지내기 위해 할 수 있는 최선은 타인을 신뢰하는 것임을 더욱 깊이 깨닫게 되었다. 로마의 정치인이자 철학자였던 세네카는 친구 루킬리우스에게 보낸 편지에서 "모두를 신뢰하는 것은 아무도 신뢰하지 않는 것만큼 문제다(전자는 더 가치 있는 행동이고 후자는 더 안전한 행동이겠지만)"라고 주장했다.[11] 그러나 세네카는 틀렸다. 모두를 불신하는 것만큼 내 취약함을 드러내고 나를 고립시키며 위험에 빠트리는 행동은 없다.

'신뢰trust'라는 단어는 '보호하다', '의지하다', '안전하고 강하게 하다'라는 뜻의 고대 스칸디나비아어 '트레이스타treysta'에서 나왔다. 신뢰는 전설 속의 투명 다리 같은 것이다. 다리의 존재를 믿고 첫 발짝을 내디디면 그제서야 눈앞에 나타나는 그런 다리 말이다. 떨리는 두 발 아래 그 다리가 있다는 보장은 없다. 그러니 경계하고 발밑을 조심해야 한다. 철학자 오노라 오닐Onora O'Neill은 2002년 BBC가 주최한 리스 강연Reith Lectures에서 신뢰가 필요한 이유는 "모든 것이 예측 가능하거나 보장되기 때문이 아니라, 우리가 보장 없이 삶을 살아나가야 하기 때문이다"라고 주장했다.[12] 언제 어떻게 타인을 신뢰해야 하는지 파악하는 것은 까다로운 기술이다. 그러나 신뢰를 거부하고 모든 가능한 관계를 거부하면 취약함 속에 홀로 남게 된다. 그러니 아무런 보장 없이 몸을 덜덜 떨며 투명 다리 위로 한 발짝을 내디딘다. 일이 잘 풀리면 심연으로 추락하는 대신 전보다 조금 더 안전한 세상에 도착한 자신을 발견하게 된다.

낯선 사람을 향한 두려움인 제노포비아는 결코 비이성적인 감정이 아니다. 제노포비아는 새로운 사람과의 모든 만남에 깃들어 있다. 첫 번째 데이트와 회사 면접에도 있고, 지도 없이 낯선 곳에 가게 될 때에도 있다. 제노포비아를 근절해야 할 악덕으로 치부하는 것은 모르는 사람에 대한 공포, 그들이 좋은 쪽으로든 나쁜 쪽으로든 우리의 세상을 바꿀지도 모른다는 근본적인 두려움을 해소하는 데 아무 도움이 되지 않는다. 낯선 사람에 대한 두려움은 우리가 바라는 것보다 훨씬 뿌리가 깊으며 손쉬운 해결책도 없다. 일부 과학자는 제노포비아가 전염병 예방에 도움이 될 수 있다는 점에서 생존에 이바지할지도 모른다고 말한다. 전 세계가 전염병으로 씨름하는 지금, 가깝고 친밀한 사람이 아닌 외부인과의 접촉이 감염, 심지어 죽음으로 이어질 수 있는 상황에서 인파로 붐비는 거리를 보고 몸을 떨지 않을 사람이 어디 있겠는가?[13] 일부 연구자는 낯선 사람에 대한 공포가 외부인이 내부로 들어와 소집단 유지에 필요한 긴밀한 협력망을 파괴할 위험을 줄일 수 있다고 말한다.[14]

진화적 관점에서 제노포비아가 어떻게 생겨났든 간에, 어린이를 대상으로 한 연구는 모르는 사람에 대한 두려움이 어릴 때 발생한다는 사실을 보여준다. 모든 문화권의 아이들이 걷거나 기기도 전에 내집단의 구성원과 외집단의 구성원을 구별한다. 또한 아이들은 익숙한 얼굴과 낯선 얼굴에 다르게 반응한다.[15] 유아에게 세상은 가까운 친척 및 가족 구성원으로 이루어진 '우리'와, 모르는 사람 및 비非친척으로 이루어진 '그들'로 나뉜다. 자기만의 세상을 독립적으로 탐험하기 시작한 아이들은 모르는 사람에 대한 공포를 더욱 뚜렷하게 드러내는 경향을 보인다. 이러한 성향은 모든 문화권에서 나타나며 18개월에서 2세까지 이어지다가 차츰 줄어들지만 완전히 사라지지는 않는다.[16]

그러나 유아에게 모르는 사람이 전부 똑같은 것은 아니다. 맥락이 중요하다. 유아는 눈치 빠르게 신호를 파악한다. 주위에 겁먹은 사람이 아무도 없다면 유아도 겁먹지 않을 확률이 높다. 아이들은 모르는 장소에 있을 때보다 집에 있을 때 낯선 사람을 전반적으로 덜 무서워한다. 젠더가 영향을 미친다는 증거도 있다. 모르는 사람에 대한 공포는 여성보다는 남성을 향할 때가 많다. 낯선 성인 남성(특히 안심

되는 상황에서 벗어나 있는 낯선 성인 남성)은 아이들이 가장 무서워하는 존재다.[17] 놀라운 일은 아니다. 현대 통계 자료와 역사적 기록에 따르면, 다른 많은 영장류와 마찬가지로 인간에게도 유아 폭력의 가장 큰 위험 요인이 낯선 성인 남성이기 때문이다. 우리가 사는 세상이 그러하다면 타인을 지나치게 신뢰하지 않는 것이 이익이다.

그러나 유아가 낯선 사람에게 공포만 드러내는 것은 아니다. 아이들이 모르는 남성을 두려워하긴 하지만 모르는 여성은 훨씬 덜 두려워하며, 모르는 아이를 만나면 강한 호기심을 보인다. 이들은 덩치 큰 남성 앞에서는 몸을 웅크릴지 모르지만 다른 아이들을 만나면 말을 걸고 쿡쿡 찌르고 인사하고 싶은 욕구를 느낀다. 아이들의 내면에도 공포와 호기심, 제노포비아와 필로제니아가 뒤섞여 있는 것이다.

'무슬림 가족과 식사해요!'

제노포비아는 인간 존재에서 떼어놓을 수 없는 요소이며, 우리가 낯선 사람과 만날 때 경험하는 복잡한 감정의 일부다. 그러나 제노포비아는 너무 자주 편견과 증오로 굳어진다. 미국에서는 도널드 트럼프가 대통령으로 취임한 뒤 인종차별 범죄가 급격하게 증가했다. 트럼프의 선거 캠페인은 노골적으로 이슬람 혐오를 드러냈다. 미국에 거주하는 소수 민족, 특히 무슬림의 삶은 갈수록 힘겨워졌다. 트럼프 당선 이후 급증한 증오 범죄는 트럼프가 큰 격차로 승리한 지역에서 집중적으로 일어났다.

비이성적인 증오를 마주하면 경계를 강화하고 문턱을 높이고 싶어진다. 그러나 이처럼 반드시 경계를 강화해야 하는 것은 아니다. 트럼프가 취임 선서를 한 뒤 자신이 속한 공동체를 향한 증오가 점차 커지는 것을 지켜보던 캘리포니아의 한 10대 소녀가 대담하고 창의적인 생각을 떠올렸다. 유스라 라피키Yusra Rafeeqi는 부끄러움 많고 조용한 열다섯 살 소녀였다. 유스라의 가족은 파키스탄 출신이었다. 가족 모두가 지역 공동체에서 활발하게 활동했고 이슬람교 신자였다. 다른 가족들처럼 라피키의 가족도 주위에서 느껴지는 변화를 걱정했다. 유스라의 어머니인 칼리다는 외출할 때 히잡을 썼고, 길이가 길고 품이 넉넉한 의복인 아바야를 입었다. 트럼프가 선거 캠페인을 벌이기 전에 사람들은 유스라의 어머니에게 별 관심을 보이지 않았다. 그러나 이제 이슬람 전통 의복은 갈수록 사람들에게 의심과 적대감을 불러일으켰다. 학교에서 유스라는 친구들에게 테러리스트라는 비난을 받았다. 유스라의 언니인 삼라는 한 살 된 아이와 공원에 갔다가 인종차별을 당했다.[18]

어느 날 저녁 식사 자리에서 유스라의 가족은 이 상황에 대해 이야기하며 무엇을 할 수 있을지 논의했다. 유스라가 캠페인을 벌이자고 제안했다. 공개적 항의와 개인의 영역을 넘나드는 캠페인, 외부에서 펼쳐지면서도 친밀함을 일으키는 아이디어였다. 유스라의 가족은 일주일에 한 번 시내에서 가장 붐비는 교차로에 나가 모르는 사람을 식사에 초대하기로 했다.

유스라와 아버지가 피켓을 만들었다. 삼라가 캠페인 매니저가 되겠다고 나섰다. 유스라의 오빠에게는 공식 사진사 역할이 맡겨졌다. 2017년 5월 목요일 오후 네 시쯤 유스라의 가족은 차를 타고 팰로 앨토에 있는 엘 카미노 리얼과 엠바카데로 로드의 교차로로 나갔다. 차를 타고 가는 동안 유스라는 초조해했다. 교차로에 도착한 가족은 주차를 한 뒤 차에서 내려 '무슬림 가족과 함께 식사를', '이슬람 혐오와 싸워요. 무슬림 가족과 식사해요!'라고 쓰인 피켓을 들었다.

처음에 유스라는 너무 어색하고 쑥스러웠다. 캠페인이 좋은 생각이 아니었을지도 모른다고 생각하며 길가에 어정쩡하게 서 있었다. 유스라의 오빠가 사진을 찍었다. 그때 차 한 대가 옆을 지나갔고 운전자가 엄지손가락을 들며 지지하는 의미로 경적을 울렸다. 유스라는 이렇게 말했다. "그 첫 번째 경적과 엄지 '척' 이후에 어색함이 많이 사라졌어요."

이렇게 시작된 캠페인은 1년간 이어졌고, 유스라의 가족은 집에서 50번 이상 식사를 대접하며 전혀 모르는 사람들을 초대해 함께 음식을 먹고 대화를 나누었다. 함께 음식을 먹는 것은 단순한 의례다. 그러나 이 의례는 모든 이슬람 문화권에서 그렇듯 파키스탄 문화의 밑바탕에 자리한다. 12세기가 시작될 무렵 활동한 철학자 알가잘리Al-Ghazālī에 따르면, 한 선지자는 "무엇이 신앙인가?"라고 물은 뒤 "먹을 것을 내놓고 인사를 나누는 것"이라 답했다.[19]

그 이후 매주 목요일마다 유스라와 아버지는 밖으로 나가 낯선 사람을 식사에 초대했다. 사람들은 교차로에서 유스라와 아버지를 보고 때로는 호기심과 적대감을, 종종 당혹감과 신중함을 보이며 다가와 말을 걸었다. 그리고 짧은 대화를 나누며 다른 저의가 없음을 확인한 뒤 연락처를 나누고 식사 시간을 정했다. 어떤 사람들은 온라인에서 캠페인 소식을 접했다. 그들은 유스라의 가족에게 이메일을 보내 방문해도 괜찮은지 물었다. 사람들과 연결된 방식은 다양했지만, 오랫동안 유스라의 가족은 수많은 모르는 사람을 집으로 초대했고, 사람들은 우정과 대화, 직접 만든 맛 좋은 파키스탄 음식을 나누러 이들의 문 앞에 도착했다.

유스라의 어머니, 가끔은 유스라의 고모가 요리를 맡았다. 메뉴는 갓 구운 난과 향신료를 넣은 비리야니, 치킨 티카 마살라, 오랜 시간 뭉근하게 끓여낸 소고기 니하리, 쌀로 만든 달콤한 푸딩인 키르, 마살라 차였다. 처음에 손님들은 보통 어색해했다. 모두가 간식을 먹으며 가벼운 대화를 나누었다. 그러나 본격적인 식사를 시작할 때쯤이면 훨씬 느긋한 분위기가 되었다. 대화는 더욱 무게감 있는 주제로 넘어갔다. 유스라의 아버지는 무슨 이야기든 다 좋다고 말했다. 사람들은 정말로 다양한 이야기를 꺼냈다. 이슬람교, 기독교, 정치, 폭력, 테러리즘, 역사, 문화, 《쿠란》의 진정한 내용, 미국에서 무슬림으로 성장하는 것의 의미, 가장 좋아하는 음식, 대중문화, 더 나은 세상을 만드는 방법. 디저트가 나오면 대화의 내용이 더 가볍고 즐거워졌다. 더 이상 낯선 사이가 아닌 유스라의 가족과 손님들은 농담을 던지고 속마음을 터놓았다. 밤이 저물고 떠날 때가 되면 손님들은 감사와 애정을 표하며 유스라의 가족을 자기 집에 초대하고 계속 연락하자고 약

속했다.

스카이프로 유스라와 삼라에게 전화를 걸었다. 이들의 캠페인에 대해, 증오 앞에서 이들이 보여준 놀라운 신뢰에 대해 더 알고 싶었기 때문이다. 많은 이들이 문과 창문을 닫고 블라인드를 내리려 하는 그때 집을 활짝 열어젖힌 것이 정말 놀라웠다.

"왜 하필 지금이었어요?" 내가 물었다. "그리고 왜 식사를 하기로 한 거예요?"

"트럼프는 구체적으로 무슬림을 겨냥했어요." 유스라가 말했다. "그 점에 상처를 받았어요. 사람들에게 저도 이 공동체의 구성원이란 걸 알려주고 싶었어요. 그러려면 같이 저녁 식사를 하는 게 가장 좋겠다고 생각했고요."

그러나 유스라의 가족이 먼저 손을 내미는 것이 부당하게 느껴졌다. 위협받고 있는 사람은 유스라의 가족 아닌가? 두려움과 증오, 오해의 대상은 그들이 아닌가? 아무 잘못도 하지 않은 이들이 왜 책임지고 행동에 나서야 하는가?

삼라가 먼저 대답했다. "원하는 게 있다면 직접 나서야 해요. 우리의 모습이 있는 그대로 표현되길 원하면 내가 그렇게 만들어야죠. 사람들이 우리를 오해하는 게 싫지만 그게 짜증 나는 만큼 사람들의 오해를 바로잡는 데 집중해요. 이야기를 나누기 시작하자마자 앞에 있는 사람이 변화하는 것을 느낄 수 있어요. 빛이 보이기 시작하는 거예요."

유스라가 덧붙였다. "적대감을 보이는 사람을 친절하게 대하는 게 도움이 돼요. 우리도 한 명의 인간이라는 사실을 깨닫게 할 수 있거든요. 처음에 사람들은 완전히 방어적인 태도로 다가오는데, 우리가 이웃이나 친구처럼 대하면 그런 방어적인 태도에서 벗어나게 할 수 있어요."

삼라가 동의했다. 그리고 이처럼 자신을 있는 그대로 드러내야만 변화하기 시작할 수 있다고 말했다.

신앙은 인사를 나누고 먹을 것을 내놓는 것이라는 알가잘리의 말이 떠올랐다. 파키스탄에서 경험한 엄청난 친절도 떠올랐다. "이런 환대는 이슬람교의 특징이거나 파키스탄의 특징인가요?" 내가 자매에게 물었다. "아니면 그저 인간의 특징인 걸까요?"

"인간의 본성은 선해요." 삼라가 말했다. "종교의 목적은 그 선함을 키우는 거예요."

그때 유스라가 팰로앨토에 오게 되면 알려달라고, 그때 집에 들러 같이 식사하자고 말했다. 그 약속과 함께 우리는 전화를 끊었다.

파키스탄에서 지내던 10대 시절, 나는 신뢰와 불신의 경계를 헤맸고 모르는 사람과의 관계를 통해서만 안전할 수 있다는 깨달음과 취약함에 대한 공포로 고심했다. 시장에서의 그 사건 이후 일단 분노가 가라앉자 거북함과 당혹감이 남았다. 나 자신과 나의 적대감이 부끄러웠다. 그다음 번에 모르는 사람이 차를 마시자고 제안했을 때는 불안을 억눌러 더 나은 손님이 되었다.

시간이 흐르면서 파키스탄에서 모르는 사람들이 내게 보이는 친절과 배려에 점차 익숙해졌다. 알고 보니 파키스탄은 전 세계에서 가장 친절한 국가였다. 신드 주州의 작은 도시인 나와브샤에서 한 호텔 주인은 수일간 나를 무료로 재워주고, 자기 레스토랑에서 먹여주고, 가족에게 소개하고, 시내를 구경시켜주고, 내가 떠날 때는 새 살와르 카미즈와 함께 다음 목적지로 향하는 버스표를 사 주었다. 남쪽의 타르 사막에서 몸이 아팠을 때는 내가 여러 번 방문했던 저렴한 식당의 주인이 나를 찾아냈다. 내가 그곳에서 오래 머물 예정이라는 것을 알았던 그는 내가 하루 이틀 보이지 않자 걱정을 하기 시작했다. 그리고 이리저리 수소문해 벽이 석고보드였던 값싼 호텔에서 고열에 떨고 있던 나를 찾아냈다. 그가 나를 오토바이 뒤에 태워 의사에게 데려갔고 약값을 대신 내주었다. 접경지대인 북서국경주에서는 요새화된 부지에서 모르는 사람들과 함께 밥을 먹었다. 사람들은 들고 있던 칼라시니코프 소총을 문 옆에 쌓아두었고, 다 함께 둥글게 모여 앉아 카더멈 향이 나는 시르말 빵을 진하고 매콤한 스튜에 찍어 먹었다.

파키스탄에서 돌아온 나는 떠나기 전과는 다른 사람이 되어 있었다. 전보다 사람들을 더 잘 믿게 되었고 덜 외로워졌다. 내가 타인에게 신세를 지고 있음을 더욱 잘 알게 되었고, 그러한 깨달음에 더 편안해졌다. 그리고 낯선 사람과 그들에게 있을지 모를 가능성에 더욱 마음을 터놓을 수 있게 되었다. 인사를 나누고 함께 음식을 먹는 것, 차 한 잔을 권하는 것, 향신료 냄새를 풍기는 뜨거운 커리를 앞에 두고 낯선 사람들과 함께 식탁에 둘러앉는 것. 유스라와 삼라가 상기

시켜주었듯이, 이것이 변화를 일으키고 신뢰를 쌓을 수 있는 하나의 방법이기 때문이다.

03

문턱 넘기의 의례

낯선 사람이 친밀한 사람들이 모인 따뜻한 집 안에 들어오면 모두 경계 태세가 된다. 이 세상에 무언가 새로운 것이 도착했고 아직 아무도 그 정체를 모른다. 신뢰라는 투명 다리가 아직 불안정할 때 모든 것은 결정적인 첫 만남의 순간 첫 발짝을 어떻게 떼느냐에 달려 있다. 이때는 모두가 서로를 탐색하며 자신이 어떤 사람을 상대하고 있는지 파악하려 한다. '어서 들어오세요.' 우리는 이렇게 말하고, 손님은 미소를 지으며 문 안으로 들어온다. 그러나 이 따뜻함 아래에는 경계심과 불확실에서 오는 떨림이 있다. 이제부터 이 안에서 무슨 일이 벌어질지 알 수 없기 때문이다.

1923년, 러시아의 젊은 지질학자인 안드레이 시무코프Andrej

Simukov가 몽골로 첫 번째 원정을 떠났다. 걷기도 하고 말을 타기도 했으며 자동차를 이용하기도 했다. 긴 연애의 시작이었다. 시무코프는 1920년대와 1930년대 내내 다시 수차례 몽골로 가 몽골의 언어와 문화, 역사, 지리, 민족지학, 지질학, 자연사 연구에 몰두했다. 1930년대 중반이 되자 그가 여행한 거리가 총 5만 킬로미터를 넘었다.[1] 시무코프는 담배 한 주머니와 몽골의 언어와 관습에 대한 지식만 있으면 몽골을 구석구석 누빌 수 있다고 말했다. 그 두 가지만 있으면 먹을 음식이 부족하거나 몸을 누일 곳을 찾지 못하는 일은 절대 없으리라는 것이었다.

시무코프가 여행하던 시절의 몽골 농촌 지역에는 지친 여행자들이 묵을 호텔이나 숙박 시설이 없었다. 그 대신 여행자들은 사람들의 환대에 의지해야 했다. 집에서 멀리 떠나 낯선 곳을 여행할 때 안전을 가장 확실하게 보장해주는 두 가지는 바로 그 지역의 의례에 대한 지식과 선물이다. 시무코프의 경우 선물은 담배 한 주머니였다.

당시 몽골은 주인과 손님의 관계를 규정하는 관습이 요스yos라는 구전 격언으로 체계화되어 있었다. 요스는 손님과 주인 모두에게 공통의 기준이 되어주었고, 이렇게 의례화된 몸짓과 행동은 처음 만나는 사람들 사이에 안전한 다리를 만들어주었다. 요스는 여행자가 난데없이 나타나 문지방을 넘어 집 안으로 들어왔을 때 모든 것이 순조롭게 돌아가게 해주는 하나의 방식이었다. 요스의 규칙은 광범위하고 까다로웠다. 요스에는 늑대가 손님의 말을 물어갔을 때 어떻게 해야 하는지에 대한 규칙도 있었다(그때 주인은 "산의 신이 당신의 말을 데려갔습니다"라고 말한 뒤 다른 말을 내어주어야 한다). 이 밖에도 집주인의 게르(몽골의 텐트)에서 손님은 허벅지를 드러내서는 안 되었다. 주인이 손님에게 차를 내어줄 때 찻잔 안에서 차가 어떤 방향으로 회전해야 하는지에 대한 규칙도 있었다(시계 방향). 손님이 고기를 첫입에 어떻게 먹어야 하는지도 정해져 있었다(적은 양을 입에 넣은 뒤 양이 많고 넉넉한 것처럼 과장하며 씹어야 했다). 주인집 침대에서는 노래를 해서는 안 됐다(요스에 따르면 이렇다. "행복하더라도 침대에서 노래를 부르지 말라. 슬프더라도 침대에서 울지 말라"). 연장자가 말 많은 젊은이를 꾸짖는 방법에 대한 규칙도 있었다(그럴 때는 젊은이에게 "나쁜 사람의 소리는 크고, 당나귀의 사타구니는 크다"라고 말해야 한다[2]).

시무코프가 처음 몽골로 떠난 뒤 한 세기가 지난 오늘날, 요스에는 더 이상 예전만큼의 영향력이 없다. 그러나 주인이 손님을 환대하는 방식과, 방문객이 낯선 사람에서 손님으로의 쉽지 않은 변화를 이행하는 방식은 여전히 요스에서 비롯된 공통의 이해를 따른다.[3] 요스는 다양한 상황을 아우르지만 문턱을 넘어 바깥에서 안으로 들어올 때의 규칙은 특히나 더 까다롭다. 1980년대에 몽골 초원 지대에 살았던 인류학자 캐럴라인 험프리Caroline Humphrey가 그 규칙들을 상세히 기록했다. 예고 없이 나타난 방문객은 말을 멈춰 세우고 "개를 단속하시오!"라고 외쳐야 한다. 그러면 집 안에서 그 소리를 들은 여자와 아이들이 밖으로 나와 개를 묶는다. 방문객은 그제야 말에서 내려 문으로 향한다. 그다음 방문객은 문턱 앞에 멈춰 서서 헛기침을 하며 도착을 알려야 한다. 그리고 게르 안으로 들어가기 전에 총이나 채찍 같은 모든 무기를 바깥에 내려놓는다. 벨트에 칼이 매달려 있다면(음식을 잘라 먹을 때 유용하다) 칼자루를 건드려서는 안 된다.

규칙은 계속 이어진다. 방문객은 오른발부터 게르에 들어가야 하고 문턱을 밟으면 안 된다. 안으로 들어가는 방문객은 반드시 의복을 제대로 갖춰 입어야 하는데, 외투의 단추는 전부 잠그고 소매는 손목까지 내리며 모자를 쓰고 있어야 한다.[4] 몽골 남성(당시 몽골에서 혼자 여행하는 사람들은 대개 남성이었다)은 전통적으로 모자를 중요하게 생각하는데, 오래 쓴 모자에는 그 사람의 영혼이 '깃들어' 있다고 믿기 때문이다.[5] 집 안으로 들어가면 방문객은 주인에게 인사를 해야 한다. 그러면 주인은 이렇게 묻는다. "내가 모르는 아름다운 것이 무엇이 있소? 무슨 새로운 소식이 있소?" 이제 손님이 된 방문객은 이렇게 대답한다. "새로운 것은 없습니다. 순조롭고 평화롭습니다." 그다음에 주인은 손님에게 먹을 것과 마실 것을 내놓는다.

이 복잡한 규칙은 '담배 한 주머니와 몽골의 언어와 관습에 대한 지식만 있으면 된다'는 시무코프의 말이 극도로 자제한 표현임을 보여준다. 몽골어를 비롯한 외국어를 배우는 데는 시간이 든다. 그러나 문화에 익숙해지는 데는 그보다 더 오랜 시간이 걸린다. 시무코프가 주머니에 든 담배 한 주머니만으로 모르는 사람의 집 문턱을 드나들며 몽골에서 살아남을 수 있었던 것은 낯선 사람을 손님으로 탈바꿈하는 복잡한 행동 규칙을 깊이 이해하고 있었기 때문이다. 이 규칙이 이방인을 의무와 보살핌으로 이루어진 상호 관계 속에 묶어주었고,

그 덕분에 힘든 환경에서 살아남을 수 있었던 것이다.[6]

의심을 가라앉히는 기술

문턱은 가능성과 위험이 들끓는 곳이다. 로마인은 이 사실을 잘 알았다. 외부 세계에서 신성한 도무스(라틴어로 집이라는 뜻-옮긴이)의 영역으로 진입하는 것은 결코 단순하지 않은, 늘 긴장감 넘치는 일이었다. 고대 로마에서 문턱(라틴어로 리멘limen)은 너무 중요한 장소였기에 로마인은 문턱을 관장하는 신까지 만들었다. 문의 신인 야누스Janus는 그리스에는 없고 오로지 로마에만 있는 신으로, 드나들 수 있는 모든 곳과 관련이 있다. 야누스는 가정집의 문, 도시의 관문, 서로 다른 공동체 사이의 접경지대를 관장한다. 야누스는 얼굴이 두 개라서 안팎을 동시에 바라보며 누가 들고 나는지를 감시한다. 키케로는 야누스의 라틴어 이름(Ianus, 이아누스)이 '가다', '통과하다', '흐르다'라는 뜻의 동사 ire에서 나왔다고 주장한다. 열쇠와 곤봉이 상징인 야누스는 서로 다른 세계를 오가는 흐름을 관리한다. 새로운 미래를 열고 위협을 가한다. 로마에서 야누스는 평화만큼이나 전쟁과 관련이 있었고, 환대만큼이나 적의와 관련이 있었다. 로마의 모든 성스러운 의식은 문턱의 신인 야누스를 향한 기도로 시작되었고, 화로의 여신인 베스타를 향한 기도로 끝을 맺었다. 키케로는 이렇게 말한다. "모든 것이 그렇듯 시작과 끝이 가장 중요하다."[7] 문턱과 화로 사이, 모든 일은 그곳에서 발생한다.

험프리는 문턱을 넘는 방법을 정확하게 규정한 몽골 초원 지대의 까다로운 의례가 곧 '의심을 가라앉히는 기술'이라고 말한다.[8]

방문객은 가장 먼저 무장을 해제해야 한다. 손님이 문턱을 넘을 때 무기를 내려놓아야 한다는 조건은 보편적이지는 않지만 여러 문화에 널리 퍼져 있다. 파키스탄의 요새화된 부지에서 나와 함께 있었던 손님들은 스튜와 시르말 빵을 먹으러 들어오기 전에 먼저 문밖에 자동 소총을 내려놓았다. 고고학적 증거에 따르면 앵글로색슨 세계의 연회장에는 방문객이 들어오기 전에 무기를 내려놓을 수 있는 작은방이 붙어 있었다.[9] 고대 영어로 쓰인 서사시《베오울프》를 보면 주인공 베오울프는 완전무장한 전사들과 함께 덴마크 왕 흐로드가르의 연회장인 헤오로트로 향한다. 흐로드가르의 전령인 울프가르는 왕에게 이 위험한 외부인들을 어떻게 처리해야 할지 묻는다. 늙어서 머리가 하얗게 센 왕은 그들을 안으로 들이라 말하며 전투복은 입고 있어도 되지만 방패와 창은 문간에 두고 들어와야 한다고 말한다.[10]《오디세이아》에서 아테나는 타포스의 왕이자 오디세우스의 오랜 친구인 멘테스의 모습을 하고 오디세우스의 아들 텔레마코스를 방문한다. 아테나는 몸에 갑옷을 두르고 청동 창을 들고 있다. 언제나 훌륭한 집주인 역할을 하는 텔레마코스는 문간에서 아테나를 환영한다. "어서 오십시오, 낯선 분이시여. 환영합니다. 저희와 식사부터 한 뒤 용건을 말씀해주십시오."[11] 그런 다음 아테나에게 청동 창을 받아서 문 안쪽의 윤이 나는 창꽂이에 정중히 집어넣은 뒤 아테나를 식탁으로 초대해 함께 식사를 한다.

무기를 내려놓지 않겠다고 주장하는 손님은 나쁜 손님이다. 무장한 손님은 그저 위험하기만 한 것이 아니다. 그건 주인에 대한 모욕이다. 돌격 소총을 든 채 집 안으로 들어와 소파에 앉는 손님은('혹시 모르니까') 위협일 뿐만 아니라 치욕이기도 하며, 무기를 내려놓지 않겠다는 주장은 곧 집주인이자 보호자의 능력을 신뢰하지 못한다는 증거다.

모든 손님이 기꺼이 무기를 내려놓는 것은 아니다. 2013년, 미국 스타벅스는 총기 소지에 찬성하는 단골 고객에게 실망을 안겼다. 그때까지 스타벅스는 '오픈 캐리' 정책을 통해 이 정책이 허용되는 주州의 고객들이 총기를 공개 휴대하는 것을 허용해왔다. 그러나 '나는 총과 커피를 사랑해'(스타벅스의 로고 속 인어가 양손에 권총을 들고 있는 것이 이들의 로고다)를 비롯한 페이스북의 여러 총기 소지 찬성 단체가 스타벅스에 총을 들고 가는 행사를 열자 스타벅스는 행동에 나섰다. 행사 때 찍은 사진 속에서는 권총이나 AK-47 돌격 소총을 든 남녀가 웃는 얼굴로 카메라를 향해 포즈를 취하며 초록색 빨대로 특대 사이즈 라테를 마시고 있다.[12] 스타벅스는 그 대응으로 점포 내에서 총기를 전면 금지할 수도 있었지만 다른 노선을 택했다. 스타벅스의 CEO 하워드 슐츠Howard Schultz는 고객에게 보내는 공개 서한에서 무기를 집에 두고 저지방 라테를 마시러 와달라고 '공손하게 요청'

했다. 그는 스타벅스가 집과 직장, 공공과 민간 사이에 있는 '제3의 공간'이자 평화와 공동체, 기쁨과 커피를 위한 장소라고 말했다. "우리의 가치는 사람들을 분열시키는 것이 아니라 공동체를 세우는 데 있으며, 우리 점포의 존재 이유는 모든 고객에게 일상의 걱정거리를 잠시 잊을 수 있는 안전하고 편안한 공간을 제공하는 데 있습니다."[13]

유려하지만, 궁극적으로는 성공을 거두지 못한 대응이었다. 슐츠의 서한은 규칙과 의무가 아닌 환대와 초대의 언어를 사용해 손님을 환영하는 분위기를 자아내려 했다. 그러나 긴장 상태가 완화되는 대신 항의와 보이콧이 일어났다. 손님들은 주인의 요청을 거절했다. 무기를 내려놓고 싶지 않았던 스타벅스의 고객들은 스타벅스 경쟁사의 충성 고객으로 돌아섰다.

무기를 내려놓고 문턱과 화로 사이에 자리 잡은 낯선 사람은 편안한 것도 아니고 그렇다고 환영받지 못하는 것도 아닌, 온전히 속한 것도 아니고 그렇다고 소속되지 못한 것도 아닌 상태가 된다. 즉, 손님이 되는 것이다. 인류학자 빅터 터너Victor Turner는 '이도 저도 아닌', 또는 '여기도 저기도 아닌' 이 모호한 공간에 대해 이야기한다.[14] 손님은 여전히 문턱의 신인 야누스의 감시 아래 있다.[15] 무엇이든 할 수 있고 무슨 일이든 일어날 수 있는 이러한 경계 공간에서 우리는 의례를 통해 대인관계의 복잡성을 헤쳐나간다.

우리는 보통 의례를 결혼식이나 장례식, 생일, 쇼핑센터 오픈일, 배를 처음 띄우는 날처럼 특별한 날에 행하는 것으로 생각한다. 그러나 일상 속의 미묘한 의례는 삶의 거의 모든 측면에 깔려 있으며, 이 의례들은 삶에 형태를 부여하고 공통의 음악을 제공해 우리가 서로 잘 지낼 수 있도록 도와준다. 의례는 우리가 다른 사람의 집 문을 두드릴 때도 있다(가까운 지인의 집 문을 두드리는 경쾌한 '똑또로똑똑' 소리, 그리 친하지 않은 사람의 집 문을 두드리는 상냥하지만 사무적인 '똑똑' 소리). 가까운 친구를 대할 때의 학습된 자연스러움에도 있고, 모르는 사람을 대할 때의 격식에도 있다. 손님이 목이 마르지도, 배가 고프지도 않다는 것을 알면서 차나 음식을 권할 때에도 있다. 영국식 술집에서 모두의 술값을 대신 내줄 때, 중국에서 식탁에 둘러앉은 사람들이 수수로 만든 독주인 백주로 다 함께 건배를 할 때에도 있다. 장례식에서 상투적인 애도를 표할 때에도, 결혼식장에서 행복한 커플을 축하할 때에도, 생일을 맞은 사람의 행복을 빌 때에도, 송별회에서 아쉬움을 표할 때에도 있다. 사실 의례는 거의 모든 곳에 존재하며, 공동생활에서 필요한 일들을 우아하게 해낼 수 있도록 도와주는 수단으로서 관계의 강력한 접착제 역할을 한다.[16]

이러한 힘에도 불구하고 의례는 종종 나쁜 평가를 받는다. 16세기의 개신교도들은 의례를 우상숭배와 미신의 한 형식으로 매도했다.[17] 오늘날에도 많은 사람이 의례를 수상히 여긴다. 우리는 '텅 빈' 의례나 '그저' 의례일 뿐이라는 표현을 쓴다. 의례가 생기를 빼앗고 자연스러움을 방해한다고 생각하며, 엄숙한 행렬과 칙칙한 예배, 근엄한 얼굴과 우스꽝스러운 모자를 떠올린다.

그러나 의례는 우리가 피할 수 있는 것이 아니다. 의례는 공동생활 전반에 깔려 있으며, 낯선 사람을 만날 때나 위험이 최고조에 달할 때는 더욱더 필요하다.

모호함을 포용하는 힘

역사상 중국의 철학자이자 현자인 공자만큼 의례를(그 편재성과 중요성을) 잘 이해한 사람은 없을 것이다. 공자가 살던 시대인 기원전 6세기와 5세기의 중국은 대격변의 시기였다. 현재 중국의 북동쪽 지역은 당시 여러 개의 작은 국가로 쪼개져 서로 권력과 패권을 두고 다투고 있었다. 공자는 노나라에서 50년을 일한 관리였다. 혼란에 빠진 그는 기원전 11세기에서 8세기까지 이어진 위대한 주나라를 그리워했고, 그때는 있었던 질서와 도덕 규칙이 이제는 사라져버렸다고 생각했다. 공자는 과거의 미덕을 다시 확립하고자 노나라 군주에게 여러 개혁안을 내놓았다. 이웃 나라인 제나라 군주의 방해가 아니었다면 공자는 목표를 이루었을지도 모른다. 사마천이 기원전 1세기에 쓴 《사기》에 따르면 제나라 군주는 공자의 개혁안으로 노나라가 너무 강력해질 것을 우려했다. 그래서 노나라의 군주에게 기녀 80명과 말 100필을 보내 주의를 분산시켰다. 그대로 정신이 팔린 노나라 군주는 정사를 돌보지 않고 여색을 즐겼다.[18] 군주의 무책임한 태도에 신물이 난 공자는 방종한 군주 대신 자발적 망명을 택하며 노나라를 떠났다.

공자는 그 후로 20년간 중국 북동부의 분열 정국을 유랑했다. 그렇게 영원한 이방인으로서 이 나라 저 나라를 떠돌며 덕에 관심을 가지라고 부질없이 권력자들을 설득했다. 그리고 여러 문화 간의 문턱을 우아하게 넘는 기술을 습득했다. 공자의 가르침을 기록한《논어》에서 그는 이렇게 말한다. "말이 진실하고 믿을 수 있으며 행동이 성실하고 공손하다면 오랑캐 땅에서도 잘 살아갈 수 있다."[19]

의례를 뜻하는 중국어 한자는 예禮다. 이 글자는 제단 앞에 그릇을 올린 모습을 묘사한 것으로, 처음에는 종교 의례에서의 몸짓과 행동을 의미했다. 그러나 공자는 이 의례의 폭이 훨씬 넓다고 생각했다. 공자가 이해한 예는 모든 것을 아울렀고, 삶의 모든 영역에 예가 닿지 않는 곳이 없었다. 집을 멀리 떠나 있거나 낯선 사람들 사이에 있을 때(공자가 말한 오랑캐 땅에 있을 때)는 특히나 연결의 어려움을 덜어줄 의례가 필요하다.

《논어》에는 애도 중인 사람을 만날 때 몸가짐을 바르게 하는 방법, 선물을 주고받는 방법, 격식을 차린 자리와 느긋하고 여유로운 자리 사이를 편안하고 부드럽게 오가며 때에 따라 태도를 바꾸는 방법 등, 공자가 자신이 처한 상황에 어떻게 적응하려 했는지를 설명한 내용으로 가득하다. 공자는《논어》에서 이렇게 말했다. "의례를 행할 때 조화를 가장 중시하라."[20] 자신을 타인에게 맞추는 이 조화에 대한 관심은 공자가 의례를 음악과 밀접한 것으로 이해한 이유를 보여준다. 일단 함께 연주하는 법을 배우면 섬세하게 맞춘 몸짓과 말투, 행동은 아름다운 음악이 되고, 감정과 기쁨의 전달자이자 서로 깊이 연결되는 방법, 유대감을 자아내는 수단이 된다. 험프리에 따르면 몽골의 부모는 자식에게 다른 사람의 집에 방문할 때 집주인의 "음색을 고려해야 한다"고 가르친다.[21] 새로운 세계와 조화를 이루는 방법을 알아낼 수 있도록 자신이 진입한 세계의 음악에 주의를 기울여야 하는 것이다. 의례에 능숙해지는 것은 곧 함께 연주하는 음악을 더욱 기민하게 듣게 되는 것과 같다.

의례를 향한 우리 문화의 의심을 극복하는 데는 시간이 걸린다. 《의례와 그 결과Ritual and Its Consequences》라는 훌륭한 연구에서 애덤 셀리그먼Adam Seligman과 그의 동료들은 의례와 진정성 사이의 긴장 상태를 설명한다. 이들은 의례가 진정성의 대척점에 있다고 주장한다. 우리는 결혼식을 지켜보며 저 행복한 커플이 말도 안 되게 안 어울린다고 생각할 수도 있다. 저들의 결혼 생활이 오래가지 못할 이유를 알고 있을 수도 있다. 그러나 그러면서도 우리는 마치 두 사람이 하늘이 점지한 짝이며 평생을 함께할 것처럼 행동할 수 있다. 마찬가지로 요리 솜씨가 형편없는 사람에게 식사 초대를 받았을 때도 우리는 웃는 얼굴로 형편없는 음식을 먹으며 한껏 즐기는 척 요리 솜씨를 칭찬할 수 있다.

진정성과 의례 사이의 이 긴장감은 수많은 가족 시트콤의 소재가 된다. 그러나 의례는 진정성만 중요한 것이 아닐 때도 있음을 일깨워준다. 때로는 의례가 "삶의 모호함을 진정성보다 훨씬 잘 포용한다".[22] 의례는 모든 사람 앞에서 내면세계의 혼란을 드러내는 대신 그 혼란을 보이지 않게 담아둔다. 의례는 '마치' 상황이 평탄하고 조화로운 것처럼, '마치' 모든 것이 공정하고 평화로운 것처럼 행동하는 세상을 옹호한다. 셀리그먼과 그의 동료들은 의례를 이행하는 것이 가식보다는 상황을 가정하는 것에 더 가깝다고 주장한다.[23] 의례 행위는 '마치' 세상이 지금과 다른 것처럼 행동하는 것이다. 이러한 의례의 실천에는 놀라울 만큼 강력한 힘이 있다. 모두가 이도 저도 아닌 의례의 공간에서 마치 그런 척 상황을 가정한다면, 새로운 현실과 새로운 음악, 새로운 연대감을 일으킬 수 있기 때문이다. 우리는 이 '마치'의 세상을 현실로 불러낼 수 있다.

낯선 사람과 만날 때 조심스럽게 행하는 의례에는 더 가벼운 것이 동반되는 경우가 많은데, 바로 장난기와 익살이라는 첨가제다. 함께 자리에 앉아 서로에 대해 알아갈 때 우리는 격식만 차리는 것이 아니다. 집주인이 커피를 내리거나 와인을 따를 수도 있고, 야단스럽게 부엌에서 무언가를 내올 수도 있다. 그러나 이런 엄숙한 의례 행위와 함께 종종 여러 농담과 짓궂은 장난이 오간다. 의례는 서로의 경계를 더욱 강화한다. 그러나 셀리그먼과 그의 동료들이 말하듯, 우리는 장난기와 농담으로 "그 경계를 간지럽히고" 밀어붙이며 상황이 어떻게 흘러가는지 지켜본다.[24] 인류학자 줄리언 피트리버스Julian Pitt-Rivers는 의례적인 환대 행위와 농담이 둘 다 경계를 넘을 때 발생 가능한 갈등을 관리하는 수단이라고 말한다. "농담을 나누는 관계가 기분이 상하는 것을 금하는 방식으로 갈등을 진압한다면, 환대는 기분을 상하게 하는 것을 금하는 방식으로 갈등을 진압한다."[25]

이러한 의례와 장난의 조합은 인간에게서만 나타나는 것이 아니다. 피사대학교의 연구원들은 여우원숭이 무리가 새로 들어온 낯선 여우원숭이와 관계 맺는 방식을 연구했다. 여우원숭이들은 친구들과 시간을 보낼 때 서로의 털을 골라준다. 그러나 그러려면 서로를 신뢰해야 하는데, 신뢰는 난데없이 나타나는 것이 아니다. 여우원숭이들은 낯선 여우원숭이를 즉시 신뢰하지 않는다. 그렇다고 무조건 불신하지도 않는다. 여우원숭이는 우리 인간이 그러듯 두려움과 공격성, 호기심과 매혹이 뒤섞인 반응을 보인다.

바로 이 신뢰와 불신의 경계에서 의례화된 장난이 능력을 발휘한다. 여우원숭이 무리는 쿡쿡 찌르면서 낯선 여우원숭이를 실험한다. 서로를 살짝 때리고, 옆으로 재주를 넘고, 치고받고, 상대방의 생식기를 장난으로 깨물기도 한다. 이는 처음 보는 여우원숭이에게만 하는 행동이다. 다 자란 여우원숭이는 친구들과 이렇게 놀지 않는다. 장난을 통해 서로에 대한 판단이 서고 그 누구도 해칠 의도가 없다는 것이 분명해지면(다른 여우원숭이가 나의 생식기를 깨물어도 별 문제가 발생하지 않으면), 그때 다시 진지하게 서로의 털을 고르기 시작할 수 있다. 낯선 원숭이는 곧 같은 편이 되고, 같은 편은 곧 친구가 된다.[26]

인간의 영역에서도 의례와 장난은 모르는 사람들이 서로를 파악하고 경계를 실험하고 관계를 맺도록 다리를 놓아준다. 2013년, 요크에 있는 무슬림 공동체에 충격적인 소식이 전해졌다. 무슬림을 극도로 증오하는 극우 단체인 영국수호연맹English Defence League이 요크의 모스크에서 항의 집회를 열 계획이라는 것이었다. 집회 소식을 알게 된 무슬림 공동체는 대책을 세우기 시작했다. 요크대학교의 전자공학과 교수인 모하메드 엘고마티Mohamed El-Gomati와 모스크의 한 원로가 고심 끝에 방도를 내놓았다. "우린 파티를 열 겁니다." 그가 말했다. "그게 우리의 대응 방식이에요. 그게 우리의 전통이고, 이 같은 문제를 해결하는 이슬람의 방법입니다."

모스크에 예배자들이 순식간에 결집했다. 이들은 항의 집회와 같은 시간에 행사를 열었다. 그리고 "요크 모스크는 극단주의 폭력을 규탄하는 모든 사람을 환영합니다"라고 쓰인 현수막을 내걸었다. 이들은 다과와 음료를 준비하고 150명이 넘는 친구들과 지지자들을 초대해 안전한 상황을 만들었다.

모스크에 도착한 영국수호연맹의 인원은 총 여섯 명으로 예고한 것보다 적었다. 남자 세 명과 여자 세 명이 하얀색 바탕에 빨간 십자가가 그려진 성 조지 깃발을 들고 길가에서 구호를 외쳤다. 모스크 공동체가 가장 처음 한 일은 물을 끓이고 밖으로 나가 차와 비스킷을 권한 것이었다. 훗날 〈더 타임스〉는 엘고마티의 접근법을 '커스터드 크림 외교'라 칭했다. 그러나 이 행동에는 외교 이상의 의미가 있었다. 이 행동은 함께 의례적으로 차를 마시는 '마치'의 힘에 대한 믿음과, 음식과 인사를 나누며 만남의 장과 연결 지점을 마련할 수 있다는 믿음을 의미했다. 엘고마티는 이렇게 말했다. "모든 사람이 자리에 앉아 함께 차를 마시는 행위를 영국의 대표적 풍습으로 여깁니다. 그래서 역사 깊은 요크셔 차를 대접하며 환대하는 것이 시작이 될 수 있으리라 생각했죠."[27]

내가 라호르의 시장에서 그랬듯 처음에 시위대는 의심쩍어했다. 낯선 사람에게 차를 대접받는 데는 용기가 필요하다. 그러나 시위대는 곧 항복했다. 요크셔에서는 찻잔을 주고받는 것만큼 강력한 의례가 없다. 시위대가 사람들이 권한 다과와 음료를 받았고, 대화가 시작되었다. 영국수호연맹의 여성들이 모스크의 여성 예배자들과 이야기를 나누기 시작했고, 서로 농담을 주고받았다. 어떤 예배자가 풋볼 게임을 하자고 제안했다. 누군가가 모스크 안에서 공을 가지고 나왔다. 모스크 공터에서 펼쳐진 친선 경기로 그날의 하루가 저물었다.

의례와 장난, 농담, 다과와 음료 권하기. 이것들이 바로 신뢰를 쌓는 기술이다.

선물의 의미

《오디세이아》에는 이런 구절이 나온다. "손님은 너그러운 주인을 영원히 기억한다."[28] 《오디세이아》에서 일단 손님이 무기를 내려놓으면 집주인은 그들에게 선물을 잔뜩 안긴다. 집주인은 크세니아의 의례에 따라 반드시 "먹을 것과 마실 것, 욕조, 입을 옷, 손님이 머물 동안 쉴 수 있는 곳뿐만 아니라 선물과 떠날 때 사용할 이동 수단" 까지 제공해야 한다.[29] 집주인은 명예로운 평판, 또는 "동료들의 시선과 평가"에서 비롯된 명성과 영예를 뜻하는 클레오스kleos를 기대하며 선물을 내놓는다.[30] 손님은 음식을 배불리 먹은 뒤 그 보답으로 이야기를 풀어놓음으로써 집주인의 관대함에 화답한다. 오디세우스는 하이페리아("춤의 땅")에 있는 파이아케스인들의 섬 해변에 나체로 쓸려온 뒤 나우시카 공주의 도움을 받는데, "모든 걸인은 제우스께서 보내신 것이니, 모든 친절한 행동은 축복"이기 때문이다.[31] 나우시카는 오디세우스를 궁전으로 데려와 먹을 것과 마실 것을 준다. 오디세우스가 식사를 배불리 마치자 아레테 여왕이 그에게 어디서 왔느냐 묻는다. 오디세우스는 심호흡을 한 뒤 자신의 이야기를 들려주기 시작한다. "모든 것을 다 이야기하기는 어려울 것입니다…."[32] 선물 교환은 여기서 끝나지 않는다. 섬을 떠날 때 오디세우스는 마법의 배를 타고 순식간에 이타카에 있는 집으로 되돌아간다. 파이아케스인들의 선물인 이 배에는 오디세우스를 받아준 주인들의 선물이 가득 실려 있었다.

이러한 유·무형의 선물 교환은 손님과 집주인이 지속적인 관계를 맺게 한다. 《오디세이아》에서 수 세기가 흐른 뒤, 북서쪽 끝에서 괴물인 그렌델과 그의 어머니를 물리친 베오울프는 집으로 돌아가겠다는 마음을 분명히 표현한다. 그리고 흐로드가르가 보여준 환대와 관대함을 칭찬하며 "당신은 저희를 잘 대접해주셨습니다"라고 말한다.[33] 그러자 흐로드가르는 이렇게 화답한다. "내가 이 넓은 땅을 다스리는 동안 우리는 보물을 내어줄 것이고 많은 이들이 바다를 건너 서로 선물을 주고받을 것이오." 왜냐하면 선물은 "가장 강한 징표"이기 때문이다.[34]

엘리와 나는 사귀기 시작한 직후 버밍엄 서쪽에 있는 연립주택으로 이사했고, 서로의 삶을 공유한다는 것이 어떤 의미인지 이해하기 시작했다. 엘리는 박물관에서 일하며 교육 프로그램을 운영했다. 나는 박사학위를 따는 동안 입에 풀칠하기 위해 파트타임으로 일하며 성인을 대상으로 창의적 글쓰기와 철학을 가르쳤다. 엘리와 나는 빠른 속도로 새집에 적응했고 생활도 만족스러웠다. 우리는 정원을 가꾸었다. 나는 모양이 기이한 채소를 길렀다. 함께 책을 읽었다. 내가 부엌에서 요리를 했다. 함께 친구들을 만났고, 동네 술집에서 열리는 주간 퀴즈 대회에 참여했으며, 고양이를 키웠다.

그러나 무언가가 부족했다. 엘리는 무신론자였지만 나처럼 성직자의 자녀였다(엘리의 새아버지가 감리교 목사였다). 엘리도 형제자매와 의붓 형제자매, 손님과 친구들, 모르는 사람들로 북적이는 집에서 어린 시절의 절반 이상을 보냈다. 얼마 지나지 않아 이 고요한 삶이 우리를 불안하게 만들기 시작했다. 몇 달 뒤 엘리와 나는 우리가 지루해하고 있다는 불편한 깨달음에 도달했다. 지루한 것은 서로가 아니라 우리 삶의 형태였다. 집이 너무 조용했다. 집이 사람들로 북적이길 원했다. 그래서 우리는 아직 초창기였던 미국의 여행자 커뮤니티 카우치서핑Couchsurfing에 가입하고 서재로 쓰던 손님방을 여행자에게 무료로 제공했다.

많은 친구와 가족이 충격을 받았다. 왜 그런 짓을 해? 그들이 물었다. 위험하지 않아? 나중에 후회하지 않겠어? 사람들은 최악을 상상했다. 우리는 강도를 당할 것이다. 사람들에게 이용당할 것이다. 우리의 일상이 망가질 것이다. 생활의 질서가 무너질 것이다. 잘해봐야 짜증만 날 것이고, 최악으로는 침대에서 살해당할 것이다. 사람들은 사서 고생하는 거라고 말했다.[35] 그들의 말이 옳았다. 우리에게 없는 유일한 것이 바로 그 고생이었다.

그 후로 몇 년간 우리는 100여 명의 손님을 맞이했다. 미국과 유럽, 아프리카, 아시아, 오스트랄라시아 등 출생지도 다양했다. 사람들은 철학책이 가득 꽂힌 손님방의 선반 그림자 아래에서 잠들었다. 우리는 함께 요리하고 식사하며 대화를 나누었다. 그리고 우리 집의 문턱을 넘어온 손님들은 낯설고 멋진 선물들을 가져왔다. 헝가리의 독한 약초주인 우니쿰Unicum. 이탈리아의 가족 농장에서 가져온, 직접 만든 파르메산 치즈 한 덩어리. 각종 장식품. 한번은 시리아의 팬케이크 전문 요리사가 우리 집에 묵었다. 그는 우리 집 부엌에서 직접 가져온 철판으로 크레페와 갈레트를 구워 한 상을 차려주었다. 근처 대학교에서 열린 콘퍼런스에 참석하러 온 오스트리아의 트랜스젠더 예술가도 있었는데, 그는 우리에게 작은 보물을 선물해주었다. 바로 직접 만든 책이었다. 그는 자신이 나무의 요정이라고 했다. 책에는 그림과 시, 요정처럼 발가벗은 사람들이 나무 높은 곳에 올라간 사진이 들어 있었다.

잘 고른 선물만큼 문턱을 수월하게 넘도록 도와주는 것은 없다. 공자도 이 사실을 잘 알았다. 공자의 뒤를 이은 유교 철학자 맹자에 따르면 공자는 먼 길을 떠날 때 언제나 적절한 선물을 준비했다.[36] 인류학이 처음 선물에 매혹된 것은 1925년이었다. 마르셀 모스Marcel Mauss가 영어로는《선물The Gift》이라고 번역되는《증여론Essai sur le don》을 출판한 해였다.[37] 모스는 비범한 재능의 소유자였다. 저명한 사회학자 에밀 뒤르켐Émile Durkheim의 조카이기도 했던 그는 철학자를 첫 진로로 택했다. 그러나 온갖 분야를 파고든 그의 관심사는 인류학과 산스크리트어, 인도 종교, 마오리어까지 퍼져나갔다. 모스는 뛰어난 아마추어 권투선수였고 카리스마 있는 선생님이었으며, 이야기를 줄줄 뽑아내는 이야기꾼이었고(그 모습이 "마치 셰에라자드 같았다"라고 전해진다[38]), 열성적인 사회주의자였다. 관심사가 너무 다양하고 여러 갈래로 뻗어나갔기에 그는 어느 하나도 제대로 마무리하지 못했다. 세상을 떠날 때 그는 책 한 권 분량의 미완성 프로젝트를 수없이 많이 남겼다. 그중에는 기도에 관한 책과 민족주의에 관한 책, 돈에 관한 책도 있었다.

모스가《선물》에서 한 유력한 주장의 핵심은 우리가 '마치' 바라는 것 없이 그저 너그러운 마음에서 선물을 주는 것 같아도, 사실 선물 교환은 엄격한 회계 시스템의 일부라는 것이다. 그는 선물을 주는 행위에 "대칭적이고 상반되는 권리와 임무가 복잡하게 엮여 있다"라고 말한다.[39] 이 권리와 임무는 세 가지 의무로 나뉜다. 선물을 줄 의무와 선물을 받을 의무, 받은 선물에 화답할 의무다. 이 의무를 지키지 못하면 언제나 위험이 따른다. 사회적으로 비난받을 수도 있고 배척당할 수도 있으며, 심지어 폭력으로 이어질 수도 있다. 모스가 보기에 의례화된 선물 제공 행위는 근본적으로 위선이며, "공손한 허구와 형식주의, 사회적 기만으로… 사실 그 안에는 경제적 의무와 사리사욕이 있다".[40]

그러나 모스의 이러한 견해는 비록 영향력은 있을지언정 너무 가혹하다. 그가 놓친 것은 선물의 정신, 선물의 음악이다. 만약 선물 제공이 일종의 의례라면, 완전한 위선이라기보다는 다른 의례처럼 그리 진실하지만은 않은 '마치'의 세계로 이해하는 편이 더 나을지 모른다. 이 '마치'의 세계는 모두가 혜택을 입고 누구도 손해 보지 않는 미래를 바라는 세계다. 화답을 원하는 사람은 없다. 선물을 들고 다른 사람의 문 앞에 나타난 사람이나 손님의 두 손에 선물을 가득 실려 보내는 사람은 엄격한 호혜주의가 중요한 것이 아님을 안다. 선물 교환의 미묘한 뉘앙스를 동등함에 대한 무자비한 이해를 포장한 것으로 축소하는 것은 선물 제공의 가장 중요한 지점, 즉 선물을 주는 사람이 원하는 것은 바로 비대칭이라는 사실을 놓치는 것이다.[41] 파푸아뉴기니에서 현장연구를 했던 인류학자 로이 와그너Roy Wagner는 다리비어를 쓰는 민족 사이에서 대칭적인 선물 교환이 엄격히 금지되어 있다고 말한다. 대칭에 대한 집착은 선물을 교환하는 이유인 풍부한 역동성을 해칠 위험이 있기 때문이다.[42] 물론 적절함은 중요하다. 내가 친구의 집에 식사 초대를 받았는데 반밖에 안 남은 와인을 들고 간다면 적절한 선물이라 할 수 없을 것이다. 이때 반밖에 안 남은 와인(긍정적인 사람에게는 반이나 남은 와인)은 내가 무심하고 센스 없는 사람임을 드러낸다. 마찬가지로, 내가 가벼운 식사 자리에 상자에 담긴 값비싼 와인과 아기 오셀롯(고양이과에 속하는 야생 육식동물-옮긴이)을 가져간다면 내 선물은 불필요한 허세로 보일 수 있다(이 선물은 골칫거리이기도 하다. 오셀롯에게 무엇을 먹인단 말인가?). 그러나 적절함은 대칭과는 다르다. 완벽한 동등함과 정확한 교환을 주장하면 선물 제공의 핵심을, 그 재미를 놓치게 된다.

미얀마 속담에 이런 말이 있다. "만족스럽게 즐긴 쌀과 카레는 온전히 보답하거나 보상할 수 없다."[43] 원한다면 나를 대접한 사람을 다시 초대해 똑같이 쌀과 카레를 내어줄 수 있지만 그렇다고 두 식사가 서로 상쇄되지는 않는다. 선물 제공은 제로섬 게임이 아니다. 두 번의 선물이 있을 뿐이고, 그 무엇도 온전히 보답할 수 없다. 선물 제공은 서로 상쇄되는 것이 아니라, 관계를 더욱 확장하고 관계의 기쁨과 의미를 키우는 효과를 낸다. 선물은 복잡한 비대칭의 그물망을 만들어내고, 그 그물망 속에서는 쌍방이 승리하며 서로가 서로에게 절대로 갚을 수 없는 마음의 빚을 진다.[44]

인도네시아 동부의 타님바르제도에는 한때 여러 개의 섬을 아우르는 복잡하고 의례적인 선물 교환 체계가 있었는데, 베오울프와 흐로드가르가 흡족해할 만한 대규모의 선물 순환이었다. 이러한 선물 교환(로랏 일라lolat ila'a, 또는 '대열great row'이라는 이름으로 불렸다) 과정에서 서로 다른 마을의 상류층 가정은 바다로 먼 거리를 이동해 의례에 따라 선물을 교환했다. 인류학자 수전 매키넌Susan McKinnon이 왜 그러한 고생과 위험을 감당하면서까지 선물을 교환하느냐고 묻자, 그가 묵던 집의 주인은 선물 교환의 목적이 "이득"이 아닌 "관계"를 얻는 것이라고 말했다.[45] 사람들이 선물을 주고받는 것은 그것이 타님바르의 포르다타어로 만미낙manminak하기 때문에, 즉 '맛있고', '달콤하고', '좋기' 때문이다. 선물은 얼얼함과 풍미, 달콤함으로 가득한 관계를 구축한다. 선물을 주는 행위에는 불필요한 면이 있다. 선물 제공은 일종의 품위이며, "경제적·법적·도덕적으로 주어져야 마땅한 것을 넘어서는" 무엇이며, "이성을 통해 예측할 수도 없고 보장되지도 않는 무엇"이다.[46] 선물 제공의 진정한 맛은 바로 여기에, 새로운 미래를 열어젖히는 힘에 있다.

작가 루이스 하이드Lewis Hyde는 창의적 작품이 선물과 같다고 주장했다.[47] 그러나 그 반대도 마찬가지다. 선물은 창의적 작품이다. 선물은 낯선 사람들 사이에서 신뢰를 만들어낸다. 선물은 새로운 가능성과 새로운 미래를 만들어낸다.

삶의 문턱에서 낯선 사람을 만날 때는 위험도 보상도 크다. 상황이 좋게 흘러가리라는 보장은 없다. 그러나 사람들은 빈손으로 나타나지 않는다. 시무코프가 그랬듯 그곳의 관습에 대한 지식과 교환할 선물이 있다면 상황은 아마 좋게 흘러갈 것이다. 선물을 교환하고, 상대방의 음악에 귀 기울이고, 장난을 통해 경계를 쿡쿡 찌르고 간지럽힘으로써 우리는 연결되기 시작하고, 빈틈없던 야누스는 경계를 푼다. 야누스는 곤봉을 내려놓고 미래로 향하는 잠긴 문을 열기 시작한다.

그러나 꼭 그러리라는 보장은 없다. 신호를 잘못 해석하면, 농담에 실패하면, 숙고 없이 허접한 선물을 하면 상황은 언제나 틀어질 수 있다. 그러면 야누스가 다시 곤봉을 향해 손을 뻗고, 모욕과 치욕, 망신의 고리 속에서 상황은 우리의 통제를 벗어난다.

04

손님의 의무, 주인의 권리

나는 친구와 함께 자동차로 불가리아 중부를 달리고 있었다. 수도인 소피아에서 흑해에 면한 바르나로 향하는 중이었다. 긴 여정이었기에 친구는 중간에 오무르타그라는 마을에 들러 점심을 먹자고 했다. 그곳에 소개해주고 싶은 다른 친구가 있다고 했다. 하산 야쿠브 하산Hasan Yakub Hasan이라는 이름의 그 친구는 지역의 학자이자 다언어 사용자, 역사가, 민속학자, 농부였다. 내 친구는 미리 하산에게 전화를 걸어 영국인 친구와 함께 있다고 말했고, 하산은 즉시 우리 둘을 점심 식사에 초대했다.

하산은 세로줄 무늬 양복을 입고 머리에 검은색 터번을 두른 작고 말쑥한 남자였다. 그는 늘 무언가를 공부하는 괴짜였고 농사를 짓지 않을 때는 불가리아 지명의 역사에 관해 글을 썼다. 불가리아어와 그리스어, 터키어, 에스페란토어와 더불어 그는 독특한 영어를 구사했다. 그는 다음 두 가지로 오무르다그에서 유명세를 떨쳤는데, 하나는 그가 직접 담그는 독주 라키아raikya였고(그러나 그는 무슬림이어서 술을 마시지 않았다), 다른 하나는 말이 끄는 쟁기에 다는 특수한 마구였다. 그는 이 마구를 이용해 쟁기에 책을 매달았고, 이로써 일과 공부를 동시에 할 수 있었다.

우리는 거실에 앉아 이야기를 나누었다. 곧 하산의 아내가 부엌에서 다양한 요리를 들고 나왔다. 샐러드와 여러 페이스트리, 그리고 발효한 염소젖과 빻은 밀로 만든 스튜 타르하나tarhana였다. 하산은 얼른 먹으라고 권했다. 타르하나는 무척 맛이 좋았고, 아침 식사를 한 지도 오래된 상태였다. 나는 한 그릇을 다 먹은 뒤 그릇을 내려놓았다. "더 드시겠소?" 하산이 물었다. 나는 배가 부르다고 말했다.

하산은 실망한 것 같았다. "충분히 먹지 않은 것 같은데." 그가 말했다.

나는 더 이상은 먹을 수 없다고 재차 말했다. 그러자 하산이 말했다. "내가 이야기 하나 해줄게요." 그리고 내게 다음 이야기를 들려주었다.

어떤 마을에서 일어난 일입니다. 정확히 어디였는지는 아무도 모릅니다. 마을도 이야기도 너무 많으니 어딘지 알 수가 없지요. 어쨌거나 이 마을에는 가난한 가족이 살았습니다. 그들은 가난했지만 종종 밤에 손님을 집에 들였어요. 땅거미가 질 무렵 여행자들이 지나가면 가족은 그들을 기꺼이 맞이해 머물다 가라고 청했습니다. 다음 날 아침 손님이 집을 떠날 때 마을 사람들은 가족이 손님에게 손을 흔들며 안전한 여행이 되길 기원하는 것을 목격했습니다. 그러나 가끔 이상한 일이 벌어졌습니다. 마을 사람들이 이상한 소리에 잠에서 깨고 보면 가족이 커다란 곤봉을 휘두르며 집에서 손님을 쫓아내고 있는 겁니다.

왜 어떤 손님은 사이좋게 집을 떠나는데 어떤 손님은 두들겨 맞고 욕을 들으며 집에서 쫓겨나는지 아무도 이해할 수 없었습니다. 그래서 흰 수염과 함께 지혜와 경험을 지닌 노인들로 구성된 마을 평의회가 집주인에게 도대체 무슨 일이냐고 물었습니다. 그러자 집주인이 이렇게 설명했습니다.

주인은 자신이 최선을 다해 손님을 대접했다고 말했습니다. 내놓을 수 있는 가장 좋은 음식과 난롯가 모피 위의 가장 좋은 잠자리를 내주었고 아침 식사로 맛 좋은 타르하나를 차려주었답니다. 그리고 가족은 자리를 양보했습니다. 가장 따뜻한 잠자리를 포기했고 염소젖 없이 빻은 밀가루만 먹었습니다. 저녁 식사도 함께하지 않았습니다.

어떤 손님은 이 모든 관대한 대접을 아무 불만 없이 받아들였습니다. 그러나 어떤 손님은 이러한 대접을 거부했습니다. “당신들은 가난해요.” 이들은 이렇게 말했습니다. “우린 당신들의 음식을 먹을 수 없어요.” 그리고 집주인이 난롯가에 모피를 깔면 이렇게 항의했습니다. “난 모피 위에서 자지 않을 겁니다. 당신들이 불편할 테니까요.” 아침이면 가족에게 이렇게 말했습니다. "제발 염소젖과 타르하나를 좀 먹어요. 난 빻은 밀가루만 먹어도 괜찮으니까요."

손님이 집주인의 환대를 거절하자 아이들이 이렇게 말했습니다. "아버지! 도대체 우리 집에 무슨 문제가 있어서 손님이 우리 타르하나도 안 먹고 우리 모피 위에서 잠도 안 자고 저녁 식사도 거절하는 거예요?" 이 말에 집주인은 수치심을 느꼈습니다. 그래서 방 한구석에 있는 커다란 곤봉을 들고 자신을 모욕한 손님을 두들겨 팼습니다. 결국 손님은 고통에 신음을 내며 집을 뛰쳐나갔습니다.[1]

하산이 이야기를 끝낸 뒤 내게 다시 물었다. "정말로 타르하나를 더 먹지 않겠다는 겁니까?"

나는 주저했다. 하산이 이를 드러내며 싱긋 웃었다. 그리고 내 빈 그릇을 가리키며 말했다. "옆방에 커다란 곤봉이 있습니다만. 이젠 더 드실 겁니까?"

열린 문틈으로 옆방을 힐끗 바라보았다. 혹시 모르니까.

환대의 이중성

곤봉과 열쇠를 든 야누스는 타인의 삶의 문턱을 넘을 때 환대와 적대감, 환영과 폭력 간의 경계가 매우 희미해진다는 사실을 다시 한 번 상기시킨다.

점심시간이 가까워지면 카불에 있는 사라이 샤자다 환전 시장의 공기는 쉭쉭거리는 고음으로 가득 찬다. 고기와 감자, 콩을 넣고 끓인 수프 슈르바shurba를 만드는 소리다. 전통적인 슈르바는 오랜 시간 천천히 끓여서 갓 구운 난과 함께 먹는다. 그러나 요리 시간을 몇 시간으로 줄이기 위해 많은 아프가니스탄인이 데그-이 부카르deg-i bukhar('증기 가마솥'이라는 뜻이다)라는 이름의 압력솥을 사용한다. 인류학자 매그너스 마스덴Magnus Marsden은 아침에 남자들이 이 데그를 들고 출근하는 모습을 볼 수 있다고 말한다. 이들은 데그로 점심 식사를 만들어 친구들과 모르는 사람들에게 제공한다.[2] 정오가 되면 여러 개의 데그에서 쉭쉭거리는 소리가 나고 스튜 냄새가 풍긴다. 환대의 상징인 데그에는 강렬한 종교적 의미가 함축되어 있다. 이슬람 세계의 수피교 사원에서는 자원봉사자들이 커다란 가마솥에 스튜를 끓여 예배자와 가난한 이들을 먹인다. 시장에 있는 압력솥의 큰형쯤 되는 이 가마솥들은 마스덴이 말한 수피교 성인들의 "아무 의도 없는 무한한 관대함"을 보여준다.[3] 그러나 상징으로서의 데그에는 양가적 의미가 있다. 아프가니스탄의 한 상인은 마스덴에게 "데그는 본질적으로 폭탄"이라고 말했다. 데그를 잘 사용하면 맛 좋고 진한 스튜를 끓일 수 있다. 그러나 능숙한 기술이 없으면 낡은 압력솥은 쉽게 폭발해 날카로운 금속 파편을 250미터 밖으로 날려 보낸다.[4]

아프가니스탄에서 마스덴이 묵은 집들의 주인도 그 이중성을 모르지 않았다. 낯선 이를 맞이하는 데에는 맛과 위험이 동시에 따른다. 전혀 예상치 못했을 때도 상황은 언제든 폭발할 수 있다. 낯선 이들의 만남에는 보통 정교한 예법이 뒤엉켜 있으며, 이 예법을 조금이라도 어기면 상대방의 기분을 상하게 할 수 있고 분노와 경악의 소용돌이로 이어질 수 있다. 마사 누스바움의 주장처럼 현실이나 상상 속에서의 지위 손상은 분노와 폭력, 갈등을 일으키는 가장 큰 요인 중 하나다. 손님이 맛 좋은 타르하나를 거부하거나 난롯가의 잠자리를 거부할 때 우리는 자신의 지위가 낮아졌다고 느끼고 끓어오르는 분노에 압도된다.[5] 지위가 손상되어 모욕을 당했을 때, 상대가 선물을 거부할 때 우리는 곤봉을 향해 손을 뻗는다. 오로지 폭력만이 이 치욕을 몰아내고 세계의 질서를 다시 확립할 수 있다는 것처럼. 마치 폭력의 분출이 정당할 뿐만 아니라 반드시 필요하다는 것처럼.

모든 문헌 가운데 손님과 이방인, 명예와 지위, 환대와 폭력을 다룬 가장 끔찍한 이야기는《오디세이아》의 맨 끝에 나온다. 트로이 전쟁을 끝낸 오디세우스는 여러 모험으로 계속 발목이 붙잡히는 와중에 악착같이 이타카로 되돌아오려 애쓰는 중이다. 이타카에 있는 오디세우스의 아내 페넬로페는 그가 죽었는지 살았는지 알지 못한 채 남편의 수의를 짠다. 한편 이타카의 궁전에는 페넬로페와 결혼해 왕위를 이어받고 싶어 하는 108명의 남자들이 들끓고 있다.

이 구혼자들은 식객이다. 이들은 궁전의 풍요에 기생한다. 가장 통통한 소들을 잡아먹고 소가죽으로 방석을 만든다. 가장 질 좋은 와인을 마신다. 온종일 빈둥거린다. 그러고는 아무 보답도 하지 않는다. 그러나 그들에게 너무 가혹해서는 안 된다.《오디세이아》의 옮긴이인

에밀리 윌슨의 지적처럼, 이들은 겨우 10대 남자애들일 뿐이다. 10대 남자애가 얼마나 많이 먹는지는 모두가 안다. 우리는 그들에게 너그러워야 한다. 그들은 그저 10대답게 굴고 있을 뿐이다.

페넬로페는 혼자서 조용히 수의를 짠다. 오디세우스의 소식 없이 수년이 흘렀다. 페넬로페는 그에게 무슨 일이 생긴 건지 몰라 불안하다. 그리고 아무것도 확신하지 못하는 상태로 그저 시간을 벌고 있다. 페넬로페는 언젠가 오디세우스가 나타나 상황을 해결해주길 바라며 구혼자들끼리 싸움을 붙인다. 그리고 "모두에게 전갈을 보내며" 그들을 묶어놓고 희망을 불어넣는다. "그러나 그러는 내내 그녀의 마음은 다른 곳을 향해 있다."[6] 페넬로페는 구혼자들에게 수의를 완성하면 그들 중 한 명을 선택하겠다고 약속한다. 그러고서는 매일 밤 어둠 속에서 수의의 실을 다시 푼다.

구혼자들이 페넬로페의 선택을 재촉하지 않는 것은 진짜 관심의 대상이 페넬로페가 아니기 때문이다. 이들이 가장 원하는 것은 잔치를 이어가는 것이다. 이들은 내일을, 오디세우스를, 자신의 행동이 가져올 결과를 깊이 생각하지 않고 그저 먹고 먹고 또 먹기만을 바란다. 자기 능력을 뻐기고 자랑하고 서로 논쟁하고 술을 마시고 체커 게임을 한다. 그리고 아테나가 찾아오자 오디세우스와 페넬로페의 아들인 텔레마코스는 아테나를 알아보지 못한다. 텔레마코스는 아테나에게 이렇게 불평한다. "저들은 오로지 음악과 안락한 생활에만 관심이 있습니다. 저들은 아무런 공헌도 하지 않아요. 이 음식은 다른 분의 것입니다. 그분의 백골은 지금 비를 맞고 있거나 바닷속에 가라앉아 있을지도 모릅니다."[7]

그때 아테나의 도움을 받아 부랑자로 변신한 오디세우스가 나타난다. 구혼자들은 오디세우스를 알아보지 못하고 그를 홀대한다. 자신들 역시 궁전에 오래 머문 손님이지만, 그들은 오디세우스에게 아주 조금의 예의도 보이지 않는다. 오히려 그를 조롱한다. 안티노오스는 그중에서 가장 우쭐대고 건방과 허풍을 떠는 구혼자다. 안티노오스는 오디세우스를 비웃으며 그를 쫓아내고 거지에게 잔인한 것으로 유명한 에키토스 왕에게 보내버리겠다고 말한다.[8]

오디세우스는 조금 더 참아본다. 그러나 곧 잔혹하고 무자비한 응징이 벌어진다. 압력솥이 폭발한다. 데그의 환대는 사라진다. 오디세우스는 자신이 이타카의 진정한 지도자임을 밝히고 궁전에 기생하는 남자애들을 살육하기 시작한다. 화살이 안티노오스의 목을 꿰뚫는다. 다른 구혼자들은 오디세우스의 편들이 던진 창에 맞는다. 어떤 이는 밧줄에 묶여 서까래에 매달린 채 죽음을 맞는다. 호메로스는 "그들의 머리가 깨지자 비명이 일었고 바닥이 온통 피로 흥건했다"라고 썼다.[9]

궁전은 곧 시신으로 뒤덮인다.

줄리언 피트리버스는 이렇게 말한다. "여기서 문제는 정의이지, 감정이 아니다. 세계는 다시 올바른 길로 들어선다. 질서와 평화가 회복된다."[10] 클레오스, 또는 이방인을 환영하고 선물을 제공함으로써 얻는 명성에는 어두운 측면이 있다. 평판이 전부인 세계에서 이용만

당하는 것은 망신이며, 잃어버린 명예는 반드시 회복되어야만 한다.

질서와 평화의 회복, 즉 폭력을 통해 잃어버린 지위를 되찾아 세상을 다시 바로 세우는 일은 고대 그리스에서만 있었던 것이 아니다. 캐럴라인 험프리가 몽골에서 현장연구를 진행하던 어느 날 밤, 그가 묵고 있던 게르에 한 손님이 찾아왔다. 그 손님은 바깥에 차를 댔다. '개를 단속하시오!'라고 외치지도 않았고 오른발로 문턱을 넘지도 않았으며 집주인의 위엄을 존경하는 의미로 소매를 손목까지 내리지도 않았다. 그는 아무렇지 않게 집 안으로 걸어 들어와 집주인이 아닌 험프리에게 인사를 건넸다. 이로써 집주인의 지위를 격하시킨 그는 인류학자를 저녁 식사에 초대했다. 그때 집주인이 대화에 끼어들어, 제멋대로 구는 손님에게 식사를 하고 가라고 고집스럽게 청했다. 손님은 마지못해 청을 승낙했다.

식사가 준비되자 집주인이 잔을 들어 손님을 위해 건배했다. 그리고 다시 연달아 건배를 제의했다. 전통적으로 집주인은 건배를 하며 손님에게 찬사를 던져야 하지만, 건배사가 반복될수록 내용은 점점 모욕적으로 변했다. 게르의 분위기에 적대감이 감돌았고, 집주인은 손님을 계속 깔아뭉개며 잃어버린 지위를 되찾았다. 사실상 인질이 된 손님은 연거푸 술을 들이켜다 결국 완전히 취해버렸다. 손님은 고개 숙여 인사하며 뒤늦게 집주인에게 경의를 표하려 했지만 집주인은 그 경의의 표현을 거절했다. 이 상황을 더는 참을 수 없었던 가엾은 손님이 비틀거리며 밖으로 나갔다. 문턱을 넘었으니 그는 더 이상 손님이 아니었다. 험프리는 그 손님이 이제 "만만한 사냥감"이 되었다고 말한다. 집주인은 자신의 지위와 명예를 해친 것에 대한 보복으로 남자 여러 명을 보내 손님을 흠씬 두들겨 패게 했다.[11]

혹독한 예법

인간이 개발한 공식적·비공식적 예법 중에는 알바니아 북부의 카눈Kanun처럼 혹독한 것도 있다. 이 오래된 예법의 역사는 3000년 전, 즉《오디세이아》가 쓰인 시기까지 거슬러 올라간다고 한다. 어쩌면 오디세우스가 살던 시기까지 거슬러 올라갈지도 모른다. 현대적 형태의 카눈은 귀족이었던 레케 두카그이니Lekë Dukagjini(1410~1481)에게서 시작되었는데, 두카그이니가 구전으로 전해 내려오던 부족법 전통을 체계화했다고 한다. 그러나 진취적인 프란시스코회 성직자이자 민속학자였던 슈테판 제초비Shtjefën Gjeçovi가 그 전통을 책 열두 권 분량으로 기록한 것은 20세기 이후였다.[12]

카눈을 떠받치는 세 개의 기둥은 명예와 환대, 그리고 베사besa다. 번역이 힘든 이 베사라는 단어는 "맹세와 약속, 보호와 믿음이 뒤섞인 의미"를 띤다.[13] 이 세 가지에 대한 집착이 알바니아 문화 전체에 퍼져 있다. 이스마일 카다레Ismail Kadare가 소설《부서진 사월》에 썼듯이, "카눈은 보기보다 강력했다. 카눈의 힘은 도처에, 땅과 밭의 경계 위에 손을 뻗쳤다. 가정집에, 무덤에, 교회에, 길가에, 시장에, 결혼식 안에 파고들었다".[14] 알바니아와 사랑에 빠져 오늘날에도 그곳에서 큰 존경을 받는 20세기 초의 작가 이디스 더럼Edith Durham은 알바니아에서 이 예법이 "다른 모든 것에 앞선다"라고 말했다.[15]

더럼이 처음 발칸반도로 여행을 떠난 것은 막 20세기로 접어든 직후였다. 더럼은 예술을 공부했지만 30대 후반이 될 때까지 아픈 어머니를 십여 년간 보살폈다. "끝없는 잿빛 단조로움"뿐인 미래에 갇힌 기분이었고, 신경쇠약에 걸리기 직전이었다.[16] 더럼의 담당의가 휴식을 권하며 여행이 도움이 될지도 모른다고 제안했다. 더럼은 가족과 협상했다. 열두 달이 지나면 두 달씩 여행을 떠나고, 여행을 떠나지 않는 시간에는 어머니를 돌보겠다고 했다. 가족이 협상안에 동의했고, 더럼은 증기선을 타고 달마티아 해안으로 갔다. 발칸반도와의 긴 연애가 시작된 곳이 바로 이 달마티아 해안이었다.

그 뒤로 수년간 더럼은 최대한 많은 시간을 발칸반도에서 보냈다. 어머니가 세상을 뜬 1906년에는 알바니아의 산맥을 여행했다. 영국에서 지루하고 무감각한 생활을 한 뒤였기에 높은 산길이 더욱 마음에 들었다. 더럼은 자신의 담대함과 체력이 자랑스러웠고, 자신보다 못난 사람을 경멸했다. 그는 알바니아의 풍경과 문화, 언어, 집주인들의 관대함에 마음을 빼앗겼다. 그리고 미적지근한 영국인과 달리 "알바니아 사람들은 비교할 수 없을 만큼 너그럽고 친절하다"고 말했다.[17] 어느 날 더럼은 길을 가다가 어느 집에 들러 물 한 잔을 청했다. 집주인이 물컵을 들고 나왔다. 더럼이 물을 꿀꺽꿀꺽 마시고 컵을 그에게 돌려주었다. 다시 길을 떠나려 하는데 집주인이 더럼에게 이렇게 말했다. "이제 당신은 나의 손님이 되었으니, 또 다른 사람의 도움을 받기 전에 당신에게 무슨 일이 생기면 내가 명예를 걸고 당신의 복수를 해야 합니다."[18]

카눈은 이처럼 환대에 집착하며 집주인에게 매우 높은 기준을 요구한다. 카눈은 알바니아인의 집이 신과 손님의 것이라고 말한다. 한 알바니아인 친구는 내게 이렇게 말했다. "손님이 집에서 자고 가면 언제나 집주인이 소파에서 자야 해. 손님에게는 반드시 깨끗하고 쾌적한 침대보를 깔아줘야 하고 집에서 가장 좋은 것들을 대접해야 해." 집에 있는 모든 맛있고 달콤한 음식이 손님 앞에 차려진다. 손님이 거부하면 집주인은 그가 수긍할 때까지 제발 먹으라고 간청한다.[19]

그러나 과도한 환대가 주는 이런 즐거움에도 불구하고 카눈은 폭력과 그리 동떨어져 있지 않다. 카눈에 따르면 남자가 자기 아내를 죽여도 되는 두 가지 경우가 있는데, 하나는 아내가 바람을 피웠을 때이고 다른 하나는 아내가 손님을 환대하지 않았을 때다.[20] 과거에는 여자가 결혼을 하면 여자의 부모가 사위에게 총알을 주었다. 저 두 가지 경우가 발생하면 그 총알로 자기 딸을 죽이라는 것이었다.[21] 카눈은 낯선 사람들의 관계, 손님과 주인의 관계를 규제하는 예법이 대개 젠더 편향적이며, 무거운 짐이 압도적으로 여성에게 지워진다는 사실을 상기시킨다. 카눈은 이렇게 말한다. 여성은 "물건을 나르는 가방이다".[22]

또한 카눈은 알바니아의 전통인 피의 복수를 정당화한다. 카눈에 따르면 지위나 명예가 손상되었을 때는 반드시 피로 복수해야 한다.

이 예법은 복수의 방법과 규모를 매우 상세히 제시한다. 이런 모욕에는 이만큼, 저런 모욕에는 이만큼 죽여도 된다는 식이다.[23] 복수는 되돌아온다. 피는 반드시 피로 보답해야 하며, 갈등은 그렇게 계속된다. 심지어 오늘날에도 이러한 전통은 사라지지 않았다. 정확한 자료는 없지만 추산에 따르면 대물림된 피의 복수에 휘말린 가문이 수백 개에 달한다. 이러한 가문의 아이들은 집 밖에 나갈 수도 없는데, 이 아이들도 "복수의 대상"이고 집 밖에서는 살해당할 위험이 있기 때문이다.[24]

카눈은 폭력을 영속화한다.《오디세이아》가 쓰인 시대에 그랬듯, 복수는 도덕의 기준을 바꾼다. 이때 복수는 정의지, 감정이 아니다. 그러나 너무나도 많은 사람을 끝없는 폭력의 고리에 몰아넣은 이 예법은 과도한 복수에 제동을 걸기도 한다. 카눈에서 요구하는 환대가 신성한 피의 복수를 능가하는 것이다. 카눈은 "손님이 집 안으로 들어오면 피로 복수해야 할 사람일지라도 환영해야 한다"라고 말한다. 알바니아를 여행하던 이디스 더럼은 어느 날 밤 길가의 여관에 들어갔다. 그런데 옆에 있던 두 손님이 알고 보니 우연히 한곳에 머물게 된 피의 원수였다. 더럼은 이렇게 말한다. "친구들과 함께 한 지붕 아래서 만났기에, 서로를 쏘는 것은 예의가 아니었다. 두 사람은 함께 커피를 마시며 너무 친해져서, 6주 동안 평화를 유지하겠다고 맹세했다. 같이 있던 친구들은 그 말이 농담이라 생각하고 마구 웃어댔다."[25]

예법은 손님과 주인 모두에게 무거운 짐을 지운다. 빅토리아 시대의 요리 작가 이저벨라 비튼Isabella Beeton은 방대한 두께의 저서《살림 요령Mrs Beeton's Book of Household Management》에서 "누군가를 집에 초대하는 것은 자기 집 지붕 아래 있는 동안 그 사람의 행복을 책임지는 것이다"라고 말했다.[26] 손님의 행복을 책임지는 것은 결코 쉬운 일이 아니다. 비튼은 양처의 미덕을 말하는 〈잠언〉 31장 25~28절을 인용하며 책을 시작한다. "능력과 명예를 옷처럼 몸에 두르고, 미래를 웃으며 맞이한다.… 집안일을 두루 살피고, 게을리 얻은 양식은 입에 대지 않는다." 여기에는 큰 위험이 따른다. 여성에게는 손님에게 최대한의 기쁨을 제공하는 동시에 손님의 명예를 실추시킬 위험을 제거할 책임이 있다. 비튼은 여성이 신중하게 "손님 명단을 골라야 하는데, 초대받은 손님들이 서로 잘 어울려야 하기 때문"이라고 말한다. 여성은 손님들이 최적의 대화를 나눌 수 있도록 "말을 잘하는 사람과 잘 듣는 사람, 근엄한 사람과 유쾌한 사람"을 적절하게 섞어야 한다. 손님이 모두 도착한 뒤 식사가 시작되기 30분 전(어색하게 가벼운 대화를 나누는, 기대에 가득 찬 시간)은 "큰 시련이다.… 안주인은 이 시간을 성공적으로 통과할 수도 있고, 명예를 잃을 수도 있다". 여성은 집에 도착한 손님을 맞이하는 한편 요리사와 하인들이 제 일을 잘하고 있는지도 확인해야 한다. 또한 이 모든 일을 해내는 동시에 "마음속의 동요를 감추고 요령 있게 가볍고 쾌활한 대화 주제를 권해야" 한다. 비튼은 아무리 큰 문제가 발생해도 침착한 태도를 유지해야 한다고 말한다.

상이 다 차려지고 손님들이 자리에 앉아도 시련은 끝나지 않는다. 여성은 내내 "자신의 행동이 그곳에 있는 모든 여성의 태도를 좌우한다"는 것을 인지하고 계속해서 손님들에게 음식을 덜어주고 더 먹으라고 권하고 대화를 나눠야 한다. 식사가 끝나면 대화가 뜸해지는 순간을 포착하고 자리에서 일어나 남자들이 "숙녀 앞에서 반드시 필요한 예의를 잃기" 전에 여자들에게 떠날 시간이라는 신호를 보내야 한다.[27]

때로는 예법이 주인에게 너무 많은 것을 요구해서 주인이 파산하는 경우도 있다. 우크라이나와 루마니아 사이에 낀 몰도바는 유럽에서 방문객이 가장 적은 국가 중 하나다. 동유럽과 남동유럽에 있는 여러 국가처럼 몰도바에서도 손님을 환대하는 것은 개인의 자부심뿐만 아니라 국가의 자부심과 관련된 문제다. 낯선 사람과 손님에게 집을 내어주면 사회적 지위가 생기고 공동체 내에서 도덕적 위상이 높아진다. 그러나 손님이 하사하는 명예에는 대가가 따른다. 인류학자 제니퍼 캐시Jennifer Cash는 몰도바에서 손님을 대접하는 것이 "무척 고단하고 보람 없는 일"이라고 말한다. 손님을 환대할 것을 요구하는 몰도바의 예법은 집주인에게 시간과 노동력의 측면에서뿐만 아니라 재정적으로도 큰 짐을 지운다. 몰도바의 한 여성은 캐시에게 이렇게 말했다. "우리는 가난하지만 호화로운 만찬을 차려요. 그게 우리의 선함과 몰도바인의 환대를 보여주니까요.… 가진 게 없어도 생일이나 휴일, 부활절, 크리스마스, 심지어 다른 사람의 집을 방문할 때 풍성한 잔치를 여는 것이 우리 전통이에요. 가진 게 없으면 더 나은 대접을 하기 위해 돈을 빌려요. 그게 우리의 천성이에요."[28] 이러한 관습은 집주인뿐만 아니라 손님도 난처한 상황에 빠트린다. 몰도바인 집주인이 차려준 음식을 먹을 것인가? 빈 그릇을 내밀며 조금 더 먹겠다고 말할 것인가? 집주인의 명예를 실추시키지 않으면서 재정적 손해를 끼치지 않는 적정선은 어디인가?

나 또한 인도네시아에서 인류학 연구를 하면서 나의 존재가 집주인에게 짐이 된다는 사실을 늘 인지하고 있었다. 나는 피곤한 손님이었다. 상황을 오해했고 멍청한 질문을 했다. 무지한 선의로 불쾌감을 주고 잘못을 저질렀다. 알루시 크라와인이라는 마을에서 나를 집에 받아준 이부 린은 자신이 인류학자들을 챙기는 데 선수라고 공언했다. 이부 린은 전에도 여러 인류학자를 집에 묵게 해주었고 이 낯선 종족에 대해 아는 게 많다는 사실을 자랑스러워했다. 이부 린은 다른 쉽지 않은 프로젝트를 다루듯 나를 책임지고 돌봐주었다. 내게 그 지역의 관습을 알려주고, 마을의 소문을 전부 알려주었다. 내가 대화를 나눌 수 있는 사람과 나눌 수 없는 사람을 구분했고, 나를 배불리 먹였다. 이부 린은 내 볼을 꼬집으며 자신이 나를 살찌우고 있다고, 내가 이곳에 처음 도착했을 때는 너무 빼빼 말랐었다고 말했다. 내가 접시 위에 있는 음식을 다 먹을 때까지 옆에서 지켜보았다.

이부 린이 내게 음식을 너무 많이 먹이려고 해서 초조할 때도 많았다. 음식은 내가 먹을 수 있는 양 이상이었고, 식비도 걱정되었다. 나는 내가 이부 린의 시간과 노력을 잡아먹고 있음을 알았다. 나를 이렇게 풍족하게 대접해줄 여유가 이부 린에게는 없을 것 같았다. 나는 골칫거리였다. 그저 내가 시간과 노력을 들일 가치가 있는 골칫거리이기만을 바랐다. 이 모든 부정적 측면에도 불구하고 이부 린에게는 보상이 주어졌기 때문이다. 내가 이부 린의 집에 묵음으로써 그의 지위가 높아졌다. 마을에서의 입지도 달라졌다. 이부 린이 맺는 관계가 국제적 범위로 확장되었다. 언젠가 이부 린은 내가 책을 쓰고 그 안에 자기 이름을 쓰면 모두가 자신을 알게 될 거라고 말한 적이 있다. 이것을 위해 나를 집에 받아들이는 불편을 겪어야 하는 거라면, 이부 린의 입장에서 그 불편함은 감당할 가치가 있는 것이었다.

명예와 치욕의 경계

복잡한 인간관계에서 명예와 지위는 누구도 피할 수 없는 문제다. 이 두 가지는 사회적 존재로 사는 것의 일부다. 우리가 아무리 부정하고 의심하더라도, 알랭 드 보통의 주장처럼 "지위에 대한 불안에서 온전히 자유로운 좋은 인생은 상상하기" 어렵다.[29] 지위는 낮을수록 더 중요해진다. 가진 게 적은 사람들에게 지위와 존엄은 곧 인간적인 삶을 지키는 것을 의미한다. 오직 안정적인 지위를 가진 사람들만이 자신은 지위 불안에서 자유롭다고 주장할 수 있다.

나는 라힘을 약 3년 전에 만났다. 그는 내가 당시 레스터에서 난민을 대상으로 진행하던 글쓰기 수업의 학생이었다. 이란에서 그는 의사였다.[30] 정권에 비판적이었던 그는 수감될 위험에 처해 이란에서 도망쳐 나왔고, 결국 영국에 도착해 망명을 신청했다. 라힘은 수줍음이 많은 조용한 남자였다. 생각이 깊고 지적이었으며, 영어 실력을 기르는 데 필사적이었다. 그러나 복잡하고 불투명한 망명 신청 과정은 더디게 진행되었고, 라힘은 영국에 도착한 이후 줄곧 빠져나갈 수 없는 림보에 갇혀 있었다. 승인이 날 때까지 그는 영국 정부가 제공하는 변변찮은 돈으로 먹고살아야 했다. 하루에 5파운드가 겨우 넘는 금액이었고, 선불카드의 형태로 제공되어 지정된 슈퍼마켓에서만 사용할 수 있었다. 다른 수입은 없었고 다른 수입이 허용되지도 않았다.

라힘과 나는 좋은 관계를 유지했지만 수업이 끝난 후 연락이 끊겼다. 그로부터 몇 달이 지난 어느 날 아침, 길을 걷다가 우연히 라힘을 만났다. 알고 보니 우리는 거의 이웃이나 다름없었다. 라힘의 집과 우리 집은 겨우 길 하나를 사이에 두고 있었다.

"이따가 우리 집에 꼭 오셔야 해요." 그가 말했다.

나는 그의 초대를 감사히 받아들였다. "시간 있어요. 이따가 갈게요."

라힘이 주소를 적어주었다.

그날 오후, 라힘의 집을 찾아가 문을 두드렸다. 라힘이 창밖으로 고개를 내밀고 손을 흔들며 외쳤다. "잠시만요!" 그가 가구를 옮기는 소리가 들렸다. 잠시 후 문이 열렸다. "어서 들어와요."

테이블 위에 견과류와 비스킷, 초콜릿이 담긴 접시가 놓여 있었다. "차와 커피 중에 어떤 걸로 하시겠어요?" 그가 물었다. 나는 차를 마시겠다고 했다.

라힘이 부엌으로 들어갔다. 주전자에서 물 끓는 소리가 들렸다. 그가 따뜻한 차를 담은 컵 두 개를 들고 돌아왔다. 우리는 함께 차를 마셨고 그가 내게 음식을 먹으라고 권했다. 나는 그에게 이 음식을 내어줄 여유가 없다는 것을 알았다. 그러나 나를 대접하는 것이 그에게 어떤 의미인지 또한 알았다. 나는 비스킷 하나와 초콜릿 4분의 1조각, 견과류 몇 개를 깨작거렸다. 그러나 한편으로는 망설였다. 내가 많이 먹을수록 그 주에 라힘이 먹을 수 있는 양이 줄어든다는 것을 알았기 때문이다.

내 주저하는 모습을 본 라힘이 미소를 지으며 더 먹으라고 나를 떠밀었다. 인류학자 앤드루 슈라이오크Andrew Shryock는 자주권이 "주인 노릇을 할 수 있는 능력에서 드러난다"라고 말한다. 나는 망설이는 행동이 라힘을 불쾌하게 할까 봐 감사를 표하며 견과류와 초콜릿, 비스킷을 조금 더 먹었다. 영국의 끔찍한 망명 제도 속에서 길을 잃은 라힘에게는 주인 노릇을 할 수 있는 능력이 비인간적인 세상 앞에서 인간성과 주체성을 회복하는 데 도움을 주었을지 모른다.[31] 시인 얼리샤 스털링스Alicia Stallings는 아테네에 있는 아나키스트들의 무단 점거 건물에서 망명자 신분인 작가들과 협업한 경험에 관해 이렇게 말했다. "인간의 존엄은 타인에게 무엇을 내어줄 수 있느냐와 관련이 있는 것 같다. 차 한 잔뿐이더라도 그것을 내어주고 받아들인다는 사실이 중요하다."[32]

손님과 주인 사이에서 명예와 치욕의 춤이 펼쳐지는 방식이 무척 복잡해 보일지라도, 문제가 발생하는 상황은 문화와 상관없이 놀라울 만큼 일관적이다. 줄리언 피트리버스는 "보편 타당성"을 전제하고 환대의 법칙을 논한다.[33] 손님은 경쟁의식을 드러내거나, 가성의 규칙을 위반해 집주인의 권위를 침해하거나, 불가리아에서 타르하나를 거절한 기구한 손님처럼 집주인이 보여준 친절을 거절함으로써 이 보편 법칙을 위반한다. 반대로 주인은 경쟁의식을 억누르지 않거나, 손님의 신체와 명예를 보호하지 못하거나, 손님의 필요를 적절히 충족시키지 못함으로써 손님에게 모욕을 준다.

그러나 이러한 패턴이 보편적이라 해도, 이 단순한 테마는 맥락에 따라 끝없이 변주된다. 어떤 곳에서는 신호를 잘못 해석하고 예법을 위반한 결과가 가벼운 못마땅함이나 관계의 단절 정도일 수 있다. 그러나 어떤 곳에서는 예법을 어기는 행동이 전혀 예상치 못한 끔찍한 폭력으로 이어질 수 있다. 몽골에서 예의 없는 손님은 만취한 채로 비틀거리며 텐트 밖으로 나간 뒤 흠씬 두들겨 맞는다. 이타카 왕국의 궁전으로 되돌아온 왕은 수많은 남자애들을 상상할 수 없을 만큼 끔찍하게 살해한다. 불가리아의 한 손님은 집주인을 배려한 죄로 곤봉으로 두들겨 맞으며 집에서 쫓겨난다.

《오디세이아》의 첫 독자들은 이타카의 궁전에서 터져 나온 폭력이 세속적 정의의 문제만이 아니었음을 알았을 것이다. 이러한 도덕적 청산은 신성한 의무를 이행하는 것과 관련이 있었다. 《오디세이아》의 세계에서 크세니아의 의례는 세상을 살아가는 방식에 대한 공통의 이해라기보다는 위협과 매우 현실적인 폭력의 가능성이 뒷받침하는 종교적 의무에 더 가깝다. 그렇기에 상황이 잘못되었을 때 복수는 종교적 숙청의 분위기를 띤다. 심지어 오디세우스 본인도 시건방진 남자애들에게 보복하기 전 주저하는 모습을 보인다. 사실 오디세우스는 다 죽이겠다는 마음이 없었으며, 더 온건한 해결책을 찾고 싶어 했다. 오디세우스를 선동해 남자애들을 학살하게 한 것은 그의 오랜 친구 멘토르로 변신한 불멸의 여신 아테나다. 아테나는 그에게 이렇게 묻는다. "그대는 마침내 집에 돌아왔거늘, 어째서 용기를 내어 제대로 된 힘을 사용하는 것을 주저한단 말인가?" 이렇게 신성한 폭력을 일으킨 아테나는 "연기 사이로 제비처럼" 날아간다. 그리고 평화롭게 서까래에 앉아 끔찍한 학살이 펼쳐지는 모습을 지켜본다.[34]

우리 모두는 쓰라린 모욕감과 고마움을 모르는 사람 앞에서 치미는 뜨거운 분노, 마땅한 대우를 받지 못할 때의 고통을 안다. 이런 것들은 가까운 사람과의 관계에서도 중요한 문제이며, 밑에 깔린 두려움을 억누른 채 낯선 사람과 잘 지내는 방법을 알아내려 애쓸 때는 그 위험이 더더욱 커진다. 모르는 사람과의 관계에서 일이 틀어질 때, 우리 집이라는 성스러운 장소에서 다른 사람이 예의 없이 행동하는 모습을 볼 때 우리는 쉽게 모욕당했다는 기분을 느낀다. 그때의 불쾌함은 생생하다. 우리 같은 사회적 존재에게 지위는 중요한 문제이며, 사소하고 우연한 모욕도 깊은 상처를 입힐 수 있다.

이처럼 지위가 벗어날 수 없는 문제일 때 우리가 지위에 대한 당연한 불안을 클레오스, 즉 신성한 명예 개념으로 바꾸려 한다면 모두가 패자가 될 가능성이 높다. 피트리버스는 환대의 법칙이 보편적이긴 하지만 "신성한 법"은 아니라는 사실을 상기시킨다. 환대의 법칙은 그지 "사회적으로 필요한 것"일 뿐이다. 집에 도착했더니 108명의 구혼자가 집안 살림을 거덜 내고 있는 것을 발견하고 흥분 상태가 되었다면 이 사실을 떠올리는 것이 좋다. 지위 불안이 걸친 신성한 겉옷을 벗겨낼 수 있다면, 천벌을 가하려고 곤봉을 집어 들기 전에 잠시 멈출 수만 있다면, 우리 앞에 다른 방향으로 향하는 길이 열린다. 우리가 분노와 격분을 억누른다면 더 이상 구경거리가 없음을 알게 된 아테나 여신은 지겨워할 것이고, 서까래에서 날아올라 다른 곳을 찾아갈 것이다. 신성한 폭력의 가능성이 사라지는 그때, 우리는 신의 간섭에서 벗어나 평범한 인간사의 해결책을 구하며 앞으로 나아갈 길을 열어줄 열쇠를 더듬더듬 찾을 수 있다.

마사 누스바움이 말하는 "이행 분노transition-anger"는 모욕당할 때 느끼는 찌르는 듯한 분노이지만 보복하겠다는 욕망이나 잃어버린 지위를 되찾겠다는 필사적 노력으로 이어지지는 않는다.[35] 이행 분노는 "말도 안 돼"라고 생각하는 그 순간 어떻게 하면 이 분노에 더 잘 대처할 수 있을지, 어떻게 하면 우리 눈앞에서 압력솥이 폭발하는 것을 막을 수 있을지 묻게 한다. 얻어낼 가치가 있는 미래를 내다보며 충분한 지혜와 쾌활한 태도를 지니고 접근한다면, 가장 서툴고 힘든 소통도 좋은 방향으로 수습할 수 있다. 그렇게 한다면 누군가가 적절한 의례를 따르지 않고 몽골의 자연 속에 있는 우리의 텐트 안으로 들어왔을 때 그 사람의 천박함을 웃어넘길 방법을 찾을 수 있을지도 모른다. 우리의 연회장이 기생충 같은 10대로 가득 찼을 때는 전부 죽여버리는 대신 엄중한 쪽지와 함께 건방진 애들을 부모들에게 되돌려보낼 수 있을지 모른다. 불가리아 산맥에 있는 우리 집에 찾아온 손님이 타르하나를 거절할 때는 그저 어깨를 으쓱하고 가볍게 한숨을 쉬며 우리가 얼마나 속상한지 설명할 수 있을지 모른다.

스토아학파 철학자였던 세네카는 분노를 가라앉히는 것의 가치를 잘 알았다. 어느 날 저녁, 지위가 무척 중요했던 고대 로마에서 그는 초대받은 집의 주인에게 모욕을 당했다. 만찬장에서 지위가 낮은 사람들 사이에 자리를 배정받고 격분한 것이었다. 세네카는 속이 부글거렸다. 집주인에게 분개했고, 다른 손님들에게 분개했으며, 더 좋은 자리에 앉은 사람들에게 분개했다.

그러나 그때 스토아학파 특유의 명료함으로 상황을 바라본 그는 이 분노가 무용하다는 사실을 깨닫는다. 그리고 건전하게 자조하며 스스로에게 이렇게 말한다. "미친 자여, 어느 의자에 앉느냐가 무슨 상관이란 말인가?"[36]

05

만찬의 법칙

1980년대 초반이었다. 우리 가족은 첫 번째 해외여행 중이었고 오래되고 낡은 르노4 자동차를 타고 프랑스 남쪽을 향해 달리고 있었다. 앞좌석에서는 어머니와 아버지가 번갈아가며 운전을 하고 지도를 읽었다. 뒷좌석에서는 누이와 내가 번갈아가며 멀미를 하고 말썽을 부렸다. 나는 창밖으로 프랑스어 간판과 지나가는 자동차, 우리 동네와 비슷하지만 완전히 똑같지는 않은 집들과 벌판을 바라보았다. 모든 것이 이상하고 낯설고 진기해 보였다.

저녁이 되자 우리는 지쳤고 일정에도 뒤처졌다. 뒷좌석에 앉은 누이와 나는 갈수록 참을성을 잃었다. 오토루트autoroute(프랑스의 고속도로-옮긴이) 오른쪽으로 해가 점점 지고 있었다. 우리의 계획은 중간에 멈춰서 값싼 호텔을 찾는 것이었다. 그런 다음에 어머니가 용감하게 전화를 걸어 문법도 발음도 엉성한 프랑스어로 예약한 지트gîte(정부가 운영하는 프랑스의 농가 민박 시스템-옮긴이)를 향해 계속 남쪽으로 달릴 예정이었다.

땅거미가 내리기 직전 엔진에서 삐걱거리는 소리가 나기 시작했다. 갓길에 차를 세우자마자 쉭쉭거리는 소리가 나더니 엔진이 꺼져버렸다. 아버지가 비상등을 켰다. 우리는 차에서 내려 도로가에 앉았다. 어머니와 아버지가 속삭이며 다급하게 대화를 나누었다.

해가 지고 공기가 차가워졌다. 어머니와 아버지는 지나가는 차를 향해 손을 흔들었다. 마침내 차 한 대가 멈춰 섰다. 주황색 비상등이 켜지고, 마르고 창백한 남자가 차에서 내렸다. 흰색과 검은색 줄무늬 셔츠와 물 빠진 청바지를 입고 있었다. 자동차 뒤에는 프랑스어로 그리스도의 사랑을 선전하는 범퍼 스티커가 잔뜩 붙어 있었다. '예수님은 당신을 사랑하십니다! 어떻게 아느냐고요? 오늘 아침에 대화를 나눴거든요!' 그 사람은 우리 자동차 뒤에 붙은 "GBGreat Britain" 스티커를 봤는지 우리에게 영어로 말을 걸었다. "제가 도와드릴 일이 있을까요?"

네. 어머니와 아버지가 말했다. 차가 고장 났어요.

그 사람이 아무 문제 없다고 말했다. 오늘 밤은 자기 가족과 함께 보내면 된다고, 마을에 정비소가 있으며 자기 친구가 정비공이라고 했다. 자신이 차를 고쳐줄 것이고, 우리는 가던 길을 계속 갈 수 있을 것이다. 남자가 미소 지으며 말했다. "그리스도의 사랑으로 도와드리는 겁니다."

아버지는 기껏해야 성당의 연단에 설 때만 종교적인 발언을 했다. 사람들이 자기 신념을 너무 노골적으로 드러내는 것을 늘 불편해 했던 아버지는 어색하게 웃으며 감사함을 표현했다.

남자가 임시방편으로 우리 차를 견인할 방법을 찾기 시작했다. 어머니가 우리를 데리고 한쪽으로 비켜섰다. 그리고 아무 일 없을 거라고, 그렇지만 모르는 사람을 전부 믿어서는 안 된다고 말했다. 어머니가 "뛰어"라고 외치면 뛰어야 했다. 나는 어디로 달려야 할지 몰랐지만 알겠다고 했다.

남자가 끈으로 르노4를 자기 차에 묶었다. 우리는 다시 차에 탔고, 남자가 우리를 끌고 자기 마을로 향했다. 남자는 우리 차를 자기 집 옆에 세운 뒤 우리를 집 안으로 초대했다. 방이 끝없이 이어진 어두운 공간이었고, 커다란 테라스에 잘 익은 포도가 주렁주렁 열려 있었다. 남자는 그의 아내와 아이들, 부모, 조부모, 사촌, 친구들로 이루어진 자신의 대가족에게 우리를 소개했다. 그리고 나와 누이에게 우리가 묵을 방을 보여주었다. 방에는 기둥이 네 개 달린 침대와 무거운 벨벳 커튼이 있었고, 벽에 붙은 짙은 색 나무 패널에서 광택제 냄새가 물씬 풍겼다. 어머니가 불안해하며 허둥지둥거렸다. 아버지도 긴장한 것 같았다.

그날 밤 우리 가족은 남자의 가족과 함께 테라스로 나가 포도 덩굴 아래 앉았다. 어둠 속에서 귀뚜라미가 귀뚤귀뚤 울었다. 금은화와 재스민, 덩굴식물, 그 밖에 향기로운 것들의 냄새가 났다. 남자의 어머니가 오믈렛을 만들어주었다. 오믈렛이 식탁에 오르자 남자는 여기에 달걀 스무 개가 들어갔다고 말하고 오믈렛을 나눠주기 시작했다. 우리는 오믈렛과 프랑스 빵, 샐러드, 치즈를 먹었다. 어머니와 아버지가 와인을 마시며 영어로 대화를 나누었고, 노력하는 의미에서 가끔 프랑스어로 말을 했다. 나와 누이는 과일 주스를 마셨고 평소보다 늦게까지 깨어 있었다. 식사가 끝나자 어머니가 우리를 침대로 데려갔다. 그리고 비록 확신은 없어 보였지만 이곳은 안전하다고 우리를 안심시켰다. 나와 누이는 기둥이 네 개 달린 침대에서 잠이 들었다. 사이에 긴 베개를 두었기 때문에 싸우지 않았다.

다음 날, 테라스에서 아침 식사를 했다. 남자가 아버지와 함께 차를 점검하러 갔다. 우리 차가 르노4여서 다행이었다. 프랑스의 소도시에 있는 모든 정비공이 르노4의 부품을 갖고 있었기 때문이다. 정비공이 부품비만 받고 우리 차를 고쳐주었고, 남자는 자기가 돈을 내겠다고 주장했다. 점심시간이 되자 우리 가족은 짐을 싸고 다시 남쪽으로 달릴 준비를 끝냈다. 남자가 잘 가라고 손을 흔들었다. 우리는 다시 시골길에 올라 오토루트로 향했다. 그리고 다시는 그 남자를 보지 못했다.

한두 시간 뒤, 나는 다시 열이 나서 핼쓱해진 채로 창문에 기댔다. 그러나 멀미도 내가 기적 같은 일을 경험했다는 느낌을 앗아가진 못했다.

달걀 스무 개라니! 내 생에 그런 오믈렛은 먹어본 적이 없었다.

검소한 만찬은 없다

다 함께 만찬을 즐기려고 달걀 스무 개로 만든 오믈렛의 10분의 1이, 혼자 먹으려고 달걀 두 개로 만든 오믈렛보다 언제나 더 맛있다. 19세기 프랑스 변호사이자 미식가였던 장 앙텔름 브리야사바랭Jean Anthelme Brillat-Savarin에 따르면 음식이 주는 기쁨은 사회적 기쁨이다. 《브리야사바랭의 미식 예찬Physiolog of Taste》에서 그는 먹는 즐거움과 식탁에서의 즐거움을 구분한다. 먹는 즐거움은 "욕구를 만족시키는 실질적이고 직접적인 감각"이다. 반면 식탁에서의 즐거움은 허기나 식욕과 무관한 사회적 기쁨이다. 그는 만찬의 진정한 기쁨은 유대감과 대화, 긴급하게 처리해야 할 일이 없다는 느낌에서 나온다고 말한다. 함께 식사할 때 우리의 뇌는 각성한다. 생기가 돌고 두 눈이 빛나며 몸에 온기가 스민다. 감각이 더 예민해진다. 우리는 수다를 떤다. 대화가 펼쳐지며 상상력이 피어난다. 서로 연결된다. 연대와 우정을 쌓는다.[1]

함께하는 식사가 그저 우정을 즐기려는 구실인 것만은 아니다. 좋은 음식은 함께 먹을 때 실제로 맛이 더 좋아진다. 예일대학교 연구원들은 다른 사람이 나와 똑같은 초콜릿을 먹고 있을 때 맛 좋은 초콜릿을 먹는 경험이 더욱 강화된다는 사실을 발견했다. 옆에서 초콜릿을 씹어 먹는 사람과 대화를 나누지 않는다 해도 말이다.[2]

그러나 정반대 경우도 마찬가지다. 불쾌할 만큼 씁쓸한 초콜릿을 받은 실험 참가자들은 다른 사람과 함께 먹을 때 그 초콜릿이 더

불쾌하다고 판단했다. 연구원들이 "증폭 가설"이라 이름 붙인 이 현상은 다른 사람과 함께할 때 그 경험이 더욱 강화된다는 것을 보여준다. 사람들과 공유할 때 좋은 것은 더 좋아 보이고 나쁜 것은 더 나쁘게 느껴진다.

이처럼 함께하는 식사에서 맛있는 음식은 더 맛있고 맛없는 음식은 더 맛없게 느껴진다는 것 외에도, 사람들이 함께 있을 때 더 많이 먹는다는 것은 잘 알려진 사실이다. 연구원들은 이처럼 식사 경험이 고조되고 먹는 양이 늘어나는 현상을 식사의 사회적 촉진 효과라 칭한다. 심지어 거울 앞에서 혼자 식사할 때도 이 효과가 나타난다.[3]

그러나 모르는 사람과의 식사는 친구들과의 식사와 다르다. 두 경우 모두 사람들은 평소보다 많이 먹지만, 낯선 사람과 식사할 때는 사회적 촉진 효과가 훨씬 덜 나타난다.[4] 낯선 사람과 함께 있을 때 우리는 더 경계하고 더 신중해진다. 집주인의 기색과 신호에 주의를 기울인다. 카자흐스탄에는 "손님은 짧게 앉았다 가지만 많은 것을 알아챈다"라는 말이 있다.[5] 우리는 집주인에게 경의를 표하기 위해 음식을 많이 먹고 싶어 하지만 욕심 많은 사람처럼 보이기를 바라지는 않는다. 이 사이에서 중심을 잡기란 쉽지 않다.

우리가 다른 사람과 함께 있을 때 음식을 더 많이 먹는 것은 자원 경쟁이 벌어지기 때문만이 아니다('대가족' 신드롬). 우리가 더 많이 먹는 것은 함께하는 식사에 본래 팽창하는 성질이 있기 때문이다.[6] 식사를 만찬으로 바꾸는 것은 바로 이 풍성함(풍성한 음식과 즐거움,

풍성한 사람, 때로는 풍성한 선의와 경쟁심)이다. 만찬은 호화로운 것, 여러 사람이 함께 나누는 것이다. 고고학자 브라이언 헤이든Brian Hayden은 만찬을 "음식이나 선물 형태로 나눠주거나 손님에게 강렬한 인상을 주기 위해 전시할 수 있는 잉여의 모음"으로 정의한다.[7] 만찬은 제한 없음, 심지어 조심성 없음을 의미한다. 소심한 만찬이라는 것은 없다. 만찬의 이유가 무엇이건 간에 만찬의 본질은 바로 이 과잉이다. 과잉은 오무르타그에서 한 그릇 더 먹는 타르하나일 수도 있고, 프랑스에서 달걀 스무 개로 만든 오믈렛일 수도 있으며, 영국 연립주택에 사는 망명 신청자가 내어준 초콜릿과 견과류, 비스킷일 수도 있다.

인류의 만찬은 구석기 시대의 조상들이 불을 이용해 요리를 시작한 시기나,[8] 네안데르탈인이 화로 근처에 동물 뼈를 쌓기 시작한 시기까지 거슬러 올라간다. 이처럼 만찬이 구석기 시대에 시작되긴 했지만, 더 널리 확산되기 위해서는 우선 인간이 한곳에 정착하고 더욱 정적인 생활방식을 채택해야 했다.[9] 리오리 그로스먼Leore Grosman이 이끄는 발굴팀은 이스라엘 북부의 경사면 틈에 자리한 작은 힐라존 타흐팃 동굴에서 나투프 문화의 여성 묘지를 발견했다. 증거에 따르면 이 묘지는 1만 2000년 전에 만들어졌다. 여성 묘지 근처에는 단체로 만찬을 즐긴 증거가 남아 있었고, 이 여성은 거북이의 등껍질과 배껍질 십여 개, 들소와 마운틴가젤 여러 마리의 뼈, 잘린 인간의 발, 독수리의 날개, 담비의 두개골, 표범의 골반뼈처럼 독특한 것들과 함께 묻혀 있었다.[10] 그로스먼의 발굴팀은 의례를 치른 증거와 만찬의 규모를 볼 때 이 여성이 "아마도 샤먼이었을 것"이라고 결론을

내렸다.[11]

나투프인 공동체는 정착 생활의 출발점에 있었고, 수렵채집 문화에서 농업 문화로 이행하고 있었다. 그로스먼과 그의 동료들은 당시의 집단 만찬이 고고학자들이 말하는 "스칼라 스트레스scalar stress", 즉 단체 생활의 스트레스를 관리하는 수단이었으리라고 추측한다. 만찬은 사회적 유대를 더욱 공고히 한다. 연대를 강화하고 점점 규모가 커지는 집단생활을 관리할 수단을 제공한다.[12] 1만 2000년 전의 어느 봄날, 한 공동체가 존경받는 집단 구성원을 매장하기 위해 이곳에 모였다. 이들은 무거운 돌을 이용해 묘지를 만들었다. 그리고 독수리의 날개와 거북이 등껍질, 표범과 담비의 뼈처럼 귀중한 물건들을 펼쳐놓았다. 슬픔이 무척 컸기에, 그다음에는 거북이의 살과 들소 고기를 요리해 함께 삶의 위안을 구했다.

만찬은 우리를 즐거움과 영양분을 공유하는 집단으로 묶어준다. 가까운 사람뿐만 아니라 낯선 사람도 마찬가지다. 고고학자 마틴 존스Martin Jones는 우리의 조상들이 한곳에 뿌리를 내리면서 "전과 달리 상당한 거리의 이동을 가능케 하는 고정된 인간 지형human landscape(인간이 땅을 이용하는 방식-옮긴이)을 만들어냈다"고 말한다. 이렇게 이동 거리가 늘어나면서 "때로는 전혀 모르는 사람 사이에 발생하기도 하는 새로운 종류의 사회적 만남과 음식을 나누어 먹는 새로운 식사 환경"이 등장했다.[13]

최초의 문명이 등장할 때쯤 만찬 문화는 급성장하는 도시에서 공동체를 만들고 연대를 다지는 방식이자 골치 아픈 이방인을 관리하는 방식으로 굳게 자리 잡았다. 고대 메소포타미아의 만찬에는 맥주와 배, 피스타치오, 페이스트리, 어란, 가젤, 새, 드러플, 메뚜기 구이가 올랐다.[14] 《오디세이아》와 《일리아드》의 세계에서 무기를 내려놓은 이방인은 크세니아의 예법에 따라 식탁으로 안내된 뒤 빵과 구운 고기, 고기 꼬치, 와인, 돼지 피로 만든 소시지, 치즈, 해산물, 꿀, 올리브, 다양한 과일을 먹었다.[15]

이 음식들의 목록은 만찬의 특징인 풍성함이 양뿐만 아니라 종류의 문제이기도 하다는 사실을 보여준다. 1990년대 초반, 미국인 인류학자인 폴라 마이클스Paula Michaels는 카자흐스탄에서 자신의 생일 파티를 준비하는 중이었다. 그는 알마티에 있는 대학교에 다니며 카자흐스탄 가족의 집에서 하숙하고 있었다. 집주인은 이혼한 뒤 아홉 살짜리 아들과 함께 사는 사울레라는 이름의 카자흐스탄 여성이었다. 마이클스는 다가오는 생일에 스물여섯 살이 되었다. 카자흐스탄 사람의 눈에 스물여섯 살 여성은 이미 노처녀였다. 마이클스는 미국의 전통적인 생일 파티를 열어 자신의 독신 생활을 축하하기로 결정했다. 그리고 알마티에 있는 식료품점의 재고를 확인한 뒤 카자흐스탄 플랫브레드와 소시지, 파스타 소스, 카자흐스탄 치즈로 미국식 피자를 만들 계획을 세웠다. 디저트로는 (모스크바에서 수입한) 케이크 믹스로 케이크를 만들고, 케이크에 올릴 프로스팅은 인스턴트 푸딩으로 대체하기로 했다. 마이클스는 카자흐스탄인 세 명과 미국인 세

명을 초대했다.

사울레는 이 계획을 알고 큰 충격을 받았다. 그리고 마이클스에게 그 메뉴로는 절대 충분하지 않다고 말했다. 그건 손님에 대한 모욕이었다. 이 집의 평판도 나빠질 것이다. 이 메뉴는 마이클스가 "샐러드 대對 손님의 비율"이라 칭한 암묵적 요리 규칙을 위반했다. 카자흐스탄의 요리 규칙은 다음과 같다. 손님의 수가 많을수록 음식의 종류도 많아져야 한다. 음식의 양을 늘리는 것만으로는 충분치 않다. 요리의 가짓수도 늘려야 한다. 마이클스는 이렇게 말한다. "내가 계획한 것은 재미있고 조촐한 주방에서의 실험이었지만, 환대에 대한 서로 다른 관점 사이에서 이 모험은 스트레스를 일으키는 중노동이 되고 말았다."[16]

더 동쪽에 있는 몽골과 마찬가지로 카자흐스탄의 문화는 손님맞이를 무척 중요하게 여긴다. 마이클스의 말처럼 "카자흐스탄인뿐만 아니라 모든 중앙아시아인이 우리 눈에는 지나치게 거창해 보이는 환대의 표현을 얼마나 중시하는지를 모두가 알아챌 수 있다". 카자흐스탄에서 손님으로 가득한 집은 축복과 같다. 그러나 그러려면 반드시 집주인과 손님이 주어진 역할을 잘 수행해야 한다. 겨우 피자와 케이크만 내놓으려 한 미국인 인류학자는 사울레 가족의 명예를 떨어뜨렸다. 게다가 음식을 풍성하게 제공하지 않으면 손님이 떠날 때를 어떻게 알 수 있단 말인가? 손님을 배부르게 만드는 것은 그들을 집으로 돌려보내는 가장 좋은 방법이다. 카자흐스탄에는 이런 말이 있다. "배가 부른 손님은 다시 길 떠날 생각을 한다."[17]

철학자와 수도자의 식사 수칙

사치스러운 반찬은 종종 비난을 산다. 플라톤은 탐탁지 않아 하는 눈으로 과식과 성욕을 연결시킨다. 《국가》에서 소크라테스는 성적 사랑이라는 폭군에 사로잡힌 사람은 "만찬과 잔치, 사치, 여자 같은 것에 관심을 둔다"고 말한다.[18] 그리고 만찬에 집착하는 사람은 자기 삶에서 길을 잃은 것이라고 덧붙인다. 이들은 더 고귀하고 지적인 덕에서 나오는 진정한 쾌락을 얻지 못하고 여기저기를 헤맨다. 플라톤은 만찬이 주는 쾌락이 진정한 쾌락이 아니라고 주장한다. 우리가 만찬의 쾌락이라고 생각하는 것은 배가 고프다는 신체적 고통이나 욕망이 주는 정신적 고통이 가라앉은 것일 뿐이다.[19] 소크라테스는 《파이돈》에 등장하는 철학자 심미아스에게 이렇게 묻는다. "철학자가 먹고 마시는 쾌락에 관심이 있어야 한다고 생각하는가?" 그러자 심미아스는 얼른 대답한다. "절대 아닙니다."[20] 만찬을 즐기는 사람 중 오로지 소크라테스만이 진정한 철학자처럼 음식을 먹을 수 있다. 《향연》에서 플라톤은 소크라테스가 음식을 필요로 하지 않으며 극심한 허기를 마다하지 않지만, 그럼에도 만찬 앞에서는 음식을 배불리 먹을 수 있었다고 말한다. 소크라테스는 술에 대한 욕구 없이도 그 누구보다 술을 많이 마실 수 있으며 그럼에도 절대로 취하지 않는다.[21]

《국가》에서 플라톤은 풍성한 만찬 대신 더 간소한 식사를 권한다. 소크라테스는 글라우콘에게 와인, 밀과 보리로 만든 빵, 소금, 올리브, 치즈, 익힌 뿌리와 채소가 이상적인 식단이라고 말한다. 그리고 디저트로는 무화과와 병아리콩과 일반 콩을, 간식으로는 구운 머틀 열매와 도토리를 추천한다. 글라우콘은 소크라테스의 말에 격분하며 그건 "돼지들의 나라"의 식단이라고 항의한다. 그 대답으로 소크라테스는 나쁜 건강과 과도한 토지 사용, 도덕적 타락, 전쟁, 갈등처럼 과잉이 일으키는 도덕적·실질적 해악을 언급한다.[22]

에피쿠로스학파의 철학자들은 비판자들에게서 쾌락을 구해내고자 했다. "쾌락은 그 자체로 나쁜 것이 아니다. 쾌락을 불러오는 방법이 쾌락보다 더 큰 문제를 일으킨다."[23] 에피쿠로스학파가 보기에 문제는 우리가 쾌락을 제대로 누리지 못한다는 것이다. 우리가 추구하는 쾌락 중 많은 것들이 자기 파괴적이며 고통과 문제를 일으킨다. 그러나 해결책은 쾌락에 등을 돌리는 것이 아니다. 그 대신 쾌락의 역학을 현명하게 이해할 필요가 있다. 우리는 문제를 일으키는 쾌락과 단순하고 간소한 쾌락을 구분해야 한다.

에피쿠로스학파는 아테네의 성 밖에서 '정원Garden'이라는 이름의 공동체를 이루어 함께 살았다. 정원의 문 위에는 "손님이여, 당신은 이곳에서 즐거워할 것이다. 이곳에서 쾌락은 최고선이다"라고 쓰인 현판이 달려 있었다.[24] 남녀를 차별 없이 공동체에 받아들이고 함께하는 즐거움을 중요하게 여긴 에피쿠로스학파는 순식간에 방종하다는 평판을 얻었다. 이러한 평판 속에서 정원은 와인에 절어 끝없이 난잡한 파티를 벌이는 공간이었다. 그러나 이방인이 정원에 도착해서 발견한 것은 제약 없는 욕정의 왕국이 아니었다. 이들은 정원 안으로 초대되어 포리지 한 그릇과 물 한 잔을 제공받았고, "이것도 좋은 환영이 아닙니까?"라는 질문을 들었다. 에피쿠로스 본인 역시 식욕이 많지 않았다. 언젠가 에피쿠로스는 친구에게 이런 내용의 편지를 썼다. "내게 치즈를 조금만 보내주게. 만찬을 즐기고 싶을 때 그럴 수 있도록."[25]

그러나 에피쿠로스학파의 간소함은 플라톤이 말한 간소함과는 다르다. 우정과 질 좋은 치즈, 작은 잔에 담긴 와인 한 잔, 모두가 함께 돌보는 정원, 철학의 추구. 에피쿠로스는 이것들을 무척이나 좋아했다. 쾌락을 체로 걸러 숙취와 마음의 동요, 후회를 일으키는 것들을 추려내고 나머지만 남기면, 쾌락을 추구하는 동료들과 정원에서 깨끗한 마음으로 주고받은 잘 끓인 포리지 한 그릇과 물 한 잔이 가장 훌륭한 만찬이 될 수 있음을 발견하게 된다.

플라톤까지 거슬러 올라가는 쾌락을 향한 철학의 유구한 의심은 낯선 사람과 연결되는 것에 대한 우리의 생각을 왜곡한다. 낯선 사람과 관계 맺는 방식을 이야기할 때 철학자 대부분은 낯선 이들이 가져오는 즐거움과 활기, 기쁨을 간과한다. 에마뉘엘 레비나스는 이방인과의 만남에서 "첫 번째 언어는 의무"라고 말한다. 이 의무는 이행하기 힘들 수도 있고 심지어 정신적 외상을 입을 수도 있지만 즐거운 경우는 거의 없다.[26] 한편 프러시아의 위대한 철학자 이마누엘 칸트Immanuel Kant는 낯선 사람을 향한 환대가 "이방인이 타국에 도착했을 때 적대적으로 대우받아서는 안 된다는 이방인의 권리"라고 말한다. 칸트에게 환대란 함께하는 즐거움이 아니다. 그에게 환대는 쾌락이나 만족과는 아무 상관이 없는 의무이며, 바로 이 의무에서 "진정한 도덕적 가치"가 있는 모든 행동이 나온다.[27]

아무리 따져봐도 이건 환대의 의미에 대한 제대로 된 설명이 아니다. 칸트는 달걀 스무 개로 만든 오믈렛에 대해서는 아무 말이 없다. 샐러드 대 손님의 비율도 무시한다. 선물을 주고받는 행위의 특징인 윈윈win-win 상황을 자각하지 못한다. 이러한 상황에서는 모두가 승리하며, 삶의 진정한 맛이 더욱 강화된다. 게다가 칸트가 말하는 의무는 나쁜 집주인을 양산한다. 집주인이 그저 의무감에서 이 모든 고생을 감수한다는 생각만큼 맥 빠지는 것도 없다. 미소 짓지 않는 집주인, 신뢰 형성을 도와주는 장난과 농담을 참는 집주인, 손님의 존재에서 절대 즐거움을 얻지 않으려는 집주인, 고매하고 근엄한 표정으로 엄중한 의무를 수행하는 집주인만큼 모욕적인 것도 없다. 유교 철학자 맹자는 이렇게 말했다. "한 소쿠리의 밥과 한 그릇의 죽. 이것을 먹으면 살고 못 먹으면 죽는다 해도 경멸하며 준다면 나그네라도 먹지 않을 것이다."[28]

만찬을 향한 인간의 열정은 신체적 쾌락에 의심의 눈초리를 던지는 철학과 잘 어울린 적이 없다. 중세 유럽의 수도원이 이 사실을 대표적으로 보여준다. 6세기에 편찬된 《성 베네딕토의 수도 규칙서Rule of St Benedict》는 서구 수도원 전통의 초석이 된 규칙서로, 여기서 베네딕토회의 설립자는 "우리는 약간 주저하면서 다른 사람이 먹을 음식과 음료의 양을 정하는 바이다"라고 말한다. 그러나 그는 주

저항을 가라앉힌 뒤 조화를 도모하기 위해 공동체가 어떻게 식사해야 하는가에 관해 다음과 같이 조언한다. 요리는 두 가지여야 하는데, 그렇게 하면 어느 하나를 먹지 못하는 사람이 다른 하나를 먹을 수 있기 때문이다. 그리고 세 번째 요리로 과일이나 채소를 더할 수도 있다. 또한 식사에는 빵이 있어야 하며, 빵의 양은 하루에 1파운드(약 450그램)를 넘지 않아야 한다. 한편 와인은 수도승에게 적절하지 않은 음료이지만 성 베네딕토는 기꺼이 유연성을 발휘하며 이렇게 말한다. "이 시대의 수도승들은 그 사실을 납득하지 못할 것이므로, 과음하지 않고 조금씩 마시는 정도로 합의하도록 하자. 와인은 분별 있는 사람도 바보처럼 굴게 만들기 때문이다." 대화에 관해서라면 식사 시간은 잡담을 나누는 시간이 아니라 다 함께 성서를 읽는 시간이다. 정해진 사람이 성서를 읽을 때는 "독서자의 목소리가 방 안에 들릴 수 있도록 완전한 침묵을 지켜 수군거림조차 없어야 한다. 그 누구도 무엇을 청할 필요가 없도록 형제들은 먹고 마시는 데 필요한 것을 서로 제공해주어야 한다."[29]

그러나 성 베네딕토는 이 규칙들이 수도원에서 덕을 고양하긴 하지만 먼 곳에서 온 이방인을 맞이할 때는 적용하기 부적절하다는 것을 인정한다. 수도원은 이방인을 맞이할 별도의 주방과 식당을 마련해야 한다. 어쨌거나 손님은 어느 때건 나타날 수 있기 때문이다. 수도원장은 손님 식당에서 그들을 맞이하고 함께 식사해야 한다. 그리고 함께 식사할 때는 일반 수도승보다 더 풍성하게 먹어야 하는데, 손님이 있을 때는 모든 식사가 만찬처럼 넉넉해야 하는 것이 환대의 규칙이기 때문이다. 또한 수도원장과 방문객이 함께 식사할 때는 침묵의 규칙을 지키지 않는다. 침묵을 지키느라 낯선 사람에게 새로운 정보를 들을 기회를 낭비할 이유가 어디에 있겠는가?[30]

와인이 분별 있는 사람도 바보처럼 굴게 만들지는 모르지만, 인류는 아주 옛날부터 이방인과의 만찬에서 술을 윤활제로 활용했다. 우리는 자극제가 주는 활기와 진정제가 만들어내는 알딸딸함 사이에서 균형을 잡아가며 손님 및 이방인과 관계를 맺는다. 현대 중국에서 사람들은 끔찍한 두통을 일으키는 독한 곡주인 백주로 건배를 한다. 베두인족의 천막에 방문한 손님은 커피를 대접받는다. 내가 갑자기 집에 찾아가면 친구들은 인사와 함께 내게 차나 와인, 맥주를 권한다. 이는 문학의 역사만큼이나 오래된 수법이다. 바빌로니아에서 쓰인《길가메시 서사시》에서 짐승 같은 악취를 풍기는 야만인 엔키두는 이해심 깊은 삼하트의 환대에 길들여진다. 삼하트는 엔키두를 양치기들의 야영지로 데려가 빵과 맥주를 주고, 이발사에게 데려가 단장시킨 뒤 자신의 침대에서 함께 7일 밤낮을 보낸다.

유교의 예법을 담은 책《예기》는 '만찬의 의미'를 다룬 문단에서 이렇게 말한다. "손님과 주인을 바로 세우는 것. 이것이 바로 음주의 의례다."[31] 그러나 술은 상황을 더욱 순조롭게 만들 수도 있는 한편 일이 틀어질 위험을 키울 수도 있다. 술은 기쁨을 고조시키고 사회적 경계를 흐리며 온기를 불러일으킨다. 그러나 이 열기는 쉽게 폭력으로 치달을 수 있다. 몽골의 게르에서 비참한 장면이 발생하기 전에 집주인이 손님에게 단호하고 호전적으로 술을 먹인 것은 우연이 아니다. 심지어 고매한 플라톤도 마찬가지였다. 시와 철학을 논하고 지식을 추구하는 자리인 그리스의 심포시아symposia에서 고매한 이들이 즐긴 저녁의 여흥은 종종 의례적 술잔치인 코모스komos로 마무리되었다.[32] 플라톤은 평소와 다름없는 냉철함으로 만취하는 것이 덕의 교육에 중요한 역할을 한다고 주장했다. 우리는 만취를 통해 감정을 북돋는다. 더욱 강렬하게 사랑한다. 분노는 더욱 뜨겁게 타오른다. 그렇기에 우리는 다 함께 술을 마심으로써 타인 앞에서 자신을 통제하는 미덕을 시험할 수 있다.

칸트가 디너파티를 여는 방법

간소한 만찬이든 풍성한 만찬이든, 만찬의 목적은 그저 먹고 마시는 것이 아니다. 우리가 만찬을 즐기는 것은 최대한 많은 칼로리를 섭취하기 위해서가 아니라 관계를 새롭게 맺기 위해서다. 《예기》는 "만찬 의례는 서로 간에 우의를 표현하기 위함이다"라고 말한다.[33] 만찬은 다리를 놓아 사람들이 함께 온기를 만들어낼 수 있도록 도우며, 이는 낯선 사람들 사이에서도 마찬가지다. 사람들을 따뜻한 하나의 집단으로 묶어놓는 만찬의 힘에는 어딘가 신비한 데가 있다. 19세기의 사회학자 게오르크 지멜은 식사의 사회학에 관한 에세이에서 "함께 먹고 마시는 행위가 … 엄청난 사회화의 효력을 발휘한다"라고 말한다. 우리 인간은 모르는 사람과 음식을 나누어 먹기 위해 여럿이 한 곳에 모이는 유일한 종이다.[34] 낯선 존재와 음식을 나누는 것이 인간에게만 나타나는 특성은 아니다. 보노보와 침팬지도 같은 행동을 한다는 기록이 있다. 그러나 모두가 한데 모여 만찬을 즐기는 것은 인간만의 특징이다. 이처럼 다 함께 하는 식사는 즐거울 뿐만 아니라 우리의 영혼에도 좋다. 키르기스스탄에는 만찬과 잔치에서 갓 튀긴 빵을 나누어주는 전통이 있다. 빵을 준 사람은 영혼의 보답을 의미하는 수프soop를 얻는다. 요리하는 사람은 빵을 튀기며 《쿠란》의 구절을 암송한다. 손님이 빵을 받으면, 빵을 준 사람은 정확히 빵에서 나온 기쁨의 양만큼 수프, 즉 영혼의 은혜를 받는다.[35]

엘리와 헬싱키 역에 도착하자 카우치서핑 호스트인 야세르가 우리를 기다리고 있었다. 우리는 웹사이트에 올라온 사진으로 서로를 알아보았다. 야세르는 체격이 탄탄하고 친절해 보이는 30대 남성이었고 모국어인 아랍어를 비롯해 영어, 핀란드어, 러시아어, 프랑스어에 유창했다. 이집트 출신인 그는 몇 년 전부터 핀란드에 살며 버스 운전사로 일했고, 자신의 작은 아파트에 손님을 초대하는 것을 무척 좋아했다. 여기까지가 대략 우리가 아는 전부였다.

그를 실제로 만난 것은 이번이 처음이었다. 야세르가 우리와 악수를 나누며 말했다. "아직 근무 중이에요. 이거 드리려고 잠시 나왔어요." 그가 휴대폰과 손으로 직접 그린 지도, 아파트 열쇠를 우리에게 건네주었다. "가야 할 데가 있으면 이 지도를 보면 돼요. 엘리베이터 타고 올라가세요. 저는 일을 마치고 들어갈게요."

그가 말을 덧붙였다. "아 참, 이따가 러시아인 세 명이 올 거예요. 지금 상트페테르부르크에서 차를 타고 오고 있어요. 도착하면 문 열어주세요. 배고프면 부엌에서 뭔가 만들어 먹고요. 문제가 생기면 전화하세요. 휴대폰에 저장된 유일한 번호가 제 번호예요."

엘리와 나는 헬싱키 외곽에 있는 침실 하나짜리 아파트를 찾아가 짐을 풀었다. 차를 끓여 마시고 책을 읽었다. 몇 시간 뒤 문 두드리는 소리가 들렸다. 야세르가 말한 러시아인들이었다. 아직 20대 초반인 부부와 그들의 친구였다. 엘리와 내가 자기소개를 했다. 세 명 중 한 명만이 영어에 능숙했고 엘리와 나는 러시아어를 전혀 못 했지만, 그들은 친절하고 정중했다. 밤이 깊어지는 시간이었고 우리는 배가 고팠다. 엘리와 내가 슈퍼마켓에 가서 식재료를 사 왔다. 내가 파스타를 만들었고, 다섯 명이 함께 식사를 한 뒤 야세르가 먹을 파스타는 남겨두었다.

야세르는 열 시가 넘어서 집으로 돌아왔다. 우리는 이미 배가 부른 상태였지만 야세르가 같이 먹어야 한다고 우겼다. 야세르는 정어리 통조림을 따고 빵과 치즈를 썰고 맥주를 땄다. 우리는 두 번째 식사를 하며 농담과 이야기를 나누었다. 야세르가 러시아어를 영어로, 영어를 러시아어로 통역해주었다. 어느 방향이든 번역된 농담이 훨씬 재미있었다. 우리는 맥주를 마시며 자정이 한참 넘어서까지 대화를 나누었다. 식사가 끝난 뒤 야세르가 잠자리를 마련해주었다. 자신은 소파도 똑같이 편안하다며 엘리와 나에게 침실을 내주었다. 러시아인들은 매트리스 위에 자리를 잡았다. 배불리 먹고, 살짝 취하고, 만족스럽고, 더 이상 낯선 사람이 아닌 친구와 함께였던 우리는 곧 잠에 빠져들었다.

의무 이야기만 끝도 없이 해대는 칸트에게는 박해지기가 쉽다. 칸트의 글은 대단히 흥미롭지만 매력 없고 어려운 것으로 유명하다. 일부 설명 속에서 그는 괴팍하고 너무 엄격해 보인다. 칸트가 쾨니히스베르크를 산책할 때 주민들은 그가 지나가는 시간을 보고 자기 시계를 맞추었다고 한다. 그러나 때로는 그의 삶과 글에서 더 인간적이고 의무에 덜 얽매인 칸트를 발견할 수 있다. 이성과 질서의 대변자인 칸트는 젊은 시절 지나치게 술에 취하는 것으로 유명했고, 쾨니히스베르크에 있는 술집에서 만취한 채로 나와서 자기 집을 못 찾아가곤 했다.[36] 언제나 철학자였던 그는 온화함을 얻기 위해서는 "잠시 맨정신의 경계를 넘어야" 할 필요가 있다는 귀여운 주장으로 자신의 행동을 합리화했다.[37] 그는 말년에도 좋은 파티를 마다하지 않았다. 그의 도덕 철학은 무뚝뚝하고 뚱하지만, 실생활에서 그는 더 너그러웠다. 저서《실용적 관점에서의 인류학Anthropology from a Pragmatic Point of View》에서 그는 좋은 디너파티를 여는 방법을 제시하며 혼자 식사하는 것이 학자에게 건강하지 못한 습관이므로(홀로 밥 먹는 사람은 "활기를 잃는다") 여럿이 함께 식사하는 것이 더 좋다고 말한다.[38]

칸트에 따르면 완벽한 디너파티는 손님이 세 명에서 아홉 명 사이여야 한다(미의 세 여신보다 적으면 안 되고, 아홉 명의 뮤즈보다 많으면 안 된다). 다양한 요리를 준비해서 손님이 입맛에 따라 음식을 선택할 수 있어야 한다. 식탁에서의 대화는 신중함과 비밀 유지를 전제해야 한다. 식사는 이야기와 새로운 소식에서 시작해 논증과 토론으로 이어졌다가 마지막에는 농담으로 끝나야 하며, 그러는 내내 웃음은 소리가 크고 온화해야 한다. 칸트는 배 속 깊은 곳에서 나오는 웃음이 장운동을 돕고 신체 건강을 촉진한다고 말한다. 대화는 독단적이어서는 안 되며 이 주제 저 주제로 옮아가도 안 된다. 반드시 한 대화의 주제를 마무리 지은 뒤 다음 주제로 넘어가야 한다. 마지막으로, 식사할 때 음악을 듣는 것은 "파티에서 행할 수 있는 가장 천박한 행태"다.

모두가 칸트의 디너파티 규칙에 동의하지 않을 수 있다. 그러나 이 규칙은 그가 겉으로 보이는 것처럼 아무 즐거움을 모르는 의무의 대변자라는 혐의를 벗겨준다. 이 규칙은 사교성을 키울 수 있는 고정된 패턴을 제공해 파티를 더욱 라마이하게, 즉 더 생기 넘치고 활기차게 만들어준다. 순수한 도덕적 의무의 가장 열렬한 옹호자조차, 결국 함께하는 것의 중요성은 즐거움에 있음을 알고 있기 때문이다.

함께 열기와 온기를 만들어내고 유대감을 쌓는 방법 중 한 냄비에 시끌벅적하게 음식을 끓여 먹는 것만큼 좋은 것은 없다. 몇 년 전 쓰촨 청두에 있을 때다. 당시 나는 이곳에 처음 정착해 쓰촨대학교에서 일을 막 시작한 상태였고 여전히 적응 중이었다. 몇 주가 지났을 때 새로 알게 된 동료가 함께 훠궈를 먹으러 가자고 했다. 중국에서 훠궈는 연대감을 쌓기에 특히 좋은 음식이다. 중국 사람들은 훠궈를 먹는 것이 러나오renao, 熱鬧하다고 말하는데, "뜨겁고 시끌벅적하다"라는 뜻이다. 이 뜨거운 떠들썩함은 활기를 뜻하는 인도네시아어 라마이와 비슷한 단어다. 러나오는 모두가 작은 부엌에 모여 시끄럽게 만두를 빚는 중국 설날의 흥분이다. 절에서 열리는 축제의 들뜬 활기다. 많은 사람이 모여 먹고 마시고 농담을 나누는 즐거움이다. 그리고 중국의 훠궈만큼 러나오한 음식은 없다.

1990년대 충칭에서 처음 인기를 끈 훠궈는 중국 전역으로 퍼진 뒤 전 세계적 유행이 되었다. 오늘날 중국어권에 있는 훠궈 레스토랑에서 사람들은 뜨거운 냄비에 둘러앉아 시끄럽게 대화를 나누며 채소와 고기, 해산물을 펄펄 끓는 육수에 집어넣는다. 그러면서 유대감을, 삶의 중요한 재료인 러나오한 온기를 만들어낸다. 훠궈가 펄펄 끓는다. 육수가 진해진다. 사람들이 집어넣는 재료의 맛이 육수에 밴다. 육수는 더 진해지고, 맛이 더 풍부해지고, 더 얼얼해진다. 푸샤 던롭Fuchsia Dunlop은 "무더운 저녁에 그렇게 매운 음식을 먹는 그 완강한 무모함과 열기, 사람들의 분위기에는 웃기면서도 신나는 점이 있다"라고 말한다. 중국인 친구가 던롭에게 한 말처럼, 펄펄 끓는 육수가 소용돌이치는 훠궈는 "걱정과 슬픔을 잊게 한다".[39]

훠궈는 혼자 먹는 음식이 아니다. 서로 나눠 먹는 것이 핵심이다. 청두의 새 동료들과 함께 나는 뜨겁고 시끄러워졌다. 우리는 둥글게 모여 앉아 젓가락으로 뜨거운 냄비에 든 기이한 재료를 건져 먹었다. 선지, 연근, 죽순, 정체를 알 수 없는 동물 부위, 해저에서 잡아 올린 무엇. 가끔 나는 뜨끈뜨끈한 육수에서 무언가 이상하고 쫀득한 것을 꺼내 이게 뭐냐고 물었다. 한 동료(칸트 사진을 지갑에 넣고 다니며 기끔씩 꺼내서 찬탄하듯 바라보는 칸트 연구자다)가 내 까탈스러움을 꾸짖으며 말했다. "묻지 않는 게 좋아. 우선 먹고 맛있는지 보면 돼." 그래서 나는 그렇게 했다. 맛있었다.

식사가 끝난 뒤 내가 지갑을 꺼내자 친구들이 만류했다.

"워먼 칭 커." 우리가 초대했잖아.

나는 지갑을 다시 넣고 고맙다고 말했다.

"비에 커치." 손님처럼 굴지 마.

이로부터 몇 년 뒤, 나는 친구와 미얀마 해변에 머물고 있었다. 우리는 해변에서 멀지 않은 작은 오두막을 빌렸다. 어느 날 저녁 오두막으로 돌아가는데 냄비를 든 중국인 여성을 만났다. 혼자서 여행 중이라고 했고, 우리 집 옆집에 묵고 있었다. 20대 후반에 키가 작고 활기찬 그는 중국어로 대화를 나눌 수 있어서 무척 기뻐했다. 10분 정도 대화를 나눈 뒤 그가 자기 집으로 뛰어 들어가 선물 하나를 들고 나왔다. 비닐 포장된 커다란 벽돌 크기의 훠궈 디랴오diliao, 底料, 즉 물만 부으면 되는 국물 베이스였다. 우리는 그에게 고맙다고 말했다. 그는 디랴오로 가득 찬 가방이 있다고 했다. 여행하며 만난 사람들에게 선물로 주려고 미얀마에서 그 가방을 힘들게 들고 다니는 것이었다.

디랴오는 기이한 선물처럼 보였다. 나는 그 벽돌을 받아 내 가방에 넣었다. 디랴오는 무거웠다. 내 옷과 책, 가방 등 온갖 곳에 냄새가 뱄다. 몇 시간 지나지 않아 내가 가진 모든 물건에서 훠궈 냄새가 났다. 다음 날 아침 그가 다시 길을 떠난 뒤 나는 가방에서 디랴오를 꺼내 자세히 살펴보았다. 왜 모르는 사람에게 주려고 이렇게 무거운 물건을 들고 다니는 거지? 나는 궁금했다.

코를 킁킁거리며 진득한 페이스트가 압축된 디랴오를 쿡쿡 찔러보는데, 그 냄새가 나를 다시 청두로, 펄펄 끓는 육수 주위의 열기와 시끌벅적함으로 데려갔다. 이 선물에는 이유가 있었다. 훠궈 디랴오는 미래에 누릴 수 있는 즐거움의 정수다. 압축된 형태의 뜨거운 떠들썩함이다. 행복의 약속, 다가올 만찬에 대한 약속이다. 디랴오는 일종의 희망이다. 처음 만난 사람에게 줄 선물로 이보다 더 좋은 것이 어디에 있겠는가?

06

작별은 왜 늘 어려운가

《오디세이아》의 초반에 우리의 교활한 주인공 오디세우스는 낙원에 있다. 그는 환상의 섬 오기기아 해변에 쓸려와 님프 칼립소와 함께 살고 있다. 칼립소는 그가 떠나는 것을 원치 않는다. 오디세우스도 자신이 집에 가고 싶은지 확신하지 못한다. 그는 자신이 속한 장소라 느끼는 곳으로 돌아가고 싶은 욕망과 머물고 싶은 욕망 사이에서 괴로워한다. 칼립소의 섬은 사이프러스와 오리나무, 포플러가 울창하게 뒤덮인 아름다운 섬이다. 감귤류와 소나무 향기가 감돌고 새들이 지저귄다. 포도가 주렁주렁 열렸고 샘에서 맑은 물이 솟아난다. 들판은 꽃으로 가득하다. 칼립소의 머리카락은 풍성한 금발이며, 칼립소는 약간의 악의를 곁들여 자신의 몸매가 오디세우스의 아내 페넬로페의 몸매보다 낫다고 말한다. 칼립소는 키도 더 크다. 게다가 오기기아는 환상의 섬이기에 오디세우스가 이곳에 머물며 칼립소와 한 침대를 쓰길 바라기만 한다면 죽지 않고 평생을 살 수 있다.

칼립소는 완벽한 집주인이다. 한 가지만 빼면. 에밀리 윌슨은 이렇게 말한다. "칼립소는 자신을 찾아온 인간 손님에게 그가 원하는 이상을 제공한다. 한 가지 가장 중요한 요소만 빼면. 그것은 바로 폼페pompē, 즉 떠날 수 있는 능력이다."[1]

떠날 수 있는 자유

오기기아가 아무리 아름다운 섬이고 칼립소가 아무리 친절한 집주인이라 해도 오디세우스는 노스토스nostos, 즉 고향에 돌아가고 싶다는 열망으로 괴로워한다. 이러한 갈망은 일종의 고통이다. '향수nostalgia'라는 단어는 말 그대로 고향에 돌아가고 싶은 열망과 관련된 알고스algos 또는 알지아algia, 즉 통증이다('신경통neuralgia'이라는 단어도 여기에서 나왔다). 향수 또는 향수병은 매우 강력한 영향을 미친다. 그 영향이 너무 강력해서 가끔은 목숨을 앗아가기도 한다. 17세기에 고향인 알프스 산맥을 멀리 떠나와 전투를 치르던 스위스인 용병들은 소의 목에 단 방울과 비슷한 소리를 듣기 시작했고, 의사들이 하임붸Heimweh라 부르는 병에 시달렸다. 신체적 증상은 심각했다. 무기력과 심장질환, 피부병이 나타났고, 심각한 경우 목숨을 잃기도 했다.[2]

칸트는 이 스위스 용병들의 향수병이 인간이 지닌 상상력의 힘 때문이라고 보았다. 그가 보기에 해결책은 간단했다. 그저 고향으로 돌아가기만 하면 된다. 그러면 스위스가 상상한 것만큼 좋은 곳은 아니었음을 깨닫게 될 것이고, 상상력이 일으킨 병은 치유될 것이다.[3]

이 갈망, 이 노스토스는 이방인에게 기이한 특징을 부여한다. 이방인이 난롯가에 앉아 집주인과 함께 불을 쬘 때, 그 어떤 맛있는 음식과 친절도 이방인의 타자성과 이들의 열망 속 은밀함을 뿌리 뽑지 못한다.

노스토스와 폼페는 보통 동시에 발견되지만 이 두 가지가 같은 것은 아니다. 우리가 난롯가에 너무 오래 앉아 있었다는 생각에 자리에서 일어나 구실을 대고 집에서 나온다면, 그건 집으로 돌아가고 싶은 욕망 때문일 수도 있지만 다시 길을 떠나고 싶은 욕망 때문일 수도 있다. 노스토스는 고향, 여행에 마침표를 찍을 목적지를 향한 갈망이다. 폼페에서 중요한 것은 목적지가 아니라 여행 그 자체다. 폼페에서 시작되는 여행은 고국을 향할 수도 있고 더 먼 지평선을 향할 수도 있다. 윌슨에 따르면 폼페는 그저 계속 이동할 수 있는 능력을 뜻한다.

폼페는 자율성과도 다르다. 계속 앞으로 나아가려면 신적이거나 세속적인 외부의 힘과 협력해야 한다. 운명과 다른 인간의 도움, 바람과 파도 같은 것에 도움을 받아야 하는 것이다. 폼페는 자신의 의지에 따라 여행하는 것이지만, 한편으로는 신과 인간이 줄 수 있는 도움을 받으며 흘러가는 것이기도 하다.

《오디세이아》는 가능만 하다면 세상을 나아가는 방법 중 이보다 더 좋은 것은 없다고 말한다.[4]

그러나 집으로 돌아가는 것이 늘 쉬운 것은 아니다. 2002년 7월, BBC 라디오 프로그램 〈홈트루스Home Truths〉에서 외국인으로서 카자흐스탄에 거주하는 댄 오코넬Dan O'Connell의 사연이 소개됐다. 댄은 알마티에서 에너지 효율 관련 프로젝트를 진행하고 있었다. 어느 날 저녁 사무실에서 나온 댄은 자신을 아파트에 데려다주려고 기다리고 있던 운전사를 만나 그의 차에 탔다. 그때 놀랍게도 또 다른 남자가 뒷좌석에 올라탔다. 차는 댄의 아파트를 지나 교외로 나아갔다. 댄이 다른 길로 가고 있다며 항의하자 운전사는 재킷을 들어 안주머니에 든 총을 보여주었다.

차는 한 아파트 단지 앞에 멈췄다. 뒷좌석에 앉아 있던 남자가 차에서 내려 댄을 작은 아파트로 안내했다. 집 안에는 여자 한 명과 아홉 살쯤 된 소녀 한 명이 있었다. 식탁에는 저녁 식사가 차려져 있었다. 여자가 자신을 이리나라고 소개했다. 댄을 납치한 남자는 자신의 이름이 빅토르라고 했다.

이리나와 빅토르는 댄에게 앉으라고 청했다. 이리나가 음식을 덜어주었다. 댄은 불안했지만 집주인들은 그에게 자꾸 맥주와 보드카를 권했다. 술이 댄의 마음을 가라앉혀주었다. 댄이 러시아어를 약간 구사하긴 했지만 소통은 쉽지 않았다. 이리나와 빅토르가 강한 카자흐스탄 발음으로 말했기 때문이었다. 댄이 자신을 납치한 이유를 물었다. 두 사람은 언제나 외국인에게 식사를 대접하고 싶은 마음이 있었는데 어떻게 초대해야 할지 몰랐다고 말했다. 댄은 그제서야 긴장을 풀고 술에 취했고, 그날 밤 빅토르와 이리나가 준비한 침대에서 잠이 들었다.

다음 날 댄이 떠나겠다고 말했다. 두 사람은 좀 더 있다가 가라고 우겼다. 댄은 일요일 내내 빅토르와 술을 마시고 그날 밤도 빅토르의 아파트에서 잠을 잤다. 월요일이 되자 빅토르와 이리나가 그를 보내주었다. 그들은 함께해서 즐거웠다고 말하며 앞으로도 계속 연락하자고 말했다.

댄은 그 이후로도 빅토르와 이리나의 집을 방문했다. 세 사람은 함께 먹고 마시고 농담을 건넸다. 나중에 댄은 두 사람에게 왜 그냥 처음부터 자신을 초대하지 않았느냐고, 그랬다면 기꺼이 왔을 거라고 말했다. 빅토르와 이리나는 자신들이 영어를 모르기도 하고, 어떻게 초대해야 할지도 몰랐다고 설명했다. 그리고 초대했어도 댄이 통역사를 대동했을 텐데, 사이에 통역사를 끼고 싶지는 않았다고 말했다.

이어진 방문에서 두 사람은 댄이 이제 가겠다고 하면 웃으며 그를 보내주었다.[5]

때로는 손님과 인질의 경계가 너무 흐릿해서 두 개를 구분하기가 힘들다. 인질은 폼페가 없는 손님이다. 일단 문턱을 넘은 손님은 떠날 능력을 제한하는 복잡한 의례에 발이 묶인다. 서로를 잘 이해하는 좋은 친구의 집을 방문할 때조차 그들이 나를 환영하며 와인의 코르크를 따면 한동안은 이곳에서 나갈 수 없겠다는 생각이 든다. 저녁에 다른 계획을 잡고 싶어도, 이곳을 빠져나갈 방법은 많지 않다는 것을 안다.

1990년 8월 2일, 쿠알라룸푸르로 향하는 영국항공 BA149편의 손님들은 쿠웨이트를 경유할 예정이었다. 보잉747기가 엔진 문제로 히스로 공항에서 늦게 이륙한 상태였다. 불안정한 시기였다. 사담 후세인의 병력이 쿠웨이트 국경에 집결하고 있었다. 뉴스는 전쟁 가능성을 보도했다. 이륙하기 전 영국항공의 승무원들이 정치 상황을 확인하기 위해 연락하자 아무 문제가 없으며 평소처럼 비행할 수 있다는 대답이 돌아왔다. 비행기는 이륙해 쿠웨이트로 향했다. 착륙 전 영국항공이 다시 쿠웨이트의 항공 교통 관제소에 연락해 정치 상황을 물었고, 관제탑에 있는 사람이 걱정할 필요 없다고 대답했다. 그러나 비행기가 착륙하자 무서운 일이 벌어지고 있다는 사실이 분명해졌다. 공항은 거의 버려져 있었다. 그제서야 승객과 승무원들은 상황을 이해했다. 쿠웨이트 침공이 시작된 것이었다. 비행기가 이륙하기 전 이라크의 제트기가 날아와 활주로를 폭격했다. 비행기에서 내린 승객들은 이라크군에 억류되었다.

몇 주 뒤 바그다드에서 이라크 대통령인 사담 후세인이 텔레비전에 모습을 드러냈다. 후세인은 전부 외국인인 손님들과 한자리에 앉아 대화를 나눴다. 손님들은 비행기에 타고 있던 승객들과 쿠웨이트와 이라크에서 일하는 사람들이었고, 이제 그들 중 누구도 이라크를 떠날 수 없었다. 후세인이 스튜어트 록우드라는 이름의 어린 소년에게 말을 걸었다. 소년의 아버지는 석유 산업 종사자였고, 소년은 다섯 살이었다. 후세인은 통역사 사둔 알주바이디Sadoun al-Zubaydi를 통해 스튜어트에게 그날 우유와 콘플레이크를 먹었느냐고 물었다. 그리고 "모든 이라크 아이들이 콘플레이크를 먹을 수 있는 것은 아니다"라고 말한 뒤[6] 이렇게 덧붙였다. "우리를 용서해달라. 당신들처럼 우리에게도 아이들이 있다.… 우리는 전쟁을 막으려 애쓰는 중이다.… 당신들이 이곳에 손님으로 머물 기간은 그리 길지 않을 것이다. 당신들은 인질이 아니기 때문이다."[7]

너는 인질이 아니다. 이 말에 완전히 마음을 놓을 수 있는 상황은 거의 없다. 칼립소의 섬에 머무는 오디세우스는 정확히 말하면 인질은 아니다. 칼립소의 노랫소리와 불멸의 약속, 이어진 섹스에 마음을 뺏기지 않았더라면 섬을 더 일찍 떠났을 수도 있다. 오디세우스에게 폼페가 없었던 것은 칼립소의 잘못만은 아니었다. 오디세우스가 떠나고 싶다고 말하자, 칼립소는 그의 계획이 "늘 바뀌었다"라는 사실을 신랄하게 꼬집는다. 그러나 스튜어트 록우드와 그의 가족, 바그다드에 억류된 다른 손님에게는 떠날 가능성이 없었다. 폼페가 없었다. 그곳에서는 손님과 인질의 경계가 명확했고, 이들은 둘 중 나쁜 쪽에 위치했다.

정치에서 인질을 잡는 전통(정치적 목적을 위해 이방인에게서 폼페를 빼앗는 전통)은 역사가 길다. 고대 중국에서 통치자는 국가

간 신뢰를 다지기 위해 왕자를 지즈shizi, 즉 볼모로 보냈다. 이는 이중으로 유용한 전략이었다. 먼저 왕은 골칫거리인 자식이 다른 나라 왕실의 비용으로 먹고살도록 보내버릴 수 있었다. 왕자를 받는 국가의 입장에서 지즈는 경쟁국 통치자의 선의를 약속하는 담보 역할을 했다. 상황이 틀어지면 지즈는 감금되거나 살해당할 수 있었다. 한편 로마제국에서도 인질은 외교의 일상적인 요소였다. 이 전통은 중세 유럽까지 이어졌고, 중세 유럽에서 정치적 인질은 '곁에 앉다', 또는 '근처에 머물다'라는 뜻의 어근에서 나온 오브세스obses라는 이름으로 불렸다.[8] 오브세스는 보통 경쟁국 통치자의 아들이거나 가까운 친척이었다.[9] 이들의 임무는 외국의 왕좌 근처에 머무는 것이었다. 이들은 죄수도 보증인도 아닌, 국제 정치라는 게임의 노리개였다. 중세 오브세스들의 삶은 겉으로는 보통 윤택했다. 먹을 것과 마실 것, 친구, 자유시간을 전부 가질 수 있었다. 그러나 이들의 삶은 변덕스러운 정치에 좌우되는 고통스러운 삶이기도 했다.

오디세우스처럼 중세 유럽의 오브세스들은 폼페를 제외한 모든 것을 가졌다. 적어도 칼립소의 섬에서 불멸을 얻었던 오디세우스와 달리 이들은 매일 살해당할 가능성을 떠올려야 했다.

오디세우스는 자기 집 난롯가에서 피어오르는 연기를 보고 싶은 욕망에 시달린다. 오기기아는 아름다운 곳일지 몰라도 그가 속한 곳은 아니다. 오디세우스는 7년의 세월이 지난 후에야 마침내 오기기아 섬을 떠날 행동에 나선다. 불멸의 삶에서는 한순간이지만 평범한 인간의 삶에서는 상당히 긴 시간이다. 이 7년 동안 칼립소는 멍하니 과거를 곱씹는 오디세우스를 향수병에서 끄집어내려고 애를 쓰지만 결국 실패하고 만다. 칼립소는 떠나지 말라고 설득하며 자신과 함께 지내는 것이 더 좋은 이유를 늘어놓는다. 칼립소는 그와 어울리는 외모와 예리한 재치를 지녔고, 그는 부족함 없이 살게 될 것이며, 죽지 않고 고통에서 자유로울 것이다. 그러나 오디세우스는 계속해서 떠나기를 고집한다. 그는 칼립소의 논리를 반박하지 않는다. 그저 "나는 집으로 돌아가고 싶소. 집으로 돌아갈 날이 오기를 매일매일 바란다오"라고 말할 뿐이다.[10]

결국 칼립소는 마음이 약해져 그가 떠나는 것을 허락한다. 오디세우스의 출발을 기념하는 의식은 그가 캑캑거리며 해변에 쓸려왔을 때보다 더 거창하다. 칼립소는 은빛 가운과 황금 허리띠, 베일로 가장 아름답게 차려입는다. 오디세우스가 자신이 무엇을 놓치는지를 알고 기억하게 하고 싶은 것이다. 그런 다음 칼립소는 그에게 잘 만든 도끼와 자귀를 주고 그를 오기기아에서 가장 좋은 나무가 자라는 곳으로 데려간다. 그리고 그가 뗏목을 만드는 모습을 지켜본다. 돛을 만들 천도 가져다준다. 이번에도 돛 만들기를 도와주지는 않는다. 칼립소는 작업에 손을 보태지 않는다. 떠나고 싶다면 자기 힘으로 떠나야 한다. 그러나 칼립소는 그를 막아 세우지는 않는다.

오디세우스가 뗏목을 만드는 데는 4일이 걸린다. 5일째 되는 날 칼립소는 오디세우스의 옷을 벗겨 목욕시키고 향기 나는 새 옷을 입혀준다. 그리고 여행 중에 먹을 수 있도록 와인과 물, 넉넉한 음식을 챙겨준다.

오디세우스는 뗏목에 올라 칼립소가 일으킨 미풍을 타고 영원히 옛 연인을 떠난다. 그는 칼립소가 일러준 방향으로 나아간다. 이런 식으로 오디세우스는 폼페를 되찾고 길고 고된 여행을 이어간다.

작별의 기술

인질은 떠날 허락을 받지 못한 이방인이다. 그러나 작별이 꼬이는 다른 경우도 있다. 인질의 거울상은 식객, 즉 집 한복판에 너무 오래 머물며 제때 떠나지 않고 집주인의 친절을 계속 이용해먹는 사람이다.

인질과 식객의 경계는 보통 겉보기보다 희미하다. 버스터 키튼Buster Keaton의 1923년 영화 〈우리의 환대Our Hospitality〉에서 기구한 운명이지만 선의를 지닌 주인공 윌리 매케이는 매케이와 캔필드 가문의 피로 얼룩진 갈등에 휘말린다. 1810년의 폭풍우가 몰아치는 어느 날 밤, 윌리가 아직 아기인 시절 그의 아버지인 존 매케이와 캔필드 가문의 제임스 캔필드가 서로를 죽인다. 카눈과 유사한 폭력의 대물림이 두려웠던 윌리의 어머니는 그가 안전하게 성장할 수 있도록 그를 데리고 뉴욕으로 간다. 오랜 시간이 흐른 뒤, 윌리는 아버지의 재산을 물려받기 위해 고향으로 돌아오고 그곳에서 자기 아버지를 죽인 캔필드의 손녀 버지니아 캔필드와 사랑에 빠진다. 결국 그는 자기도 모르게 캔필드 가문의 손님이 되어 버지니아의 아버지와 두 오빠 앞에 앉게 된다. 캔필드 가의 남자들은 여전히 과거의 갈등에 사로잡혀 매케이를 죽이려 한다. 앞에서 말한 몽골 게르의 손님처럼 윌리도 곤경에 빠진다. 캔필드 가문의 집에 머무는 한 그는 환대의 규칙에 따라 안전을 보호받는다(오래된 무성영화에서 볼 수 있는 텍스트 장면에서 캔필드 가문의 아버지는 욱하는 성질의 아들들에게 "아들들아, 잠깐 멈춰라!"라고 말한다. "그가 손님으로 우리 집에 머무는 동안은 예법에 따라 그를 쏠 수 없단다"). 그러나 집 밖으로 나가는 순간 윌리는 비명횡사할 수 있다.

식사 자리는 당연히 어색하다. 집을 떠나면 죽게 될 것을 아는 윌리는 식사가 끝난 후 출발을 미루려 한다. 운 좋게도 밖에는 비가 내리고 있고, 집에 들른 목사가 하룻밤 묵고 가기로 하자 윌리도 똑같이 하겠다고 한다. 다음 날도 윌리는 떠나지 않고 영원한 손님으로 눌러앉는다. 이때쯤 되면 윌리가 손님인지 인질인지 식객인지 구분하기 어려워진다. 아마 셋 다 해당할 것이다.

〈우리의 환대〉에는 오디세우스식 폭력이 일어날 불길한 기운이 감돈다. 그러나 윌리는 오디세우스도 질투할 간계로 이 상황을 빠져나간다. 영화가 끝날 때쯤 윌리는 캔필드 가문의 집에서 달려나간다. 버지니아와 캔필드 가문의 남자들이 그를 뒤쫓는다. 여차저차 다시 버지니아와 만난 윌리는 다시 캔필드 가문의 집에 잠입한다. 윌리를 놓쳤다고 판단하고 집으로 돌아온 남자들은 커다란 담요를 두르고 뻔뻔하게 버지니아와 키스를 나누고 있는 윌리를 발견한다.

윌리는 환대의 마법을 깼다. 그는 더 이상 손님이 아니다. 초대받지 않은 채 집의 문턱을 넘었고, (캔필드 가문 입장에서는) 천한 식객이라는 것이 밝혀졌다. 남자들이 무기를 꺼낸다. 그러나 그때 그들은 목사를 발견하고, 목사가 윌리와 버지니아의 결혼을 축복하기 직전임을 깨닫는다. 윌리 매케이는 시의적절한 때에 적과 가족의 경계를 넘는다. 버지니아의 두 오빠는 무기를 내려놓고 갈등이 끝났음을 선언한다. 보기보다 교활한 윌리는 담요를 벗어 던진다. 알고 보니 그는 혹시 모를 상황에 대비해 캔필드 가문의 보관함에서 각종 무기를 훔쳐 담요 안에 숨겨두고 있었다. 윌리는 숨겨둔 권총을 차례차례 테이블 위에 올려놓는다.

모두가 무기를 내려놓자 목사가 결혼을 축복한다. 이로써 피로 얽힌 두 가문은 마침내 하나가 된다.

손님이든 집주인이든, 시기적절하고 우아한 떠남을 끌어낼 수 있는 사람은 매우 기민한 사람이다. 10세기의 이슬람 요리책인《칼리프 주방 연대기Annals of the Caliphs' Kitchens》는 "방문을 너무 오래 끌어선 안 되며, 무언가가 필요할 때 너무 귀찮게 하거나 손을 씻는 그릇에 침을 뱉거나 코를 풀어서는 안 된다. 이러한 행동을 하는 자는 알무카우킵al-mukawkib(난봉꾼)이다"라고 말한다.[11] 너무 오래 머무르는 손님은 집안의 가산을 탕진한다. 지나치게 오래 머무르는 행동을 코 푸는 행위나 그릇에 침 뱉는 행위와 연결한 것은 우연이 아니다. 인류학자 메리 더글러스Mary Douglas의 표현을 빌리면 너무 오래 머무르는 손님

은 손 닦는 그릇에 뱉은 침이나 코 밖으로 삐져나온 콧물처럼 "제자리를 벗어난 것"이다.[12]

유대교의 한 텍스트는 특히 고집스러운 손님 앞에서 단계적으로 환대를 거둘 방법을 조언한다. "손님이 도착한 날에는 송아지를 잡아 대접한다. 이튿날에는 양을, 셋째 날에는 닭을 잡는다. 넷째 날에는 콩만 내놓는다."[13] 풍성함에서 시작해 부족함으로 끝나는 이러한 변화는 세르비아에서도 발견된다. 세르비아의 마을에서는 달콤한 대화를 나누길 바라는 마음에서 슬라트코slatko, 즉 달콤한 과일 조림으로 손님을 맞이한다. 그다음에는 자유롭고 수월한 대화를 위해 터키식 커피를 대접한다. 손님과 집주인은 이야기를 나누고 새로운 소식을 교환한다. 그러다 집주인이 손님을 보내고 싶어지면 시크테루샤sik-teruša라는 이름의 커피를 내놓는다. 이 마지막 커피는 양이 적고 연하다. 시크테루샤는 "꺼져 커피fuck off coffee"라는 뜻이다. 그러면 지혜로운 손님은 집주인의 의중을 파악하고 자리에서 일어난다.[14]

떠남의 기술은 신호를 읽는 기술, 손님이 언제 몸이 달고 언제 자신의 폼페를 주장하고 싶어 하는지를 아는 기술, 집주인이 언제 피곤해지고 언제 자신의 일상으로 돌아가고 싶어 하는지를 아는 기술이다. 그러나 신호 전달에 실패할 때는 몇 가지 경험 법칙에 기대는 것이 도움이 될 수 있다.

떠날 때가 되었다는 좋은 증거 중 하나는 새로운 손님의 도착이다. 비튼 부인은 이렇게 말한다. "다른 방문객이 도착하면 그들 때문에 떠나는 것이 아님을 신중하게 드러내면서 가능한 한 빨리 자리를 뜨는 것이 좋다. 새로운 방문객들이 차분히 자리를 잡고 입장할 때의 부산스러움이 사라지면 자리에서 일어나 집주인에게 다정하게 인사를 건네고 손님들에게 정중하게 인사를 하라."[15]

다른 손님이 오지 않는다면 3일의 규칙에 기대는 것이 좋다. 독일어에는 가스트 운트 피시 슈팅킹 나흐 드라이 타겐Gast und Fisch stinken nach drei Tagen이라는 말이 있다. 손님과 생선은 3일이 지나면 고약한 냄새를 풍긴다는 뜻이다. 독일의 이 3일의 규칙은 로마 시대까지 거슬러 올라가는데, 당시의 관습법에 따르면 집주인은 3일이 지나면 법적으로 손님의 책임자가 되었다.[16] 영어에도 이 경구가 있다. '생선과 방문객은 3일 뒤 고약한 냄새가 난다'는 말은 벤저민 프랭클린Benjamin Franklin이 《가난한 리처드의 연감Poor Richard's Almanack》 1736년 1월 판에 쓴 것으로 알려져 있다. 그러나 그보다 더 전인 1578년에 시인 존 릴리John Lyly가 출간한 지루한 소설 《유피즈: 지혜의 해부Euphues: The Anatomy of Wit》에도 "아테네에는 손님과 생선은 늘 3일 안에 냄새를 풍긴다는 말이 있다"라는 표현이 나온다.[17]

3일의 규칙은 보편적이라고 할 수는 없지만 대단히 널리 퍼져 있다. 이슬람 전통에 따르면 "환대는 3일까지 이어진다. 그 이후의 환대는 자선이다".[18] 앵글로색슨 시기인 7세기 영국에서 흘로데레와 이드릭 왕의 법규는 손님이 대접받길 기대할 수 있는 기간은 3박까지라고 규정한다. 이후 12세기 중반의 '참회왕 에드워드의 법'은 "2박까지는 손님이고, 셋째 날 밤부터는 주민이다"라는 지침을 내린다.[19] 중세 아일랜드에는 손님이 3박 3일 동안 머무는 것을 허용해야 한다는 요구가 있었다.[20] 동수단의 라샤이다 베두인족 사이에서도 같은 규칙이 적용된다. 이곳에서 손님은 차나 커피를 대접받는다. 손님을 위해 가축도 잡는다. 가축을 정말로 도살했음을 보여주기 위해 손님에게 피 묻은 칼을 주고, 나중에는 고기 삶은 육수를 준다. 손님은 응당 받아야 할 친절과 풍성한 음식을 대접받는다. 그러나 3일이 지나면 손님은 더 이상 손님이 아니므로 반드시 떠나야 한다.[21]

중국에서 손님이 환영받고 머물다 떠나가는 3막의 드라마는 만남과 헤어짐의 일반적 의례에 반영되어 있다. 먼저 손님은 마중을 받거나 환영받는다(지에jie). 그리고 붙들려서(리우liu) 더 있다 가라는 소리를 듣는다(손님이 떠나려는 기미를 보이면 집주인은 이렇게 말할 수 있다. "뭐가 걱정이야? 잠깐 앉아 봐").[22] 중국에서 손님을 붙드는 행위는 더 먹고 계속 대화를 나누자고, 아직은 떠나지 말라고 부추기는 장난스러운 인질극과 비슷하다. 이는 손님과 집주인이 서로의 선의를 알고 벌이는 일종의 게임이다. 손님은 자신도 너무나 머물고 싶지만 어쩔 수 없이 떠나야 한다고 말하고, 집주인은 지금 함께 나누고 있는 뜨겁고 시끌벅적한 즐거움을 더 즐기라고 주장한다. 손님은 "충분히 만류되었다는 기분"을 느낀 후에야 떠나도 된다는 허락을 얻고 집으로 보내진다(송song). 중국 사람들은 이렇게 말한다. "워 송 니." 내가 배웅해줄게.

3일의 규칙은 장소에 따라 조금씩 다르지만(2박 3일이기도 하고 3박 3일이기도 하다) 이 3막의 드라마는 매우 빈번하게 반복된다.

1막에서는 이방인이 도착해 의례의 문턱을 넘으며 방문객과 손님이 된다. 2막에서는 손님과 집주인이 공존의 기쁨과 힘듦을 헤쳐나간다. 상황이 잘 굴러가면 3막에서는 적절한 의례에 따라 서로 고마움과 영원한 우정을 표한 뒤 손님이 집에서 꺼져준다.

출발 의례는 도착 의례만큼 중요하다. 아무 의례도 치르지 않고 모두가 잠든 한밤중에 창문을 넘어 도망치는 손님만큼 실패한 계획을 잘 보여주는 증거도 없다. 중국은 손님을 배웅하는 일을 예술적 형태로 끌어올렸다. 일단 집주인이 손님에게 떠나도 좋다는 신호를 보내면, 손님을 문까지 배웅해야 하는지, 길의 끝까지 배웅해야 하는지, 기차역이나 공항까지 배웅해야 하는지를 두고 실랑이가 벌어질 확률이 높다.[23] 이처럼 손님을 배웅하는 전통은 역사가 길다. 보통 다량의 음주가 동반되는 이별 의식은 중국 고전 시의 중요한 주제다. 8세기에 왕유는 여관에서 한 관리를 배웅하는 내용의 시를 썼다.

위성에서 아침의 비가
흙먼지를 적시니

여관 주위의 버드나무가
더욱 푸르르다

나 그대에게 한 잔의 술을

더 권한다

양관을 지나 서쪽으로 가면
오랜 벗이 없으리니[24]

수많은 중국 고전 시가 이런 구슬픈 헤어짐을 노래한다. 오늘날 우리는 모퉁이를 돌고 난 뒤 집주인에게 그동안 감사했다는 메시지를 보낼 수 있다. 계속 연락하며 관계를 이어나갈 수 있다. 그러나 아주 최근까지만 해도 한번 헤어진 후에는 실제로 영원히 만나지 못할 수도 있었다. 이것이 마지막 만남인지 알 수 없는 상황에서 모든 헤어짐은 일종의 죽음이었다. 이런 세계에서는 불가피한 작별의 순간을 미루고, 양관으로 향하기 전에 마지막 술을 마시며 시간을 끌고, 구름 사이에서 길을 잃을 필요가 있었다.

다시는 못 만날 수 있다는 가능성은 출발 의례에 일종의 비애를 부여한다. 이러한 의례에는 보통 주저하는 척하는 행동이 동반된다. 러시아에는 꾸려놓은 짐 옆에서 한참을 말없이 앉아 있는 전통이 있다. 먼저 집주인이 이렇게 말한다. "잠깐 앉자." 그러면 집주인과 손님은 짐 옆에서 말없이 생각에 잠긴다. 어느 정도 시간이 지나면 손님이 한숨을 쉬고 "그럼 이제 가볼게"라고 말한 뒤 짐을 들고 출발한다.[25]

잘 떠나보내는 비결은 적절한 균형을 맞추는 것, 즉 손님을 문밖으로 떠밀지도 않고 그렇다고 너무 오래 붙잡아두지 않는 것이다. 어떤 문화에서는 이 어려운 균형을 그리 능숙하게 맞추지 못한다. 인류학자 케이트 폭스Kate Fox는 영국인의 경우 헤어짐이 어색한 당혹감으로 점철된다고 말한다. 이 또한 일종의 의례다. 폭스는 영국에서 손님이 이제 떠나겠다는 의도를 내비친 후 실제로 문밖으로 나갈 때까지 최소 10분, 때로는 20분 이상 걸리는 일이 흔하다고 말한다. 그러나 이 10분에서 20분은 그 누구도 자신이 뭘 하는지 명확히 알지 못하는 어색한 머뭇거림으로 점철된다. 어느 정도 시간이 흐른 뒤 "떠나는 사람은 필사적으로 탈출하고 싶어 하고 문 앞을 맴도는 사람은 그들의 등 뒤로 문을 닫아버리고 싶은 마음이 간절해지지만, 이러한 감정을 조금이라도 드러내는 것은 무례한 일이기에 모두가 최선을 다해 헤어지기 싫은 척을 해야 한다". 또한 폭스는 영국 사람들이 마치 한 번의 인사로는 충분하지 않다는 듯 "작별 인사들을 한다saying our goodbyes"라는 표현을 쓰며, 예의를 갖추려면 작별 인사를 무한히 반복해야 한다고 말한다.[26] 중국에서 벌어지는 일들과 전적으로 다르지 않다. 모두가 자유로워지고 어색함이 가라앉을 때까지 내내 고통스러울 만큼 불편하다는 점만 빼면.

손님에서 영원한 친구로

환영 의례의 목적이 문턱에서 만난 이방인 사이에 신뢰와 유대감을 쌓는 것이라면, 헤어질 때 치르는 의례는 야누스처럼 두 얼굴을 가졌다고 할 수 있다. 두 얼굴은 앞과 뒤를 동시에 바라본다. 출발 의례는 이렇게 말한다. "그래, 모든 것이 잘 굴러갔고, 최악의 상황은 벌어지지 않았고, 결국은 바랐던 것보다 더 좋았어." 때로는 적절한 배웅이 가장 어려운 관계를 회복시키기도 한다. 이러한 관계에서 손님과 집주인은 마지막으로 함께 식사하고 서로 감사를 전하며 최악의 상황이 지나갔다는 안도감과 동시에 모두가 문제를 견뎌냈다는 기쁨을 느낀다. 한편 작별 의식을 치르는 집주인은 집을 떠난 손님이 미래의 동지가 될 수도 있고 골칫거리가 될 수도 있다는 사실을 염두에 두며 앞날을 내다보기도 한다. 요르단의 베두인족 사이에는 집주인이 떠나는 손님을 두려워하는 것이 당연하다는 말이 있다. "자리에 앉았을 때(함께 식사를 할 때) 그는 친구다. 자리에서 일어났을 때(집을 떠날 때) 그는 시인이다."[27] 자유로워진 손님은 더 이상 손님이 아니며 자신의 폼페를 되찾는다. 우리는 이들이 되찾은 자유로 무엇을 하고 무슨 말을 할지 절대로 알 수 없다. 이들은 우리의 명성을 드높일 수도, 파괴할 수도 있다. 우리의 가장 은밀한 비밀을 떠벌릴 수도 있다. 그러니 손님을 신중하고 정중하게 떠나보내는 것이 좋다. 요르단의 베두인족에게나 에어비앤비의 호스트에게나, 좋은 배웅은 미래의 비난을 막아주는 부적이 될 수 있다.

인류학자 톰 셀윈Tom Selwyn에 따르면 "환대는 낯선 사람을 친한 사람으로, 적을 친구로, 친구를 더 좋은 친구로, 외부인을 내부인으로, 비非친족을 친족으로 탈바꿈하게 한다".[28] 그러나 이방인을 우리 삶 속에 맞이하는 환대가 꼭 낯선 사람을 친한 사람으로 만들거나 결집력을 강화하는 것만은 아니다. 어쩌면 우리를 떠난 손님은 다시 낯선 세계로 사라질 수 있다. 다시는 그들을 볼 수 없을지도 모르고, 심지어는 그 사실이 기쁠 수도 있다. 만나는 모든 사람과 친구가 되는 것은 불가능하다. 그러나 이방인이 친구가 되지 않을 때도 환대는 더 깊고 미묘한 변화를 일으킨다. 환대가 가장 크게 탈바꿈하는 것은 바로 우리 자신이다. 가장 큰 두려움이 실현되지 않은 모든 만남과 모든 출발에서 세계와 그 안의 가능성에 대한 우리의 감각이 확장된다. 외부와 내부의 경계를 더 쉽게 넘을 수 있게 된다. 이방인에 대한 두려움이 약해진다. 제노포비아가 가라앉고 필로제니아가 더욱 강렬해진다. 수적으로 열세가 될 것이라는 두려움은 더 열리고 관대한 마음으로 바뀐다.

가끔은 이방인이었던 손님이 실제로 외부인과 내부인의 경계를 넘는 경우도 있다. 처음에는 손님으로서 존중과 경계를 받던 이방인이 친구가 되고, 친구는 가족 구성원이 된다. 이들은 소매를 걷어붙이고 설거지를 도우며 공동체에 흡수된다. 라샤이다 베두인족 공동체의 전통은 손님이 3일 후에 반드시 떠나야 한다는 것이 아니라, 3일 후에는 손님이 손님의 지위를 잃는다는 것을 뜻한다. 이들은 새로 도착한 방문객과 손님에게 물과 차와 커피를 내놓는 사람이 된다. 심지어 이들은 집주인이 자리를 비웠을 때 칼을 꺼내서 집 안의 염소나 양을 죽인 뒤 새 손님에게 내놓을 권리와 의무를 얻는다.[29]

외부인에서 내부인으로, 낯선 사이에서 친한 사이로 변하는 과정에는 함께하는 미래의 가능성이 있다. 이 또한 일종의 출발이다. 우리는 낯선 사람이자 손님으로서 지위, 크세니아의 의례를 뒤로 하고 새로운 소속 집단에 받아들여진다. 과거의 모습이 아무리 다르더라도 일단 미래를 함께하게 되면 더 이상 '그들 중 하나'가 아닌 '우리 중 하나'가 된다. 공동체의 명예 회원으로 여겨질 만큼 오랜 시간 머물렀던 타님바르제도에서 내가 공동체의 일원이 되지 못한 두 가지 이유가 있다. 하나는 내가 담배를 피우지 않았다는 것이고, 다른 하나는 내가 집주인 이부 린이 고른 사람과 결혼하지 않았다는 것이었다. 그곳에서 만난 친구들은 그 두 가지 결함만 고치면 내가 더 이상 이방인이 아닐 거라고 말했다. 그러면 나도 진정한 일원이 될 수 있었다.

때로는 이방인이 엄청난 차이를 뛰어넘어 받아들여지기도 한다. 영장류학자인 바버라 스머츠Barbara Smuts는 인간 공동체와 상당히 다른 공동체 안에서 외부인이었던 자신이 더 이상 이방인이 아닌 집단의 일원이 된 놀라운 과정을 들려준다. 1970년대에 스머츠는 케냐에 살며 야생 올리브개코원숭이를 연구하고 있었다. 처음 케냐에 도착했을 때 스머츠의 목표는 과학자로서 객관적 거리를 유지하는 것이었다. 스머츠는 무심한 태도로 관찰 내용을 공책에 기록했고, 스스로를 외부자로 여겼다. 그러나 개코원숭이들은 점점 그에게 익숙해지면서 자기들만의 생각을 발전시켰다. 스머츠는 "나는 그저 무심한 관찰자이자 무시해도 되는 중립적 대상일 뿐이라는 미약하나 진심 어린 설득을 개코원숭이들은 완강히 거부했다"라고 말한다.

스머츠가 생각한 객관성이 무엇이든 간에, 개코원숭이들은 그가 자신과 그리 다르지 않은 생명체이자 자기만의 생각과 욕망이 있는 생명체, "관계에서의 요구와 보상에 쉬이 영향받는" 사회적 존재라는 사실을 알았다. 그래서 스머츠는 거리를 두려는 지속 불가능한 노력을 포기하고 천천히 개코원숭이들의 사회 속으로 들어갔다.

개코원숭이들의 의례적 규범을 배우기란 쉽지 않다. 가끔은 당황스럽기도 하다. 침착하고 차분한 개코원숭이라면 수컷 개코원숭이가 공격을 해올 때 얼굴만 돌릴 뿐 자리는 옮기지 않는다. 어린 개코원숭이들이 너무 시끄럽게 굴면 등을 돌려야 한다. 스머츠는 집중해서 사회적 신호를 관찰했고, 어느 정도 시간이 흐르자 자신이 완전한 개코원숭이는 아니어도 "개코원숭이의 특성을 얻었음"을 알게 되었다. "다른 개코원숭이들이 나를 개코원숭이처럼 대하고 있었기 때문"이었다.

개코원숭이들은 스머츠가 어딘가 이상하다는 것을 분명히 알았다. 원숭이는 아주 영민하니까. 그러나 그들은 어딘가 이상한 모습 그대로 스머츠를 받아들였고 낮잠 시간을 함께했다. 스머츠와 개코원숭이들은 같이 아침 햇살 아래 누워 허공에 발을 올리고 서로 그르렁거리며 낮의 열기를 즐겼다.

처음 현장 조사에 나갔을 때 스머츠는 이 낮잠 시간을 이용해 기록을 하고 자료를 모았다. 그러나 갈수록 자기 공책을 잊고 개코원숭이들 사이에 누워 빈둥거리며 태양을 즐기게 되었다. 스머츠는 완벽한 개코원숭이가 아니었기에 누워 있는 동안 발을 들지 못했지만, 예의 바른 집주인이었던 개코원숭이들은 억지로 강요하지 않았다. 스머츠는 만족스러운 그르렁 소리를 들으며 이상한 편안함을 느꼈다.

스머츠가 개코원숭이들의 낮잠 시간에 잠이 든 어느 날이었다. 잠에서 깨니 개코원숭이 무리는 사라지고 없었다. 케냐의 자연에서 혼자 잠드는 건 위험한 일이다. 사자와 하이에나도 있고, 낯선 사람들도 지나다닌다. 그러나 그때 스머츠는 자신이 혼자가 아님을 깨달았다. 청소년 개코원숭이 한 마리가 남아서 스머츠가 깨어나길 기다리고 있었다. 둘은 서로에게 눈을 깜박였고, 그때 청소년 개코원숭이가 매우 조심스럽게 자리에서 일어나 느릿느릿 걸으며 스머츠를 다시 무리로 데려갔다. 개코원숭이들에게 스머츠는 이제 집단의 당연한 일원이었다.[30]

07

이승과 저승의 경계

나의 할아버지는 마지막까지 제멋대로였다. 죽음을 앞두고서도 간호사들에게 치근댔고, 간호사들은 친절하게 받아주었다. 할아버지는 조금 말하고 많이 잤다. 우리는 할아버지에게 시간이 얼마 안 남았음을 알고 할아버지의 침대 옆에 앉아 할아버지가 잠들었다 깼다 하는 모습을 몇 시간씩 지켜보았다. 그러던 어느 날 아침 우리는 기다림에 지쳐 점심을 먹으러 갔다. 병원으로 돌아왔을 때 할아버지는 이미 세상을 떠나 있었다.

"마지막으로 한번 만나시겠어요?" 간호사가 물었다.

우리는 그러겠다고 했다. 그리고 간호사를 따라 병동으로 들어가, 가만히 서서 할아버지의 시신을 바라보았다. 조금 전까지만 해도 살아 숨 쉬던 고인의 몸을 바라보는 것은 너무 평범하고 또 너무 이상한 경험이다. 그러한 갑작스러운 부재는 받아들이기가 쉽지 않다. 에마뉘엘 레비나스는 이를 주소를 남기지 않는 떠남이라 칭했다.[1] 구체적인 장소를 남기지 않는 작별. 익숙했던 사람의 낯설어짐.

고인은 즉시 이 세상을 떠나지 않는다. 해결해야 할 온갖 종류의 문제가 남는다. 서류 처리, 마치지 못한 일, 반쪽의 이야기, 비밀, 지키지 못한 약속. 고인에게 최종 결산은 없다. 그래서 그들은 우리 곁에 계속 머무른다. 우리의 대화를 채우고, 산 자들이 공유하는 이야기와 농담, 추억에 끼어든다. 우리는 그들의 부재에 적응한다. 그러나 여전히 그들은 우리 주위에 있다.

나의 할아버지도 마찬가지였다. 할아버지가 돌아가시고 며칠 뒤 나는 불교 수련원으로 향했다. 며칠간 죽음에 대해 생각하다가 명상이 주는 고요함을 즐기니 좋았다. 나는 침묵 속에 빠져들었다. 내가 아직 살아 있다는 사실에 기뻐했다. 방석 위에 앉아 숨을 들이쉬고 내쉬는 감각을 느꼈다. 살아 있다는 것은 평범하고도 신비로운 일이었다.

수련원에서는 혼자였다. 아침에 일어나 명상을 하고 식사를 한 뒤 정원을 산책했고, 누구와도 대화를 나누지 않았다. 할아버지의 죽음이 특별히 고통스러운 것은 아니었다. 이런 날이 올 줄 알고 있었다. 그러나 나는 생각할 공간이, 그 의미를 경험할 공간이 필요했다.

할아버지는 둘째 날인가 셋째 날 밤에 불쑥 나타났다. 너무 선명해서 내게 무언가 긴급한 말을 전하려는 것 같은 그런 꿈들 중 하나였다. 심장이 평소보다 빨리 뛰면서, 마음속 깊은 해저에서 무언가 중요한 것이 변했다는 감각과 함께 깨어나는 그런 꿈이었다.

꿈의 내용은 이러했다. 나는 가족들과 함께 식사를 하고 있었다. 우리는 식탁 하나에 둘러앉았는데, 당시에는 드문 일이었다. 식사는 훌륭했다. 아니, 꿈속에서 훌륭하다고 느껴졌다. 그러나 그때 고개를 드니 문간에 할아버지가 서 있는 게 보였다. 할아버지는 난처하고 곤란해 보였다. 할아버지가 만찬에 합류하고 싶어 한다는 것을 느낄 수 있었다. 내가 이쪽으로 오라고 손짓했고, 할아버지는 문간에서 식탁 쪽으로 다가왔다. 그러나 식탁에 빈 의자가 없었고, 나 외에 다른 사람은 할아버지를 보지 못하는 듯했다. 할아버지는 따뜻하고 경쾌하고 즐거운 모임의 바깥에서 안으로 들어오지 못하고 가만히 서 있었다. 그리고 자신이 초대받지 못한 이유를 알 수 없어 혼란스러운 것 같았다.

그때 잠에서 깨어났다. 공용 침실이었고, 다른 수련생들의 숨소리가 들렸다. 할아버지가 너무 슬퍼 보여서 눈물이 났다. 나는 옆으로 돌아누운 뒤 다시 잠들었다.

다음 날 아침 명상은 불안하고 불편했다. 마음속 깊은 곳에서 무언가를 해야 한다고 느꼈지만 무엇을 해야 할지 몰랐다. 이성적이지 못한 느낌이었다. 할아버지는 세상을 떠났다. 이제 이곳에 없다. 이야기를 만들어낸 것은 나의 마음이었다. 그러나 이야기는 중요하다. 진지하게 고려되어야 한다.

그날 내내 의무감이 나를 끈덕지게 따라다녔다. 귀찮거나 괴롭지는 않았다. 그저 해야 할 일이 있다는 느낌이었다. 그래서 그날 저녁 명상이 끝난 뒤에도 계속 자리에 앉아 다른 수련생들이 명상실을 나가기를 기다렸다. 눈을 뜨고 혼자임을 확인했을 때는 늦은 밤이었다. 부처상 앞에서 촛불이 깜박였다. 피곤했고, 두 눈이 무거웠다. 시계를 봤다. 열한 시가 훌쩍 넘어 있었다. 나는 자리에서 일어나 저린 다리를 풀었다. 부처상 앞에 무릎을 꿇고 앉아 향을 피웠다. 다시 방석으로 돌아와 잠시 말없이 앉아 있었다. 그리고 할아버지에게 말을 걸며 그분이 지녔던 덕목을 소리 내어 읊었다.

할아버지는 그리 도덕적인 분이 아니었다. 나는 그 사실을 알았다. 그러나 할아버지는 다정하고 너그러운 사람이었다. 그때만큼은 할아버지의 장점에 집중해서 나쁠 게 없었다. 나는 할아버지를 이인칭으로 '당신'이라 칭했다. 그리고 내 어린 시절 추억을 이야기했다. 어느 겨울 할아버지가 정원에서 납 조각을 파냈고, 우리가 그 납 조각을 삶은 달걀을 넣는 컵에 담고 불 안에 넣어 녹였던 것을 소리 내어 말했다. 우리는 달걀 컵을 부순 뒤 납을 꺼냈고, 할아버지는 내게 할머니한테 절대 말하지 말라고 했다. 나는 그 납 조각을 수년간 내 침실 서랍 안에 보관했다. 그 칙칙한 은색 덩어리는 독성이 있다는 사실, 너무 자주 만져선 안 된다는 사실 때문에 더욱 매력적이었다. 나는 그 납 조각을 새 두개골과 뼈, 동물 발자국을 뜬 석고 모형처럼 세상을 탐험하면서 모은 이런저런 물건들 옆에 두었다.

이야기를 마쳤을 때는 거의 자정이 다 된 시각이었다. 할아버지에게 감사를 전하고 명복을 빌었다. 그리고 이제 가야 할 시간이라고 말했다. 할아버지는 돌아가셨어요. 식탁을 떠날 시간이에요.

그러고 나니 기분이 나아졌다. 자리에서 일어나 촛불을 껐다. 그리고 명상실을 나왔다. 그 뒤로는 할아버지 꿈을 꾸지 않았다. 할아버지는 식탁으로 돌아오지 않았다.

유령과 함께하는 삶

유령은 산 자의 세계에 늘 존재하는 이방인이다. 나는 유령을 믿지 않는다. 전에도 믿은 적이 없다. 유령의 존재를 보여주는 증거는 근거가 빈약하고 허황하다. 그러나 유령은 그 존재를 믿지 않는 사람에게도 기이한 힘을 발휘한다. 유령은 잠을 설치게 한다. 꿈에서 우리를 찾아온다. 삶이라는 만찬을 방해한다. 유령은 종종 초대받지 않고 나타난다. 유령이 모습을 드러내면 우리는 그들을 맞이할 수밖에 없다. 어떤 경우에는 고인과 만나고 싶은 간절한 마음에 우리가 유령을 초대하기도 한다.

엘리가 세상을 떠나고 여섯 달이 지났을 무렵 나는 미얀마 양곤에 머물고 있었다. 엘리와 함께했던 세상에서 벗어나기 위해, 낯선 사람들 곁에서 내 삶을 다시 세우기 위해, 삶의 다른 가능성을 발견하기 위해서였다. 나는 작은 아파트 1층에 살며 그 지역의 대학원 연구소에서 학생들을 가르쳤다. 시간이 나면 맹렬하게 글을 쓰거나 미얀마어를 공부하거나 먼지 자욱한 거리를 지칠 때까지 쏘다녔다.

어느 날 나는 일찍 연구소에서 나와 공원으로 향했다. 슬픔을 감당하기 힘들었고 혼자 있고 싶었다. 공원에 있는 작은 정자로 들어가 신발을 벗고 의자 위에 누웠다. 참새들이 서까래에 튼 둥지를 들락날락하는 것이 보였다. 눈을 감고 근처에 있는 분수 소리에 귀를 기울였다. 며칠간 슬픔으로 잠을 이루지 못해 힘이 하나도 없었다.

누워 있는데 몇 개월이나 엘리의 꿈을 꾸지 않았다는 생각이 들었다. 언제나 엘리 꿈을 꿀 거라고, 엘리가 없다는 사실에 눈물 흘리면서 잠에서 깰 거라고 생각했는데. 나는 엘리가 내 꿈에 찾아와주길 바랐고, 엘리와 계속 연결되어 있다는 느낌을 느끼고 싶었다. 내가 제대로 슬퍼하고 있지 않다는 걱정이 들었다. 그러나 엘리는 원래 과시하는 사람이 아니었다. 언제나 허세를 싫어했고, 거창한 발언을 견디지 못했다. 엘리는 초대받지 않고 내 꿈속에 걸어들어올 사람이 아니었다.

나무 벤치는 따뜻했고 마음을 가라앉혀주었다. 잠에 빠져드는 느낌이 들었다. 그때 내가 초대장 비슷한 것을 보낸 기억이 난다. 나는 이렇게 말했다. 나를 찾아와줘. 그리고 잠들었다.

꿈은 희미하고 짧았다. 꿈속에서 엘리가 내 앞에 있었다. 엘리를 만나서 기뻤다. 내가 손을 뻗자 엘리가 나를 가볍게 껴안았다. 기분이 좋았다. 그때 엘리가 나를 안고 있던 팔을 풀고 멀어져갔다.

나는 서까래 위의 참새 소리에 잠에서 깨어나 다시 신발을 신고 공원에서 나왔다.

전 세계의 많은 사람이 유령을 믿는다. 유령은 동남아시아와 동아시아, 아프리카, 미국, 유럽 어디에나 있다. 영국인의 50퍼센트 이상이 유령의 존재를 믿는다. 미국에서 그 수치는 42퍼센트다.[2] 그리고 점점 오르고 있다. 오언 데이비스Owen Davies는 저서 《귀신에 씌이다: 유령의 사회사The Haunted: A Social History of Ghosts》에서 "유령의 역사가 가진 매우 놀라운 사실은 그것이 쇠퇴하는 이야기가 아니라는 것이다"라고 말한다.[3] 요정과 악마, 마귀를 믿는 사람은 몇십 년간 계속 줄었지만, 유령에 대한 믿음은 점점 강해지고 있다. 유령을 믿지 않는 사람조차 마치 믿는 것처럼 행동할 때가 많다. 연구에 따르면 시험장에 귀신이 나타난다고 말했을 때 그 말을 믿지 않는다고 대놓고 말한 학생조차 부정행위를 덜 하는 경향을 보인다.[4]

유령은 산 자들이 사는 세계의 이방인이다. 유령은 우리를 찾아온 방문객일 수도 있고, 가끔은 우리가 초대한 손님일 수도 있다. 우리는 때에 따라 유령의 등장에 달리 반응한다. 유령을 적대적인 존재로 인식한다면 문의 빗장을 잠그고 들어오지 못하게 한다. 초대받지 않고 등장한 유령은 내쫓는다. 한편 유령의 방문을 기다렸다면 반갑게 맞이한 뒤 편히 머물게 해주며, 심지어 식사를 내놓기도 한다. 불교 전통에서 페타스petas라고 불리는 유령은 허기가 특징이다. 이들은 내 할아버지의 유령이 그랬듯 굶주림을 느낀다. 과거에 자신들도 함께 앉았던 식탁에 앉기를 원하고, 산 사람들의 만찬에 합류하길 원한다. 페타스에 관해 고대 인도의 팔리어로 쓰인 《페타와투Petavatthu》라는 경전이 있다. 이 경전은 사실상 유령 분야의 인류학(또는 귀신학)

이다. 《페타와투》에서 부처의 제자인 목갈라나Moggallana는 진상 조사의 임무를 띠고 배고픈 유령들의 세계로 향한다. 목갈라나는 부처의 제자 중 신통력을 가장 잘 사용했다고 한다. 그가 유령의 세계에 들어가 그들과 대화를 나누고 그들의 세계를 이해할 수 있는 것은 바로 이 신통력 덕분이다. 사후 세계의 인류학자처럼 목갈라나는 다시 현실로 돌아와 자신이 알아낸 것을 보고한다. 《페타와투》에 따르면 유령들은 "벽 너머와 공터, 교차로에 나타나며, 문기둥 옆에 서 있다".[5] 어느 날 목갈라나는 발우를 들고 음식을 얻으러 사왓티라는 도시에 나갔다가 길가에서 배고픈 유령 무리와 만난다. 그는 마른 몸과 도드라진 핏줄, 툭 튀어나온 갈비뼈를 보고 그들이 유령임을 알아챈다. 그가 걸음을 멈춰 말을 걸자 유령은 이렇게 말한다. "도반이시여, 저희는 실신할 것만 같은 굶주림에 시달리며 이 땅에 내쳐졌습니다. 팔다리를 대자로 뻗고 바닥에 누워 있습니다. 머리부터 거꾸로 떨어졌습니다…."[6]

배고픈 유령은 여러 문화에서 나타난다. 《오디세이아》에서 오디세우스는 사망한 측근과 대화를 나누고 싶어서 저승판 포커스 그룹을 소집한다. 그는 먹을 것과 마실 것을 바치고 유령들을 불러내 꿀과 달콤한 포도주, 보릿가루, 제물로 바친 소, 가진 것 중에 가장 빼어난 새까만 양의 피를 마음껏 먹게 한다.[7] 배고픈 유령은 더욱 최근 이야기에도 출몰한다. 프랑스의 텔레비전 시리즈 〈레 흐브넝Les Revenants〉(영어 제목은 '돌아온 사람들The Returned')에서는 버스 사고로 학생들이 집단 사망하면서 한 작은 산골 마을이 풍비박산한다. 그러던 어느 날 그 학생들이 돌연 마을로 돌아와 자신이 살던 집에서 살아가기 시작한다. 굶주려 있다는 사실만 빼면 이들의 모습은 생전과 다르지 않다. 이들은 언제나 냉장고를 뒤적이고, 간식을 먹고, 음식을 몇 그릇이나 입에 밀어 넣는다. 이들은 먹고 먹고 또 먹는다. 절대로 만족할 수 없는 존재처럼 먹는다.[8]

방콕 수완나품 공항의 세관에는 사람들이 먹을 것을 놓고 가는 콘크리트 기둥이 있다. 사람들은 팔찌와 반지 같은 장신구를 두고 가기도 하고, 기둥에 금박을 붙이기도 한다. 그 기둥을 자세히 들여다보면 "마치 날카로운 것으로 찔렸다가 위에 콘크리트를 덧바른 것 같은" 자국 두 곳을 볼 수 있다.[9] 사람들이 두고 가는 것은 이곳에서 건설 노동자로 일했던 미얀마 여성의 유령에게 바치는 선물이다. 동남아시아의 많은 유령 이야기에서처럼 이 여성도 끔찍하고 잔인하게 죽었다. 이 여성은 노동자들이 기둥에 콘크리트를 붓고 있을 때 거푸집에 빠져 질식사했다. 이야기에 따르면 사람들은 콘크리트가 다 굳은 뒤에야 여성의 시신을 빼내기 시작할 수 있었다. 사람들이 시신을 끄집어내려 해봤지만 온전히 꺼낼 수는 없었다. 콘크리트가 너무 단단했기 때문이었다. 사람들은 할 수 있는 만큼 시신을 빼냈고, 나머지 시신은 기둥 속에 남아 있다.

이 미얀마 여성의 유령은 두 가지 측면에서 이방인이다. 첫째로, 이 여성은 외국인이다. 둘째로, 이 여성은 유령이다. 이 여성은 요즘도 공항에서 야간 근무를 하는 노동자들 앞에 나타난다고 한다. 기둥은 공물을 놓는 장소가 되었다. 작은 선물들은 유령의 고통을 가라앉히고 굶주림을 달래준다. 가끔 공항 노동자들은 이 여성에게 로또 당첨 번호를 들으려고 기둥을 찾는다. 그리고 유령이 당첨 번호를 알려주면, 감사의 선물을 들고 찾아온다.

불교의 믿음에 따르면 유령들이 느끼는 배고픔은 극심하긴 해도 결국 가라앉을 수 있으며 유령들은 더욱 행복한 존재로 다시 태어날 수 있다. 음력 9월 초승달이 뜰 때 라오스 사람들은 '땅을 장식하는 밥 꾸러미'라는 뜻의 분 카오 빠답 딘boun khau padab din 축제를 즐긴다. 이때 배고픈 유령들은 2주간 극심한 굶주림을 느끼며 산 사람들 사이를 걸어 다닌다. 라오스인들은 유령들이 증기를 먹을 수 있도록 찹쌀밥을 지어 과일과 함께 바나나잎으로 싼 뒤 이 꾸러미를 절에 가져간다. 유령들은 향긋한 증기를 마음껏 먹고 다른 존재가 되어 유령 세계의 바깥에서 새로이 태어난다.[10]

한편 동남아시아에서는 말썽을 부리는 유령을 더 단호하게 대해야 할 때도 있다. 베트남 중부의 해변마을 껌리Cam Re는 유령 문제로 골치를 앓는다. 그럴 법도 한 것이, 원예사와 귤 재배자, 소농이 사는 이 마을 전체가 전쟁 사망자들이 묻힌 곳 위에 세워졌기 때문이다. 이곳에는 하나 남은 다리로 숲을 뛰어다니는 미국인 병사 유령이 있는데, 늙은 중국인 학자 유령의 뒤를 따라다니는 모습이 종종 포착된다. 한 유령 부대는 행진하며 사원의 탑 옆을 지나간다. 영원히 굶주림에 시달리는 빼빼 마른 베트콩 유령은 자기 무덤 위에 다리를 꼬고 앉아 시장에서 돌아오는 여성들을 겁준다. 덩치가 큰 두 미군 유령은 아레카 야자나무 아래 나타나는데, 이들은 "숟가락으로 빈 캔을 때리는 소리", "텅 빈 탄약 상자에서 탄환 몇 개가 달가닥거리는 소리" 같은 불안한 소리를 내며 유령의 언어로 서로 대화를 나눈다. 이 유령들은 수줍음이 많고 정중하다. 문제를 일으키고 싶어 하는 듯 보이지는 않는다. 그러나 동네 주민들은 마을 한복판에 이러한 이방인들이 존재하는 것을 불편해한다. 그래서 혹시나 하는 상황을 대비해 향을 피워 유령을 달랜다. 미국 달러를 태우기도 하는데, 유령들이 사후 사계에서 자신들이 쓰던 통화로 물건을 구매할 수 있게 하기 위해서다.

이곳에서 멀지 않은 껌리와 다낭 사이의 도로에서 베트남 군인들이 군사 훈련을 실시하던 중에 누더기를 걸친 미 육군 장교의 유령을 만났다. 유령은 키가 컸고 무기가 없었으며 다 찢어진 군복을 입고 있었다. 또 온몸에 진흙이 묻어 있었다. 베트남군 중위가 유령을 없애겠다며 유령이 나타난 곳에 소변을 보았다. 예상한 대로 유령은 모습을 감추었다. 그런데 그 베트남군 중위의 몸이 아프기 시작했다. 두통이 생겼고 말을 더듬었으며, 경계성 성격장애 진단을 받았다. 결국 중위는 편히 쉬지 못하는 유령들을 능란하게 상대하는 마을의 여성 주술사를 찾았다. 사람들이 중위가 소변을 본 곳의 땅을 파서 미국 군인의 시신을 찾아냈고, 남아 있는 유해를 미국으로 보냈다. 주술사는 유령을 적대적으로 대한 베트남군 중위를 질책하며 미군 유령의 갈망을 상기시켰다. "죽은 사람들은 싸우지 않습니다. 심지어 화도 내지 않습니다. 그들이 원하는 건 그저 기억되는 것입니다. 자신이 겪은 일을 사람들이 알아주길 바라는 것뿐입니다."

주술사는 키 큰 미군 유령을 진정시키는 의식을 치렀다. 유령이 주술사에게 말했다. "이모님, 감사합니다, 감사합니다. 용서해주세요, 용서해주세요." 주술사가 대답했다. "이제 다 괜찮으니 가서 편히 쉬십시오."[11]

이방인으로서 유령

많은 지역에서 유령을 믿는 사람이 늘어나는 이유는 분명하지 않다. 어쩌면 우리가 과잉 이동 사회에 살기 때문에 유령을 더욱 쉽게 믿는 것일 수 있다. 우리가 사는 이 문턱 많은 사회에서는 경계 공간이 빠르게 늘어난다. 마치 이동성이 유령을 만들어내고, 유령의 뿌리 없음과 연결되고자 하는 갈망이 우리의 뿌리 없음과 갈망을 반영하는 듯하다. 다른 모든 이방인과 마찬가지로 유령 또한 주변부나 서로 다른 세계의 경계에 출몰한다. 유령은 문과 건널목에서 발견된다. 태국과 미얀마의 단조롭고 특색 없는 공항 터미널에 나타나 계기판 조작을 방해하며 조종사들을 성가시게 하고 계류장을 어슬렁거리며 관제탑에 있는 사람들을 괴롭힌다.[12] 유령은 고속도로에서도 발견된다. 히치하이커와 빈티지 자동차의 환영이 나타나기도 하고, 끔찍한 사고를 추모하는 길가의 기념비와 십자가, 꽃 옆에 알 수 없는 인물이 서 있기도 하다. 영국 M6 고속도로의 16번과 19번 분기점 사이는 '영국에서 귀신이 가장 많이 출몰하는 도로'로 불린다. 로마 군인에서 트럭의 환영에 이르는 온갖 유령이 원인이 되어 자동차 사고가 발생한다.[13] 미얀마에서는 과로한 운전사가 빈랑 열매(미얀마인이 즐겨 씹는 열매로 각성 효과가 있다-옮긴이)에 취해 운전하다 버스가 제대로 포장되지 않은 도로에서 미끄러지면, 정부는 일본군 유령 때문에 사고가 발생했다고 보고 승려를 불러온다.[14]

2010년, 미얀마 정부는 네피도에 열심히 새 수도를 건설하고 있었다. 군사독재의 끝 무렵이었다. 이로부터 4년 전에 군사정부는 식민지 시대에 지어져 점차 힘을 잃고 있는 남쪽의 양곤에서 건조한 지역에 있는 새 도시로 국가의 수도를 옮기기로 결정했다. 결정의 이유는 복잡했다. 수십억 파운드가 들어간 수도 이전 프로젝트의 배경에는 해상 침략을 두려워한 군사전략가의 조언과, 미얀마는 오직 이 방법을 통해서만 왕들이 거처하는 곳이라는 영광을 되찾을 수 있다는 예언자의 경고가 있었다. 그러나 군사정부는 식민 지배라는 과거의 그림자와 유령에서 벗어나 새로운 빈 서판에서 처음부터 다시 시작하고 싶은 마음도 있었다.[15]

미얀마군의 아웅 칸Aung Khant 대위가 기이한 임무를 맡은 것도 바로 이 해였다. 탓콘Tatkon('고지高地'라는 뜻이다) 지역에 있는 대규모 묘지를 이전해야 했다. 계획은 묘지가 있던 자리에 사원과 지역 법원을 짓는 것이었다. 그러나 문제가 있었다. 무덤을 도시 바깥의 새로운 부지로 옮기는 것은 쉬운 일이었다. 더 큰 문제는 유령이었다. 탓콘에는 수많은 일본군 전사자가 묻혀 있었다. 미얀마인의 믿음에 따르면 잔인하게 죽은 사람은 "장례식으로는 완벽하게 없앨 수 없는 영혼의 잔여물을 남긴다".[16] 묘지를 이전한 뒤에도 유령들이 그 자리에 남아 문제를 일으킬 수 있었다. 제대로 보내주지 않으면 천 명의 유령이 초자연적인 군부대가 될 것이었다.

묘지가 이전되고 6년 뒤, 나는 아웅 칸 대위를 만나러 네피도로 향했다. 양곤에서 버스를 잡아타고 위험해 보이는 고속도로를 달렸다. 건기의 한복판이었다. 통역사와 약속한 식당에 들어가니 차분하고 잘생긴 40대 남자가 이미 도착해 있었다. 우리는 그늘진 바깥 자리에 앉았다. 근처 배수로를 따라 타마린드 나무가 주황색으로 불타고 있었다.

나는 대위가 말을 아끼며 묘지 이전 프로젝트에 관해 함구할 거라고 생각했다. 그러나 대위는 느긋했고 자기 이야기를 들려주고 싶어 했다. 그가 말했다. "유령과 가까이 지내는 사람들이 있습니다. 평범한 사람들이지만 특별한 능력이 있죠. 영혼들에게 이제 자리를 옮겨야 할 시간이라고 말해줄 수 있습니다. 우리는 유령이 무섭습니다. 이동을 원치 않는 유령은 화를 냅니다. 마을 사람들에게 위험해요. 그래서 우리는 체계적으로 일을 진행합니다. 승려를 비롯해 여러 사람을 불러와요. 영화 속 우피 골드버그Whoopi Goldberg 같은 사람들이요."

내가 그 뜻을 이해하는 데는 시간이 좀 걸렸다. 통역사를 통해 재차 확인했다. "우피 골드버그요?" 내가 물었다. 통역사가 고개를 끄덕였다. "네." 그가 말했다. "우피 골드버그요."

"우피 골드버그 같은 사람들이 무슨 뜻이죠?" 내가 물었다.

"나차야natsaya를 말합니다." 대위가 말했다. 나차야는 유령과 신 같은 영적인 존재와 이야기를 나눌 수 있는 심령술사다.

대위는 승려와 그 지역의 나차야의 도움을 받으며 유령 제거 작업을 진행했다. 유령들은 나차야의 감독 아래 일본 트럭에 실렸다. 커다란 트럭 한 대에 유령 열 명을 태울 수 있다. 미얀마의 유령들은 가볍거나 투명하지 않다. 이들은 키가 2미터가 넘고 커다란 귀와 엄니, 긴 혀가 있다.[17] 유령을 볼 수 있는 사람에게는 섬뜩한 모습이다. 유령들은 난폭한 승객이다. 대위는 내게 유령들이 서로 앞자리에 앉으려고 다투었다고 말했다. 유령도 자신의 지위를 신경 쓴다. 유령들이 트럭에 타자 트럭의 바퀴가 부드러운 땅에 더욱 깊이 박혔다.

작업을 마치는 데는 총 3일이 걸렸고, 트럭들이 하루에 열두 번씩 오갔다. 머릿속으로 계산을 해보았다. 108번의 여행. 불교에서 108은 상서로운 숫자다. 아웅 칸 대위에게 당시에 찍은 사진이 있느냐고 물었지만 그는 그저 웃을 뿐이었다. 그 웃음이 사진이 없다는 뜻인지, 내게 사진을 보여주고 싶지 않다는 뜻인지 알 수 없었다.

몇 가지 작은 문제도 있었다. 일부 유령이 묘지에 남아 문제를 일으켰다. 자리를 옮기기 싫었던 한 유령은 네피도발전위원회 부지에 나타나 어린아이들에게 겁을 주고 사람들을 침대 밖으로 밀어내는 등 여러 피해를 일으켰다. 사람들이 승려를 불러왔고, 그 승려가 남은 유령을 소탕했다.

그 이후로 네피도에는 아무 문제도 일어나지 않았다. 도시는 평화를 찾았다.

아웅 칸 대위와 대화를 나눈 뒤 통역사에게 유령 이전을 도운 나차야를 만날 수 있는지 물었다. 그 나차야는 더 이상 이 지역에 사는 것 같지 않았지만, 통역사는 우나인라쉐U Nain La Shwe라는 이름의 다른 영매를 소개해줄 수 있다고 했다. 다음 날 그 영매가 내가 묵고 있던 호텔로 찾아왔다. 리셉션으로 내려가니 그가 호텔 소파에 책상다리를 하고 앉아 있었다. 다부지고 머리가 새하얗게 센 60대 남성인 그는 잘 다린 하얀색 셔츠와 값비싼 롱지(미얀마의 전통의상-옮긴이)를 입고 있었다. 우나인라쉐는 자신이 "믿는 것이 곧 보는 것"이라는 슬로건을 가진 서비스를 판매한다고 말했다. 꿈속에서 이 슬로건이 떠올랐다고 했다. 그는 내게 말을 하는 중간중간 차가운 약이 든 작은 플라스틱 병을 가방에서 꺼내 두 콧구멍에 차례로 대고 깊게 숨을 들이쉬었다. 우나인라쉐는 네피도에 있는 묘지에서 자주 명상을 했다. 그는 모든 영혼과 친하게 지냈는데, 그중에서도 '관을 메는 영혼' 또는 '노란 리본 여성'이라는 이름으로 알려진 마페와와 가장 친했다. 1990년대까지 마페와는 아기의 살을 뜯어 먹었다고 한다. 그러나 카인 주에서 온 승려가 그를 설득해 아기 대신 개를 먹으라고 설득했다. 하지만 그 후에도 부모들은 노란 리본 여성을 두려워했다. 그래서 아이를 낳으면 문에 '아기 살은 쓰고 개의 살은 달다'라는 글을 붙여놓기도 했다.[18] 마페와는 나차야인 우나인라쉐를 두려워하지 않았다. 두 사람은 사이가 좋았고, 묘지에서 종종 마주쳤다. "마페와는 회장입니다." 우나인라쉐가 내게 말했다. "미얀마의 묘지에 있는 모든 영혼을 대표하지요. 마페와는 매우 깔끔하고 아름답습니다."

호텔을 나서기 전 우나인라쉐는 내게 유령이나 영혼 때문에 어려움을 겪은 적이 있는지 물었다. 나는 없다고 대답했다. 그는 만약 그런 일이 발생하면 바로 자신에게 연락하라고, 자신이 문제를 해결해주겠다고 말했다.

모든 귀찮은 손님(얼쩡거리며 너무 오래 머무는 낯선 사람)처럼, 유령들도 단호하게 대해야 할 필요가 있다. 유령이 자발적으로 떠나지 않으면 우리가 강제로 보내야 한다. 퇴마exorcise는 말 그대로 '신성한 맹세로 결박하다'라는 뜻이다. 티벳 불교 문화권에서는 몸 안에서 악귀와 악령을 쫓아낸 뒤 그들을 더 잘 다루기 위해 단검인 푸르바phurba로 내리찍는다. 이 단검은 불길한 힘을 없애는 신인 도르제 푸르바Dorje Phurba로 의인화될 만큼 티벳 불교 의식에서 중요한 역할을 한다. 다른 불교 세계에도 비슷한 의례가 있다. 스리랑카에서는 떠나지 않는 유령이 산 자들의 삶을 방해한다고 믿는다. 이 유령들은 변덕스러워서 예측이 불가능하며, 질병과 병폐를 일으킨다. 주술사가 마술적 힘이 있는 신성한 어구인 만트라를 읊어야 이 유령들을 결박한 뒤 쫓아낼 수 있다.[19]

유령과 퇴마에 관한 이야기는 과거의 기이한 유물처럼 보일 수 있지만 사실은 그렇지 않다. 현대 세계에서 퇴마는 그 어느 때보다 홍하고 있다. 현대의 한 가톨릭 학자의 말처럼, "퇴마사는 우리 곁에 영원히 남을 듯하다".[20] 한때 비교적 소규모 시장이었던 기독교 퇴마 의식은 막대한 부흥기를 맞이하고 있다. 로마 교황청은 가톨릭교회가 말하는 "악마적 활동의 전례 없는 증가"에 직면하여 2018년에 퇴마사 지망생을 위한 교육 과정을 마련했다.[21] 영국 성공회에도 자체적인 퇴마 의식 프로그램이 있는데, 이 프로그램은 "믿고 신뢰할 수 있으며 전문적인 것으로 정평이 나 있고 기독교 신학에 정통한 성숙한 사제"가 운영한다.[22] 〈처치 타임스Church Times〉에 따르면 "구원 선교 팀이" 전체론적이고 다학제적인 방식으로 퇴마 의식에 접근한다. 영국 웨일스 지역의 경계에 있는 도시 렉섬에서 한 무슬림 가족이 유령 같은 수도승이 나타나 "물건을 던지는 등의 그리 심하지 않은 행동"을 한다고 신고하자 사회복지국에서 성공회교도를 불러왔다. 세인트 자일스 교회의 제이슨 브레이Jason Bray 신부는 〈선데이 타임스Sunday Times〉에 자신이 "영적 세계의 경계"에 머물고 있다고 말한 훈련받은 퇴마사로, 이 사건을 그리 심하지 않은 위협으로 판단했다고 말했다. 그는 약간의 축복의 말을 하고 주기도문을 외는 것만으로 이 유령을 진정시킬 수 있었다.[23] 브레이 신부는 더 공격적인 유령을 처리하는 방법에 대해서는 언급하지 않으려 했다. 그리고 집에 대한 영국 중산층의 뿌리 깊은 집착에 힘을 실으며 그리 심하지 않은 귀신들림도 집값에 나쁜 영향을 미칠 수 있다고 말했다.

죽은 자의 의미

죽은 사람은 떠나는 동시에 우리 곁에 머무른다. 이방인인 그들은 우리의 삶을 방해하고, 우리는 최선을 다해 그들에게 대처해야 한다. 우리가 죽은 자들과 맺는 관계는 우리가 현실 세계에서 맺는 관계만큼이나 복잡하고 혼란하고 어렵다. 이 관계에는 사랑과 증오, 질투, 분노, 공포, 희망이 뒤엉켜 있다. 또한 우리가 이 이방인을 다루는 방식은 살아 있는 사람을 다루는 방식과 유사하다. 우리는 죽은 사람을 초대하고 식사를 제공하며, 극단적인 상황에서는 쫓아내고 빗장을 걸어 잠근다. 아리스토텔레스가 죽은 자는 고통과 기쁨을 느끼는 능력과 상관없이 계속 피해를 입을 수 있다고 믿은 것도 당연하다.[24] 그들은 우리 상상력의, 우리가 공유하는 사회적 세계의 일부로 남아 있다. 그들에 대한 우리의 책임은 죽음 뒤로도 계속 이어진다. 우리는 죽은 자의 필요와 허기를 채우며 살아 있는 사람들과의 관계를 보살핀다. 우리는 미얀마 여성이 파묻혔을 수도, 파묻히지 않았을 수도 있는 기둥에 먹을 것을 두고 금박을 입히면서 우리가 중요시하는 것들을 드러낸다. 우리 인간은 정말 기이하고 괴상한 사회적 존재다.

몇 년 전 불교 수련원의 어둠 속에 앉아 할아버지에게 이제 식탁을 떠날 때가 되었다고 말하던 날 밤, 나는 무엇을 하고 있었던 걸까? 상실감을 소화하려고 애쓰고 있었을까? 나의 무의식에게 할아버지가 돌아가셨다는 사실을 받아들이라고 말하고 있었을까? 그 관계의 중요성을 재확인하고 있었을까? 새로운 부재 앞에서 내 삶을 다시 세울 방법을 찾고 있었을까? 아마 모두 다일지 모른다. 나도 잘 모르겠다.

그러나 적이도 이것만은 분명하다. 죽음으로 모든 것이 끝나는 것은 아니다. 유령과 사후 세계를 믿든 안 믿든 간에, 우리는 죽은 후에도 한때 우리가 속했던 복잡한 사회망에 계속 얽혀 있을 것이다. 다른 사람의 상상과 기억, 꿈속에 계속 나타날 것이고, 산 자들의 세계 속 이방인이 되어 초대받지 않은 식사 자리에 등장할 것이다. 식객이 되어 계속 혼란과 불편을 일으킬 것이다. 뒤에 남은 사람들이 전혀 예상하지 못한 때에 그들에게 말을 걸 것이다. 사람들을 방해하고, 또 그만큼 위로할 것이다. 그들에게 불안과 희망을 안겨줄 것이다.

그리고 이 모든 일들은 우리 자신이 더 이상 이곳에 존재하지 않을 때 발생할 것이며, 우리의 모든 경험을 넘어설 것이다.

2부

미지의 세상에 들어서다

은둔자가 되기 위해 도시로 향하는 사람은 많지 않다.
과거의 자신과 다른 사람이 되기 위해 도시로 이주할 때에도
우리는 사람들과 다시 연결되고 새로운 공동체에 포함되기를
바란다. 도시의 무질서한 군중 사이에서 사람들과 다시 연결될 때,
우리는 낯선 이들과 맺은 새로운 관계, 그 관계 속에서 함께 발견한
것에 영향을 받으며 자신을 발명하는 새로운 방법을 찾게 된다.

08

새로운 삶을 찾아서

세상을 떠나기 몇 주 전, 끝이 얼마 안 남았다는 것을 안 엘리가 내게 나중에 뭘 할 거냐고 물었다.

나중에 말이야. 엘리가 말했다.

우리가 나중에 관해 이야기한 것은 그때가 처음이었다. 이런저런 준비는 해놓았다. 서류 작업을 마쳤고, 장례식의 대략적인 계획을 짰다. 사람들이 쓰는 고상한 표현처럼 우리는 '마지막을 정리했다'. 그러나 나는 여전히 이곳에 있고 엘리는 더 이상 이곳에 없을 때 삶이 어떤 모습일지에 대해서는 이야기를 나눈 적이 없었다.

모르겠다고 대답했다. 내가 무엇을 할지 전혀 알 수 없었다. 어떤 기분일지, 삶이 어떻게 변할지도 알 수 없었다. 다음 날과 그다음 날,

그다음 날 외에는 아무 계획이 없었다. 그저 엘리가 떠날 때까지 할 수 있는 최선을 다하고 있을 뿐이었다.

"여행을 떠나야 해." 엘리가 말했다. "다 정리가 되면."

"그렇게 생각해?" 엘리와 함께 이런 계획을 짜는 게 이상하게 느껴졌다.

"응. 여행을 가. 다른 곳으로. 어디든 골라. 중국도 좋고 대만도 좋고."

"난 잘 모르겠어." 내가 말했다. "진짜로 모르겠어."

엘리가 잠시 멈췄다가 다시 입을 열었다. "난 네가 떠날 거라고 생각해."

"그래?" 내가 물었다.

"응." 엘리가 말했다. "넌 떠날 거야. 넌 그런 사람이니까."

엘리는 나를 잘 알았다. 13년 동안 내 가만히 있지 못하는 성격에 익숙해진 것이다. 우리는 따로 또 함께 여행을 많이 다녔다. 엘리는 혼자 미국으로 긴 장거리 여행을 떠나 좋아하는 자연사 박물관을 차례로 방문했다. 나는 중국으로 가서 철학자들이나 소도시의 점쟁이들과 시간을 보냈다. 함께 여행을 떠날 땐 주로 더 가까운 곳으로 갔다. 영국에 사는 친구네 집을 방문하거나 남부 독일에서 낯선 사람들과 크리스마스를 보내거나 불가리아 산맥으로 여름휴가를 떠나는 식이었다.

그렇게 해서 엘리의 장례식 이후 6개월이 채 지나지 않았을 때 양곤행 비행기를 타게 된 것이었다. 일은 그만두었고, 고양이는 두 친구에게 맡겼다. 내가 사랑하는 모든 사람에게 인사를 했다. 짐을 쌌다. 그리고 미얀마어 초급 교본만 챙긴 채 집을 나섰다. 나의 출발에는 정해진 끝이 없었다. 얼마나 오래 떠나 있을지 알 수 없었다. 우선은 양곤에서 5개월을 보내기로 했다. 그 뒤로는 아무런 계획이 없었다. 5개월도 이미 충분히 길었다. 그러나 어떤 면에서 이 결정은 완전한 단절이라기보다는 엘리와 함께한 삶의 연장선처럼 느껴졌다.

엘리가 죽고 난 뒤의 1월, 새 일자리를 얻은 첫째 주에 나는 양곤의 고층건물 꼭대기 층에 있는 새 직장의 옥상 테라스에 서서 콘크리트 고가도로 위의 자동차와 머리 위를 떠다니는 검은색 연들을 바라보고 있었다. 처음 몇 주는 정신이 없었다. 그때의 혼란스러움은 향수병이라기보다는 뱃멀미에 가까웠다. 나는 새로운 상황에 적응하고 다시 균형을 찾으려고, 아무것도 계획하지 않으려고 노력하고 있었다. 낯선 사람들 사이에서 나의 삶이 어떻게 바뀔 것인지 지켜보고 있었다.

떠나기 전, 친구 몇 명이 떠나는 것이 과연 현명한 행동이냐고 물었다. 그들은 내게 말했다. 그냥 도망치는 거 아니야? 그러나 양곤으로 향하는 것은 도망처럼 느껴지지 않았다. 그건 도피가 아니었다. 세상 속에 파묻혀 슬픔을 묻어버리거나 기억을 잊으려는 욕구가 아니었다. 그건 모든 기준이 전과 달라지고 낯설어진 상황에서 이 세상에 존재하는 새로운 방법을 찾으려는 욕구였다. 내가 양곤에 간 것은 때로는 이동이 유일한 선택지처럼 느껴지기 때문에, 때로는 집이 내가 있고 싶은 곳이 아니기 때문에, 과거와의 끈을 느슨하게 풀고 삶을 다시 상상하기에는 낯선 사람들 사이에서 살아갈 수 있는 곳보다 더 나은 장소가 없기 때문이었다.

양곤에서도 슬픔은 나를 끈질기게 괴롭혔다. 암울할 만큼 간소한 나의 1층 아파트 침대에서 매일 밤 몸을 웅크리고 몸을 떨며 울었다. 직장에서는 새 책상 앞에 앉아 창문 밖으로 빙빙 도는 새들을 바라보며 울지 않으려 애썼다. 달리 무엇을 해야 할지 몰라서 더위 속에 양곤의 교외 지역을 몇 킬로미터씩 걸었다. 나는 내게서 도피하고 있었던 게 아니었다. 나는 나를 다시 형성하고 있었다. 나는 새로운 가능성을 찾고 있었고, 삶이 어떤 의미를 띨 수 있을지 다시 상상해보려 애쓰고 있었다.

목표 없는 방랑, 페레그리나티오

엘리의 말은 사실이었다. 나는 언제나 한곳에 가만히 있지 못했다. 늘 집을 향한 갈망과 다른 곳을 향한 갈망 사이를 오갔다. 홈그라운드에서 멀리 떨어져 낯선 사람들과 함께하는 경험에서 늘 깊은 자유로움을 느꼈다.

인간의 삶이라는 물리학에서 우리 인간은 밀거나 당기지 않으면 그 자리에 머물러 있는 아리스토텔레스적 물체라고 생각하기 쉽다. 그러나 우리의 조상은 처음부터 집을 만들고 가꾼 살림꾼이자, 한편으로는 아프리카에서 지구 전 세계로 퍼져나간 여행자이기도 했다. 역사가 마이클 피셔Michael Fisher의 말처럼, 이주는 "언제나 인간 정체성의 중심에 있었다".[1]

집이 주는 이점은 명백해 보인다. 그러나 다른 곳을 향한 열망은 왜 생겨나는가? 위험을 무릅쓰고 지평선 너머의 어딘가로 떠나는 데에는, 피 한 방울 안 섞인 사람들과 이방인 사이에서 삶의 어떤 시절을 보내는 데에는 어떤 이점이 있는가? 밀고 당기는 요소 둘 다 우리를 떠나게 만들 수 있는 것은 분명하다. 선사시대부터 사람들은 더 이상 집을 견딜 수 없어서, 집에서 쫓겨나서, 가족이 지긋지긋해서, 기후변화와 자연재해 때문에 이주를 했다. 또한 사람들은 다른 곳을 향한 호기심 때문에, 저 지평선 너머에 무엇이 있는지 알고 싶어서, 새로운 자원을 얻고 새로운 기회를 찾고 싶어서 이주를 했다.

그러나 이동은 그 자체로 좋은 것이기도 하다. 우리는 이동에서 오는 스릴을 즐긴다. 집에 있는 것도 기분 좋지만, 여행하는 것도 즐겁다. 연구 결과는 여행이 창의성과 인지 유연성을 키운다는 사실을 보여준다.[2] 이동은 우리에게 활기를 불어넣고 더욱 살아 있는 기분을 느끼게 한다. 언젠가 시인 켄 스미스Ken Smith가 한 말처럼, "긴 여행을 떠나 여러 이방인을 만나지 않으면 나는 비를 맞은 칼처럼 무뎌지고 녹이 슨다".[3] 한곳에 머물지 못하고 이동하는 행위는 정신의 칼날을 벼려준다.

이동, 길과 경로에 대한 우리의 집착은 오래된 신화에서도 나타난다. 모든 주요 종교 전통에는 길과 여행의 은유가 흔하다. 불교와 힌두교에서 말하는 마르가marga는 신자가 걷는 길이라는 뜻이다. 성경에도 각종 길이 등장한다. 〈시편〉 25장은 "주님, 주의 길을 나에게 보여주시고, 주께서 가시는 길을 내게 가르쳐주십시오"라고 말한다. 이 은유는 신약에서 또다시 사용되는데, 여기서 예수는 이렇게 말한다. "내가 곧 길이요, 진리요, 생명이다."[4] 《쿠란》에도 때로는 은유이고 때로는 은유가 아닌 길과 경로가 많다. "우리는 그에게 길을 제시했고, 이제 그는 감사해하거나 감사할 줄 모를 것이다."[5] 중국의 종교적·철학적 전통들은 길 또는 경로를 의미하는 다오dao, 道를 끝없이 논한다. 고대 철학 고전인 《장자》는 "길은 그 위를 걷는 사람이 만드는 것"이라고 말한다.[6]

길의 은유는 보편적이지만 그 의미는 저마다 다르다. 때때로 여행은 일종의 추방이며 오디세우스의 귀향이다. 아우구스티누스에 따르면, "의도한 위치에 있지 않은 것은 제대로 쉬지 못한다. 정해진 위치에 있을 때 비로소 쉴 수 있다".[7] 아우구스티누스가 보기에 추방된 신자가 걷는 길은 하나님의 품으로 돌아가는 길이다. 불교와 힌두교에서 길은 바깥으로, 전과 다른 존재 방식으로, 자각과 계몽, 해방으로 향한다. 도교의 한 해석에 따르면 길은 구체적인 장소로 향하지 않는다. 중요한 것은 목적지로 향하는 것이 아니라, 우리가 그 자체로 보람된 "자유롭고 편안한 방랑"에 참여하고 있다는 사실이다. 중요한 것은 어디로 향하는가가 아니라, 어디에도 붙잡히지 않고 계속해서 정처 없이 걸을 수 있다는 것이다.[8]

브루스 채트윈Bruce Chatwin은 길에 대한 이 모든 종교적 은유가 정착 이후 과거의 수렵채집 생활을 그리워하던 사람들이 만들어낸 보상이라고 주장한다. 그는 이렇게 말한다. "모든 초월적 종교는 정착으로 삶이 망가진 사람들을 위한 계략이다."[9]

채트윈의 말이 옳은지 아닌지는 알 수 없다. 그러나 어린 시절의 어느 시점부터 나는 한곳에 가만히 있지 못하는 나의 성격을 고쳐야 할 악덕으로 이해했다. 교실에 앉아 있을 때는 의자 위에서 몸을 꿈틀댔다. 운동을 좋아하는 아이였던 것은 아니다. 나는 그저 움직일 수 있는 자유, 이 세상 위에 나만의 길을 닦을 수 있는 자유가 좋았다. 끝나지 않는 예배 시간에는 밖으로 뛰쳐나가 내 삶을 돌려달라고 외치고 싶을 만큼 고통스럽고 갑갑한 지루함에 시달리기도 했다. 최악은 내가 그러지 않으리라는 걸 스스로 알았다는 것이다. 나는 내가 아주 차분한 모습으로 자리에 계속 앉아 있으리라는 걸 알았다. 불교를 진지하게 실천하기 시작한 후에는 한곳에 머물지 못하는 것을 명상의 걸림돌이자, 이상적인 불교 신자가 풍겨야 하는 침착한 평정을 잃은 유감스러운 실수로 바라보게 되었다. 나는 고요하지 못했고 동요의 물살에 휩쓸렸다. 2년간 매일 명상을 하고 나서야 고요해지는 요령을 터득할 수 있었다. 주의를 호흡에 집중하는 낯설고 단순한 마법을 통해 뿌리내리고 싶은 욕망과 한곳에 있지 못하는 성격이 다시 균형을 잡기 시작했고, 이 평온함과 침묵을 즐기기 시작했다. 그러나 몇 년간의 명상 수행도 떠나고 싶은 욕망을 없애지 못했고, 그러고 싶지도 않았다. 그러한 욕망에는 붙잡고 있어야 할 것 같은 소중한 무언가가 있었다. 그로부터 몇 년 후, 가만히 있지 못하는 성격은 바람직하지 않다는 말들이 틀린 것은 아닐까 고민하기 시작했다. 이러한 성격을 배출할 통로를 더욱 잘 찾게 될수록 방랑하고 싶은 욕망은 결함이 아니라 세상에 대한 흥미이자 필로제니아, 즉 이방인과 낯섦에 대한 갈망의 표현임을 더 분명히 이해하게 되었다.

버스들이 고가도로로 밀려들고 슬픔으로 가슴이 먹먹했던 그날, 양곤의 옥상 테라스에 서 있던 나는 이곳에 새로운 가능성과 새로운 생각, 새로운 만남이 있음을 알았다. 나는 대단한 귀향길 위에 서 있지 않았다. 집에서 도망친 것도 아니었다. 나는 정신의 칼날을 벼리고 있었다. 낯섦 속에 침잠하고 낯선 사람들에게 둘러싸여 갑자기 스스로가 낯설어진 채로, 내가 전과 달라지게 놓아두고 있었다. 완전히 지쳐버려서 내가 가진 것으로는 도저히 삶을 다시 세울 수 없는 상태로, 고갈되지 않는 이 광대한 세상이 나를 바꾸게 두고 있었다.

일을 그만두고 양곤으로 떠나기 전에 일하던 대학교의 학과장을 찾아갔다. 그분은 종교사 교수로, 16~17세기 유럽의 순례자와 여행자를 연구했다. 그분의 사무실에 앉아 잠시 그곳에 있는 화분에 대해 이야기를 나누었다. 그때 그분이 날 위해 자신이 무엇을 해줄 수 있을지 물었다. 나는 일을 그만두고 싶다고 말했다.

그분은 정말이냐고 물으며 이곳에 남는다면 할 수 있는 만큼 도와주겠다고 말했다. 그러나 나는 떠나야 한다고, 내 삶을 다시 만들 방법을 찾아야 한다고 말했다.

"지금 자네가 말하는 게 페레그리나티오peregrinatio야." 그분이 말했다. 라틴어 페레그리누스peregrinus는 '이방인', '체류자', '외부인'이라는 뜻이다. 페레그리나티오는 자발적 추방이다. 방랑이자 정해진 목표 없는 외부로의 움직임, 일종의 순례다. 키케로를 비롯한 고대의 저자들은 '해외에 머무는 상태'나 '이방인의 상태'라는 뜻으로 이 단어를 사용했다.[10] 아우구스티누스는 저서 《신국》에서 이 단어를 사용해 소외와 귀향의 의미를 숙고했고, 이후 기독교 사상가들은 이 단어로 정해진 목적지 없는 밖으로의 여행, 이방인들 사이에서의 여행이라는 의미를 나타냈다. 학자 스테퍼니 헤이스힐리Stephanie Hayes-Healy의 말처럼, 이러한 여행의 목적은 "존재의… 가장 기본적인 요소의 철저한 물리적·영적 변화"였다.[11]

그분의 말이 맞았다. 페레그리나티오. 그것이 바로 내게 가장 필요한 것이었다. 나는 사직서를 제출했다.

이동의 기회와 위협

순례의 전통은 최소 신석기 시대까지 거슬러 올라간다. 나투프의 샤먼 여성이 표범의 골반뼈와 독수리의 날개, 거북이 여러 마리의 등껍질과 함께 힐라존 타흐팃 동굴에 묻히고 장례식 만찬이 끝난 뒤에도 그 장소는 버려지지 않았고, 사람들이 몇 번이고 되돌아오는 종교의식의 중심지가 되었다.[12] 순례의 고고학적 흔적은 아라비아반도에서도 발견되는데, "모여서 제물을 바치고 만찬을 즐기던" 이곳의 제의터는 기원전 5550년까지 거슬러 올라간다.[13] 고고학자 조이 매코리스턴Joy McCorriston은 이러한 장소들이 "서로 다른 문화적 배경을 가진 사람들을 통합하는 간문화적 공간을 제공"했다고 말한다.[14] 이 장소들은 집을 멀리 떠나온 이방인들이 한자리에 모여 먹고 삶을 공유하고 제물을 바치는 공간이었다.

그러나 고대에 사람들이 여행을 떠난 이유는 거래나 경제적 필요, 순례 때문만이 아니었다. 먼 과거에 살았던 사람들에 관해 말할 때 우리는 대개 그들이 우리보다 더 고결하고 덜 경박하며 덜 멍청할 거라고 상상한다. 그러나 그것은 분명한 오산이다. 이미 기원전 1244년에도 고대인이 필요나 고결한 종교 원칙 때문만이 아니라 즐겁고 싶은 욕구, 단순한 호기심, 이동 그 자체가 주는 스릴 때문에 이동했다는 증거가 있다. 북부 이집트에 있었던 고대 도시 이네브헤지Inebu-hedj, 다른 이름으로는 멤피스에서 두 형제가 떠들썩한 문제를 일으킨 것이 바로 이 해였다. 두 형제는 건축물에 글을 새겼다. "금고의 서기인 하드나크트, 고관의 서기인 형제와 함께 멤피스 서쪽에 놀러와 즐거워하다."[15] 두 사람이 행한 것은 공식 임무나 순례가 아니었다. 그것은 이동하고 싶은 욕구, 새로운 장소와 새로운 사람들을 경험하고 싶은 욕구, 새로움에서 기쁨을 느끼고 싶은 욕구에서 비롯한 여행이었다.

고대 그리스인도 다양한 이유로 이동을 했다. 이들은 스포츠 경기를 보고 연극을 관람하고 문화를 습득하고 제단을 방문하고 병을 치유할 약을 찾고 친구를 만나고 그저 탐험을 하기 위해 여행을 했다.[16] 고대 중국에서도 이에 못지않게 이동이 많았다. 고대 중국인들은 무역과 종교 때문에도 여행을 했지만, 그저 다른 곳의 상황이 어떠한지 알고 싶어서 여행을 떠나기도 했다.

중국 진시황의 도로 공사, 지중해를 십자로 가로지르는 해로를 열었던 그리스 선박 기술의 발달, 로마인들이 유럽에 닦은 로마 도로Roman road 등으로 사회기반시설이 증가하면서 이러한 방랑의 가능성이 더욱 커졌다. 서기가 시작되기 훨씬 전부터 사람들은 특정 목표를 추구하기 위해, 아니면 그저 이동하는 것이 좋아서, 저 모퉁이를 돌면 뭐가 나올지 알고 싶어서, 때로는 집에 있는 것보다 더 나은 일들이 있기 때문에 길을 떠났고, 세상은 이러한 여행자와 관광객, 이방인이 이동한 경로로 연결되어 있었다.

인간은 관성이 큰 생명체다. 한번 움직이기 시작하면 계속 움직이는 경향이 있고, 한번 자리를 잡으면 그 자리에 머무는 경향이 있다. 고대의 도시와 마을, 순례지, 무역로가 수많은 자유로운 만남을 가능하게 했지만, 이런 중심지 너머의 세상은 훨씬 느리게 자전했다. 이는 오늘날도 마찬가지다. 잠시도 멈추지 않는 우리 시대에는 이동 욕구를 과장하기 쉽다.[17] 학술지 〈네이처〉에 실린 옥스퍼드대학교의 최근 연구는 데번과 콘월 사이의 유전적 단층선이 두 주의 경계와 거의 똑같다는 사실을 보여준다. 또한 같은 연구에 따르면 잉글랜드 동부와 남부, 중부에 사는 대부분의 사람들은 앵글로색슨 DNA가 큰 부분을 차지하는 단일 유전 집단에 속한다. 더욱 놀라운 것은, 잉글랜드 남동부의 유전형 클러스터가 현재 우리가 아는 6세기 왕국들의 경계와 놀라울 만큼 유사하다는 것이다.[18]

느리게 돌아가는 세상에서 이방인은 신기한 대상이다. 내가 어린 시절을 보낸 1980년대의 노퍽 시골에서 낯선 사람의 등장은 언제나 주목할 만한 사건이었다. 삼촌이 콜롬비아에서 우리 집을 찾아왔을 때, 삼촌은 조깅용 반바지를 입고 새벽에 마을로 나가 경보를 했다. 이러한 삼촌의 행동은 경악과 공포를 불러일으켰다. 사람들이 물었다. 동틀 녘에 맨다리를 내놓고 거리를 걸어 다니는 저 이상하고 까무잡잡한 남자는 누구야?

이동은 언제나 현지인의 의심을 불러일으킨다. 정착한 사람들에게 낯선 사람의 존재는 여전히 입에 오르내리거나 불안을 일으킬 수 있다. 1824년에 제정된 부랑자 단속법Vagrancy Act(지금도 법령집에 남아 노숙자를 기소하는 근거로 이용된다[19])에 따르면, "해외를 떠돌거나, 공공장소와 거리, 공공도로, 법원, 복도에 자리 잡고 돈을 구걸하거나, 어린아이에게 그러한 일을 시키거나 알선하거나 부추기는 모든 사람은 나태하고 무질서한 사람으로 간주한다". 부랑자와 방랑자, 좀처럼 한곳에 머물지 못하는 사람이 우리의 삶과 세계 속에 나타나면, 떠나기보다는 모든 것을 똑같고 예측 가능한 상태로 남겨두는 사람들에게 이 정착하지 않은 이방인들은 곧 문제를 의미한다.

이를 즉시 제노포비아라 칭할 수도 있지만, 우리 사이를 돌아다니는 이방인을 향한 두려움에 근거가 전혀 없는 것은 아니다. 20대 초반에 바르셀로나에 간 적이 있다. 유럽 여행 중이었고, 길거리에서 클래식 기타를 연주하며 여행 비용을 마련했다. 스페인에 도착하자 수입이 줄어들었다. 스페인에는 나보다 실력이 훨씬 뛰어난 기타리스트가 넘쳐났다. 나는 값싼 호스텔을 예약하고 다음 계획을 짰다. 몇 주 뒤 모로코에서 임시직 일을 시작할 예정이었지만 그전까지는 돈을 절약해야 했다.

호스텔의 다른 여행자들과 함께 있으면 편안하지 않았다. 너무 요란하고 시끄러웠다. 나는 기타를 맨 이상하고 쭈뼛대는 영국 남자애였다. 저녁이면 파키스탄 마약 밀매상들과 함께 레이알 광장으로 나가 라호르와 카라치와 라왈핀디에 관해, 그들의 고향에 있는 사막과 산맥에 관해 담소를 나누었다.

바르셀로나에서 보내는 마지막 저녁, 호스텔에서 만난 두 노르웨이인 여행자와 외식을 하러 나갔다. 두 사람은 키가 크고 자신만만했으며 잘 웃었다. 우리는 항구로 내려갔고, 두 사람이 내가 감당하기 힘든 값비싼 레스토랑에 가자고 제안했다. 나는 너무 난처하고 부끄러워서 거절하지 못했다. 우리는 맥주를 마시고 음식을 약간 시켜 먹었다. 웨이터가 업신여기는 분위기를 팍팍 풍기며 음식을 가져다주었다.

웨이터가 계산서를 가져다주자 두 사람이 나를 보며 씨익 웃었다. "이제 뛰는 거야." 그들은 이렇게 말한 뒤 의자를 뒤로 밀고 자리에서 일어나 레스토랑을 뛰쳐나갔다.

나의 결정은 즉각적이었다. 나는 가방을 들고 두 사람을 따라 거리의 뒷골목으로 도망쳤다. 우리는 더 이상 따라오는 사람이 없다는 것을 확인한 뒤 멈추고 숨을 돌렸다.

"재미있네." 둘 중 한 명이 말했다.

나는 재미있지 않았다. 화가 났고 부끄러웠다. 그리고 무서웠다. 잡힐까 봐 무섭기도 했지만 이렇게 쉽게 좀스러운 절도 행위를 저지를 수 있다는 것이 무서웠다. 다음 날 기차를 타고 바르셀로나를 떠나면서 내게 무슨 일이 일어났던 것인지 자문했다. 순간적으로 공황 상태에 빠졌나? 호감을 얻고 싶었나? 하나는 확실했다. 고향에서는 절대로 이런 행동을 하지 않을 것이었다. 그렇다면 집에서 멀리 떨어진 바르셀로나 생활의 무엇이 나를 도망치게 만든 걸까? 무엇이 내가 절도를 하게 만들었을까?

이동이 주는 인지적 유연성cognitive flexibility은 좋은 결과로도 나쁜 결과로도 이어질 수 있다. 우선 좋은 점을 보면, 연구원들은 여행하는 사람이 낯선 사람을 더욱 잘 믿는다는 것을 발견했다. 또한 여행하는 사람은 신뢰를 쌓고 관계를 맺는 데 더욱 뛰어나다.[20] 여행은 창의력을 키워주고 긴장을 풀게 하며, 유연성을 키우고 기회와 가능성을 더 많이 인지하게 한다.[21] 그러나 이처럼 긴장이 풀리고 창의력이 커지는 데에는 어두운 면도 있다. 현지인의 관점에서 볼 때, 처음 보는 창의적인 사람들이 자신의 삶과 세계에 들이닥칠 가능성은 언제나 공포스럽다. 창의성은 새로운 가능성을 제공할 수도 있지만 어쩌면 새로운 위험을 일으킬 수도 있다.[22] 콜롬비아대학교에서 실시한 연구는 여행 경험이 우리의 윤리 기준을 혼란에 빠뜨릴 수 있음을 보여준다. 한 실험에서 참가자들은 애너그램(제시된 철자들의 순서를 바꿔서 단어를 만드는 게임-옮긴이)을 푼 뒤 풀었다고 표시하면 보상을 받는다는 이야기를 들었다. 반전은 애너그램 중 하나가 답이 없다는 것이었다. 연구 결과 해외에서 6개월 이상 공부한 사람들은 더 쉽게 부정행위를 했다. 연구 결과의 이상한 점은 여행 경험을 떠올리는 것만으로도 덜 정직해진다는 것이었다. 연구원들은 한 집단에게는 여행 경험을, 다른 집단에게는 고향에서의 경험을 떠올리라고 한 뒤 똑같이 애너그램을 풀게 했다. 그 결과 첫 번째 집단이 두 번째 집단보다 더 부정행위를 많이 했다. 연구원들은 다음과 같이 결론을 내렸다. "해외 경험이 사람들의 창의력을 키워줄 수 있긴 하지만 한편으로는 사람들의 도덕성을 떨어뜨릴 수도 있다. 해외 경험이 많은 사람은 더 창의적인 사람일지 모르지만 그렇다고 반드시 더 도덕적인 사람인 것은 아니다."[23]

'외부인을 통제하라'

연구원들의 말처럼 애너그램에서의 부정행위가 깊은 타락으로 가라앉는 것과 같지는 않을 수도 있으며, 어쩌면 다른 요인 때문에 집을 멀리 떠나온 사람이 그런 사소한 비행을 저질렀을 수도 있다. 이는 특권과 권리 의식, 정치와 문화가 얽힌 복잡한 문제다.[24] 그러나 어디에도 매이지 않은 이방인의 그 알 수 없는 특성, 그들이 다음에 무엇을 할지 파악할 수 없고 그들이 나쁜 일을 벌일 수도 있다는 두려움 때문에, 아주 오랜 옛날부터 현지인은 유동인구의 위험을 관리할 방법을 찾아왔다. 여관과 호텔처럼 이방인을 접대하기 위해 세워진 여러 시설은 단기 체류자의 필요만 돌보는 것이 아니다. 이런 시설들은 여행자들이 일으키는 현실이나 상상 속 위험을 더욱 잘 억제하고 축소하는 방식이기도 하다.

이 시설들은 문명 자체만큼이나 오래되었다. 기원전 1754년에 제작된 함무라비 법전에도 여행자의 필요를 돌보는 공공 여관에 관한 법이 들어 있다. 선술집이나 여관, 여인숙을 뜻하는 그리스의 카타고기아katagogia는 여행자와 순례자뿐만 아니라 도시국가의 이익에도 이바지했다. 무역을 뒷받침하는 동시에 골치 아픈 이방인들을 한곳에 모았기 때문이다. 크세노폰은 이렇게 말한다. "자금이 충분하면 선주들이 머물 항구 근처의 호스텔과 상인들이 물건을 편리하게 교환할 수 있는 장소, 방문객들이 머물 호스텔을 더 많이 마련하는 것이 좋다. 소매업자들을 위해 피레우스(그리스 남동부에 있는 항구도시로, 고대 아테네의 무역을 전담했다-옮긴이)와 도시에 집과 가게를 짓는다면 도시가 더욱 빛날 것이고, 동시에 상당한 수입의 원천이 생길 것이다."[25] 에피다우루스(그리스 남부에 있었던 고대의 소도시로, 의술의 신인 아스클레피오스의 신전이 있어 전 세계에서 순례자가 찾아왔다-옮긴이)의 순례 중심지에 세워진 여관 중 하나는 방이 70개였고 수백 명을 수용할 수 있었다.[26]

로마제국이 가장 번성했을 무렵, 당당하게 뻗은 로마 도로에는 중간중간 요금이 저렴한 숙박업소들이 있었다. 그중 더 고급스러운 것이 호스피티에hospitiae였고 더 조잡한 것이 스타불레stabulae였다. 스타불레에서는 밤에 말을 마구간에 넣어놓을 수도 있었다. 두 곳 다 빈대와 벼룩, 기생충이 있고 폭력과 싸움, 그 밖의 수많은 문제가 발생하는 것으로 악명이 높았다. 로마의 많은 상류층은 친구나 지인의 집에 머무는 것을 선호했다. 부유하고 로마제국 전체에 연줄이 있는 사람은 공공 여관을 이용할 필요 없이 우아하게 숙박할 수 있었다.

중세 유럽에서는 종교집단이 이방인을 대접할 의무를 물려받았다. 수도 규칙서에서 성 베네딕토는 환대를 종교적 의무로 규정한다. "찾아오는 모든 손님을 그리스도처럼 맞이해야 한다. 왜냐하면 그분께서 '내가 이방인이었을 때 너희가 나를 맞아주었다'라고 말씀하실 것이기 때문이다." 수도승은 손님에게 인사를 하고, 함께 기도하자고 청하고, 음식을 내어주어야 하고, 그들의 사회적 지위나 재산과 관계없이 보답을 기대하지 않고 그들을 받아들여야 한다. 또한 성 베네딕토는 이렇게 말한다. "가난한 자들과 순례자들을 맞이할 때는 특히 세심한 주의를 기울여야 한다. 이런 이들을 통해 그리스도를 더욱 진실로 영접할 수 있기 때문이다." 그러나 베네딕토 수도회에 방문하는 손님은 격리되어 주의 깊게 관리되기도 했다. 이들은 마음대로 돌아다닐 수 없었고, 수도원 생활을 방해하거나 수도승과 대화를 나눌 수 없었다. 성 베네딕토는 이렇게 말한다. "하느님의 집은 지혜로운 사람들이 지혜로운 방식으로 관리해야 한다. 명령받지 않은 사람은 손님을 만나거나 그들과 대화를 나눌 수 없다. 그러나 손님을 마주치거나 보게 되면 겸손하게 인사를 하고 … 축복을 청한 뒤 자신은 손님과 이야기할 수 없음을 설명해야 한다." 외래 수도승에게는 수도원 생활을 함께해달라고 청해야 하지만, 오직 그들이 "이곳의 관례를 기꺼이 받아들일" 경우에만 그리한다. 요구가 지나치거나 거북하거나 관례를 따르지 않는 수도승은 그의 악행이 "다른 사람들까지 해치지 않도록 정중하게 떠나달라고 요청해야 한다".[27]

무료 숙박은 이슬람 세계에서도 나타난다. 이슬람권에서 숙소를 세운 것은 장거리 무역 및 여행을 뒷받침하기 위해서였다. 시골의 숙소 카라반세라이와 도시의 숙소 한han은 무료로 3일까지 숙박을 제공했고, 카라반세라이 건설은 모스크 건설과 함께 종교적 의무로 간주되었다. 10세기 중앙아시아에서 도시 사마르칸트의 통치자는 "너의 땅에 여관을 세워서 무슬림이 지나갈 때마다 1박 1일 동안 그를 재워주고 그의 동물을 돌보라. 만일 그가 아프면 2박 2일간 그를 대접하고, 그가 먹을 것이 다 떨어져서 여행을 계속할 수 없다면 그가 고향에 돌아가기 위해 필요한 모든 것을 제공하라"는 명령을 받았다.[28]

한편 중국은 서주 왕조(기원전 1045~771년)의 끝 무렵에 정부가 운영하는 역참이 있었다. 관청 일로 먼 거리를 이동하는 심부름꾼은 이곳에서 말과 함께 쉴 수 있었다. 주나라의 관제를 기록한 기원전 3세기의 문헌《주례》에는 "나라의 도로에는 10리(1리는 300보다)마다 먹을 것과 마실 것을 제공하는 막사가 있어야 하고, 30리마다 대로변에 일손이 방을 돌보는 여관이 있어야 하며, 50리마다 커다란 망루가 있는 시장이 있어야 한다"라고 쓰여 있다.[29] 당나라(618~907년) 때가 되자 여관과 무역, 여행이 융성했다. 일부 여관은 손님 수백 명을 수용할 수 있을 만큼 규모가 컸다. 14세기에 중국을 방문한 무슬림 여행자 이븐 바투타Ibn Battuta는 여행자들의 필요를 채울 뿐만 아니라 종교가 다른 외부인을 잘 관리할 수 있도록 하는 제도를 목격했다. 이븐 바투타에 따르면 중국의 도시를 방문한 무슬림은 그 지역 무슬림 상인의 집에서 묵거나 여관에서 묵는 것 중 하나를 선택할 수 있다. 후자를 선택할 경우 "그의 재산을 여관 직원에게 맡겨야 하며, 필요한 것이 있으면 직원이 계산서와 함께 무엇이든 사다준다".[30]

이 모든 여관과 술집, 호텔과 호스텔, 게스트하우스와 하숙집은 손님을 환영하는 장소일 뿐만 아니라 손님을 억제하는 장소이기도 했다. 이러한 공간의 목적은 위험한 외부인을 격리하고 감시·관리·통제하는 것이었다. 최소 기원전 2세기에 작성된 인도의 국가 운영 지침서인 《아르타샤스트라Arthashastra》는 현명한 지도자에게 여행자를 위한 서비스에 관심을 기울이라고 조언한다. 《아르타샤스트라》는 "여러 개의 방과 개인 침대 및 좌석이 있고, 음주를 광고하고, 향수와 화환, 물이 있고, 어느 계절에나 편안한" 술집을 짓고 관리할 "술의 관리자"를 임명하라고 권한다.[31] 그리고 이 술집에 첩자를 심어 "평범하거나 예외적인 지출"을 추적하고, "매력적인 여성 노예"를 심어 술 취한 (남성) 손님의 성격과 비밀을 알아내게 하라고 조언한다.

여관과 호텔, 술집의 방문객들은 관료제와 감시, 빈대 같은 어려움을 견뎌야 할지 모르지만, 개인이나 가족이 아닌 기관의 접대를 받는 데는 어딘가 자유로운 느낌이 있다. 기관이 운영하는 숙소에 머물 때 우리는 손님으로 타인의 집을 방문할 때 맞닥뜨릴 수 있는 의무와 요구에서 해방된다. 자신이 오른발부터 문턱을 넘었는지 걱정할 필요가 없다. 집주인의 기분을 상하게 했을까 계속 두려워할 필요 없이 향수와 화환, 물을 즐기면 된다.

인도네시아에서 인류학 현장연구를 하며 끈기 있고 참을성 있는 집주인의 집에서 머물 때, 나는 가끔 호텔에서 누리는 자유를 꿈꿨다. 내 행동을 지적하거나 나태함을 못마땅해하거나 내 처신에 대해 이러쿵저러쿵하는 사람 없이 빈둥거리며 책을 읽고 맥주나 커피를 마시면 얼마나 행복할지 상상했다. 호텔에서 우리의 시간은 우리의 것이다. 그 어떤 역할도 수행할 필요가 없다. 느긋하게 쉴 수 있다. 방에서 담배를 피우거나 밤 열한 시 이후에 시끄럽게 굴거나 창문 밖으로 텔레비전을 던지지 않는 한, 호텔은 우리에게 잠자리와 음식을 비롯해 필요한 모든 것을 제공해줄 것이다. 데이비드 그레이버David Graeber는 중재되지 않은 사회적 관계에서 발생하는 "그 모든 복잡하고 지치는 해석 노동에 쌍방이 참여하지 않아도 되는 방식으로 다른 인간 존재를 대할 가능성"에서 오는 자유가 있다고 말한다.[32]

독일어는 "친절하고 포괄적인 사교 행위로서의 환대(가스트프로인트샤프트Gastfreundschaft)와 서비스에 가까운 상호작용으로서의 환대(가스틀리히카이트Gastlichkeit)"를 구분한다.[33] 가스트프로인트샤프트는 즐거울 수 있지만 한편으로는 피곤할 수도 있다. 가스트프로인트

샤프트에서는 대인관계에서의 온갖 복잡한 문제가 발생할 수 있다. 반면 가스틀리히카이트에서는 삶이 훨씬 쉽다. 호텔 방에서는 도리에 어긋나지만 않으면 무슨 행동을 하든 내 자유다. 관료제와 기관은 대인 관계의 날실과 씨실에서 우리를 꺼내준다. 손님을 무겁게 짓누르는 의무에서 자유로워지면, 그레이버의 말처럼 우리는 "직원이 우리의 옷차림을 어떻게 생각할지 염려할 필요 없이 그저 카운터에 돈을 올려둘 수 있다.… 이는 분명히 매력적인 요소다."[34]

이동의 민주화

사회기반시설과 관료제가 이동 중인 손님을 관리한 것은 역사가 길다. 그러나 현대 관광 산업이 등장한 것은 이동 욕구가 폭발한 19세기가 되어서였다. 관광 산업의 탄생을 이뤄낸 천재적 인물은 바로 순회 설교사였던 토머스 쿡Thomas Cook이었다.

1841년 7월 5일, 승객으로 가득 찬 기차 한 대가 레스터 역을 출발했다. 기차에는 대형 악단과 술을 입에도 대지 않는 고매한 시민 500명이 타고 있었고, 모두가 잔치 분위기였다. 기차는 검댕과 연기, 불똥과 함께 마구 흔들리며 근처에 있는 러프버러로 향했다. 악단이 신나는 음악을 연주했다. 철로 위를 지나는 다리는 여행자들을 응원하는 사람들로 미어터졌다. 기차가 목적지에 도착하자 또 다른 밴드가 플랫폼에 등장했고, 드럼과 나팔, 트럼펫, 트롬본이 만들어내는 불협화음이 혼란을 가중시켰다. 군중이 용감한 여행자들과 인사를 나누려고 서로를 떠밀었다. 이 여행자들이 왕복 티켓에 지불한 금액은 1실링이었다. 환영위원회가 "와인이나 독주를 마시지 마시오"라고 쓰인 깃발을 흔들었다. 승객들은 찬송가를 부르고 금주의 미덕에 관한 연설을 듣기 위해 기차에서 내려 시장으로 향했다. 연설이 끝난 뒤에는 함께 소풍 도시락을 먹었고, 술래잡기와 눈 가리고 잡기처럼 어린아이들이 하는 게임을 했다. 다 같이 춤을 췄고, 부트 목사와 배빙턴 목사 같은 유명 성직자들이 또다시 연설을 했으며, 술 없는 잔치가 더 이어졌다. 그 이후 여행자들은 다시 역으로 이동해 밤 10시 30분에 레스터에 도착하는 기차에 올라탔다. 이 여행을 주최한 쿡은 "모든 것이 품격 있게 진행되었다"라고 말했다.[35] 이것이 현대사에 최초로 등장한 패키지여행이었고, 이 여행은 이후 세계여행에 대혁명을 일으키게 된다.

지금도 레스터 역 밖에는 쿡의 동상이 서 있다. 동상은 조끼와 코트, 나비넥타이 차림이다. 표정이 심각하다. 한 손에는 시계를, 다른 한 손에는 우산을 들고 있다. 그의 발 옆에 여행 가방이 놓여 있다. 이 세상에 자기 자리가 있음을 확신하는 사람처럼 보인다. 그러나 가난한 어린 시절을 거쳐 여행업자가 되기까지의 여정은 길었다. 쿡은 어렸을 때 정원사 보조로 일했다. 그의 상관은 술고래였는데, 이 때문에 그는 평생 술을 멀리하게 되었다. 열일곱 살에 종교에 귀의한 쿡은 열성적인 침례교도가 되어 당시 부흥하던 금주운동에 발을 담갔다. 그리고 1833년 금주 맹세를 했다. "우리는 에일과 포터, 와인, 독한 증류

주처럼 약 이외에 사람을 취하게 하는 모든 술을 멀리하겠습니다."

그러나 금주도 쿡의 열정을 다스리지는 못했다. 그는 평생 돌아다닌 사람 중 하나였고, 한곳에 머물지 못하는 습관적 산책자였으며, 언제나 지루함에 손가락을 만지작거리거나 여기저기를 서성이는 사람이었다. 그는 안절부절의 화신이었다. 걸을 때면 손을 주머니 깊숙이 찔러넣고 성큼성큼 이동했다. 그는 과잉과 사치를 싫어했다. 신체적 욕망은 불러일으키지 않고 마음을 흔들어 경건한 생각으로 이끄는 행진악대를 좋아했다. 그는 수년간 순회 설교자로서 이 마을 저 마을을 돌아다니며 복음을 전파했다. 보통은 도보로 이동했고, 아주 가끔씩만 스스로에게 마차나 말을 타고 이동하는 사치를 허락했다. 그는 한 해에 4000킬로미터 이상을 여행했고, 그중 대부분을 걸어서 이동했다.

쿡이 최초의 패키지여행을 떠올린 것도 이러한 여행 중 하나에서였다. 그는 이렇게 생각했다. "새로 개발된 철도를 금주 전파에 활용할 수 있다면?"[36] 그는 중부철도회사와 접촉했다. 사측에서 기차를 제공할 수 있다고 말했다. 토머스 쿡은 사업을 시작했다.

쿡은 설교 경력 덕분에 웅변과 사람 다루는 기술이 뛰어났다. 야유하는 사람들을 입 다물게 하는 능력으로도 유명했다. 또한 그는 그때까지 여행을 할 수 없었던 사람들에게 여행의 기회를 주고 고된 삶의 휴식을 제공하는 일의 가치를 굳게 믿었다. 그때까지 여행은 중상류층만 누릴 수 있는 사치였던 데다가 일정도 원대했다. 쿡은 이 새로운 연결망과 새로운 길을 이용해 평범한 사람들에게 새로운 가능성을 제공하고 싶었다. 이것이 그가 거의 불가사의할 만큼, 마치 종말이라도 온 듯 열정적으로 임한 임무였다. 저서《스코틀랜드 안내서 Handbook to Scotland》에서 그는 이렇게 말했다. "무지가 낳은 편견은 기차의 굉음으로 부서지고, 엔진 소리는 수천 명의 사람을 영원한 잠에서 깨어나게 한다."[37]

쿡은 첫 번째 여행을 성공적으로 마친 뒤 사업을 확장했다. 이제 패키지는 더욱 완벽해져서 여행과 음식뿐만 아니라 숙소까지 포함되었다. 또한 쿡은 목적지를 리버풀과 스코틀랜드, 웨일스, 레이크 지방으로 다양화했고, 곧 앤트워프와 브뤼셀, 스트라스부르, 파리를 추가하며 야심을 키웠다. 1865년에는 1500명이 넘는 사람들과 함께 스위스 여행을 진행했다. 놀랍게도 아무도 죽지 않았다. 사람들과 함께 로마와 나폴리로도 떠났다. 대서양을 지나 미국으로 향하는 여행을 마련했고, 가는 내내 뱃멀미에 시달렸다. 그리고 이 미국 여행을 이용해 신세계의 마을과 도시에 복음을 전파했다. 1868년에는 이집트와 팔레스타인으로 떠나 평생의 포부였던 성지를 방문했다. 1872년에는 리버풀에서 미국으로 이동해 그곳에서 일본, 중국, 인도, 아덴으로 갔다가 수에즈 운하를 통해 이집트를 거쳐 고국으로 돌아오는 세계여행을 진행했다. 계획은 아주 꼼꼼했고, 이번에도 아무도 죽지 않았다.

쿡은 1872년에 은퇴한 뒤 레스터로 돌아왔다. 그리고 14년 뒤 사망할 때까지 그곳에서 계속 성큼성큼 걷고 서성였다.

토머스 쿡은 잠시도 가만히 있지 못하는 특성을 민주화했다. 모두에게 여행할 권리가 있다는 그의 아이디어는 단순하고 혁명적이었다. 쿡은 가난과 임금 노동으로 한곳에 발이 묶인 사람들에게 다른 곳으로 떠나고 싶은 충동을 들여다볼 권리를 제공하고 싶었다. 산업화로 인해 삶이 끝없는 반복으로 축소된 사람들에게, 쿡의 패키지여행은 탐구와 새로움에 대한 감각을 되돌려주었다. 그리고 그 과정에서 낯선 사람과 낯선 것을 만날 기회를 크게 늘렸다. 토머스 쿡은 그저 휴가 상품을 판매한 것이 아니었다. 고된 삶에 순간의 위로를 제공한 것도 아니었다. 그는 인간성을 영원한 잠에서 깨우기를 꿈꿨다. 새로운 세대의 순례자와 새로운 사회를 열었다. 그가 잘 알았던 존 번연 John Bunyan의 《천로역정》 속 진리의 용사처럼, 그는 순례 같은 삶이라는 생각에 불타올랐다. 패키지여행은 민주화된 페레그리나티오였다. 이 여행은 삶을 새롭게 하고 이 세상을 새롭게 하는 비전이었다.[38]

패키지여행이 어떻게 변질되었는지 알게 된다면 쿡은 아마 큰 충격을 받을 것이다. 이비자나 불가리아의 서니 비치에 절제란 별로 없다. 그러나 쿡 본인이 어떻게 믿었는지와는 상관없이, 러프버러로 향하는 기차 안에서 처음으로 왁자지껄하게 즐긴 사람들이 정말 금주에 대한 열망으로 기차에 올랐는지는 확실히 알 수 없다. 아마 많은 이들이 원한 것은 모험과 다름, 우연한 만남의 가능성, 대화를 나누고 추파를 던질 새로운 사람과 만날 기회, 연기와 증기와 불똥, 요란한 트럼펫과 나팔, 트롬본 소리였을 것이다. 그 여행은 이동하고 싶은 열망, 이동하는 과정에서 변하고 싶은 인간적 열망에 관한 것이었다. 추상적일 만큼 뿌리 깊은 욕망, 레비나스의 말처럼 "익숙한 세상에서 … 저쪽으로" 향하고 싶은 갈망에 관한 것이었다.[39] 현재의 세계여행 호황에는 여러 해악이 있지만, 이러한 욕망에는 어딘가 혁명적인 면이 있다. 우리가 언제나 새로운 여행과 새로운 탐구, 새로운 탈주선을 찾는 방식에는 어딘가 즐거울 만큼 희망적인 면이 있다.

양곤의 옥상 테라스에 서 있을 때 나는 고대 근동의 힐라존 타흐팃에 모인 순례자들, 또는 3000년도 더 전에 멤피스의 한 벽에 글을 새겼던 건달 같은 형제 하드나크트와 파나크티, 또는 서니 비치행 비행기로 비틀비틀 걸어가는 행랑객 중 한 명과 다르지 않았다. 나는 기회가 주어졌을 때 많은 이들이 하는 행동을 하고 있었다. 우리 안에서 제거할 수 없는, 한곳에 가만히 있지 못하는 특성을 붙잡고 있었다. 늘 똑같은 현실에서 벗어나고 싶은 열망을 따르고 있었다. 일종의 순례인 페레그리나티오를 시작하고 있었다. 낯선 사람들 사이에서 시간을 보내며 낯섦 속에 빠져들고 있었다. 그리고 이러한 만남 속에서 내가 전과 다른 사람이 될 수 있다는 희망, 어쩌면 새로워질지도 모른다는 희망을 키우고 있었다.

09

국경 넘기

그리스 북부에 있는 스트리모나스 역에서 떠돌이 개가 나를 알아본다. 불가리아 국경에서 나를 태우고 온 미니버스에서 내리자 개가 천천히 다가와 인사를 한다. 나도 야단스럽게 알은체를 한다. 개가 꼬리를 흔든다. “친구야, 반가워.” 내가 말한다. 개가 꼬리를 더 세차게 흔든다.

소피아에서 출발해 임시 거처가 있는 테살로니키로 돌아오는 길이다. 기차 여행으로 벌써 하루가 거의 다 지나간 것 같다. 더 빨리 도착하고 싶었으면 직행버스를 탈 수도 있었다. 그러면 시간이 절반밖에 안 걸린다. 그러나 나는 기차가 더 좋다. 기차의 느린 속도가 좋다. 기차 여행이 내게 주는 읽고 생각할 시간이 좋다. 기차역에 있는 떠돌이 개도 좋다.

이 여행은 이미 여러 번째다. 점점 익숙해지고 있다. 지금까지는 이것이 두 도시를 오가는 방식 중 가장 마음에 든다. 그러나 가장 쉬운 방식은 아니다. 먼저 기차를 타고 국경 근처로 이동한다. 그런 다음 도로를 오가는 미니버스를 기다려야 한다. 국경에 도착하면 경비원이 모두의 여권을 확인한다. 그 후에 버스가 국경 너머에 있는 기차역까지 이동하고, 역에 도착하면 다시 우리를 목적지로 데려다줄 기차가 올 때까지 기다린다.

한때는 직행열차가 있었다. 도로변에서 미니버스를 기다리다 보면 지금도 철로를 볼 수 있다. 직행열차가 중단된 공식 이유는 불가리아의 쿨라타와 스트리모나스 사이에 있는 짧은 구간이 보수 공사 중이라는 것이다. 그러나 진행 중인 공사는 없다. 국경을 폐쇄한 진짜 이유는 정치에 있다. 2015년에서 2016년 사이 이민 위기가 발생해 100만 명 이상의 난민이 육로와 해로로 그리스에 도착하는 것을 지켜본 불가리아 당국이 남쪽 국경을 강화하고자 한 것이다.[1] 2016년 6월, 불가리아는 이민자가 타고 있다는 이유로 그리스의 기차를 돌려보냈다. 곧이어 모든 직통 교통수단이 중단되었다.[2] 그때부터 기차 여행은 전보다 세 시간, 때로는 네 시간이 더 소요된다.

그리스 스트리모나스 역의 플랫폼에서 떠돌이 개가 나와 인사를 마치고 다른 사람에게 말을 걸러 간다. 해가 저물기 시작한다. 주위의 다른 동료 여행자들을 둘러본다. 플랫폼에 있는 사람은 전부 나 같은 여행자다. 그리스인과 불가리아인 대부분은 시간에 쫓겨 직행버스를 타거나 운전하기를 선호한다. 버려진 국경 마을에서 몇 시간을 기다리며 떠돌이 개와 수다를 떨고 싶어 하는 사람은 작가와 여행자뿐이다. 나와 함께 플랫폼에 있는 사람은 휴가 중인 프랑스 여자와 철도광인 아일랜드 남자, 조용한 보스니아 남자, 기타를 맨 젊은 스웨덴 남자와 밴드를 이룬 크로아티아 음악가들이다. 우리는 각자의 여행 이야기를 나누며 관계를 맺는다. 땅거미가 내려앉자 크로아티아인 밴드가 악기를 꺼내 음악을 연주한다. 〈위시 유 워 히어Wish You Were Here〉와 〈블랙버드Blackbird〉, 〈노르웨이 숲Norwegian Wood〉이다. 역장이 나와서 플랫폼의 다른 한쪽에 걸터앉아 시가를 깊이 빨아들인다. 그리고 친구에게 전화를 건 뒤 친구도 음악을 들을 수 있도록 휴대폰을 치켜든다.

마침내 테살로니키행 열차가 도착한다. 터키와 국경을 맞댄 그리스 에브로스 현의 현청 소재지인 알렉산드루폴리에서 오는 열차다. 기차에 올라탄 나는 가득 찬 승객을 보고 깜짝 놀란다. 우리의 동승자들은 망명 신청자와 난민이며, 거의 전부 남자다. 꾀죄죄한 우리 여행자들이 기차에 오르자 그들이 미소로 인사를 건넨다. 그러나 어색한 분위기가 감돈다. 우리가 서로 다른 세계에 있음을 알 때, 서로 연결되고 싶지만 어떻게 해야 할지 모를 때 느껴지는 어색함이다. 이 어색한 분위기를 깬 사람은 기타를 맨 젊은 스웨덴 남자다. 그가 복도에 서서 아름다운 선율을 노래한다. 애절한 고음의 목소리다. 우리 모두 박수갈채를 보낸다. 그때 기차에 타고 있던 사람들이 말을 하기 시작한다. 우리에게 자신들이 어디에서 왔고 어디로 가고 있는지를 들려준다. 자신들이 중동에 있는 아프가니스탄과 파키스탄에서 왔다고, 터키 국경 근처에 있는 피라키오 수용 시설에서 두 달을 보내고서 아테네로 향하는 중이라고 말해준다.

디나 나예리Dina Nayeri는 저서《감사할 줄 모르는 난민The Ungrateful Refugee》에서 이렇게 말한다. "망명 신청자라는 말은 너무 순한 표현이다. 우리는 점잖게 망명을 신청하지 않았다. 우리는 망명을, 신체의 안전이라는 생명 존재로서의 필요를 게걸스럽게 탐했다. 영어를 배우고 수영을 하고 지우개로 연습장의 글씨를 지울 때에도 그 밖에 다른 것은 생각하지 않았다. 그토록 결핍된 기억을 어떻게 견뎌낼 수 있을까?"[3]

이러한 생명 존재로서의 필요, 위험에서 안전하고자 하는 인간 집단의 이동은 늘 우리 곁에 있었다. 유사 이래 전쟁과 환경 악화, 자연재해에 시달린 사람들은 친절과 안전, 그토록 원하는 망명자 신분을 얻을 수 있을지 모른다는 희망에서, 낯선 사람들과 함께 길고 고된 여행을 할 위험을 무릅쓰고 길 위에 올랐다. '망명asylum'이라는 단어의 어원은 그리스의 개념인 어술리아asulia에서 나온 것으로, 어술리아는 말 그대로 '불가침의', '약탈할 수 없는'이라는 뜻이다. 본래 이 단어는 성지로 피신해 납치와 착취, 폭력에서 스스로를 보호하던 관례를 가리켰다. 고대 그리스어에서 어술리아는 "그 사람의 정치적 배경이나 사회경제적 지위, 인종을 비롯한 자격 조건과 관계없이 모두에게 피난처"를 제공할 책임을 뜻했다.[4] 심지어 야만인도 어술리아를 구할 수 있었다. 망명 신청자는 탄원을 해야 정착 거주민이 될 수 있었지만, 여러 그리스 신전에 피난처를 찾는 사람들을 위한 숙소가 마련되어 있었다. 고대의 망명 신청자들에게 장기적 안전은 보장되지 않았다. 그러나 가족과 신의의 그물망에서 뿌리 뽑혀 아무런 보호 장치 없이 착취당할 가능성에 노출된 사람들에게 이러한 숙소는 새로운 시작점이었다.

역사가 리비우스에 따르면 로마도 처음 건국되었을 때부터 이러한 종교적 망명의 전통이 있었다. 리비우스는 로물루스가 처음 로마를 세웠을 때 "이 커다란 도시가 텅 비지 않도록" 카피톨리누스 언덕에 망명을 위한 장소를 마련했다고 말한다. 실제로 많은 사람이 이웃 국가에서 도망쳐 나와 로마에 피신했다. 리비우스는 이렇게 말한다. "이들에게는 목적지가 없었다. 노예나 자유민이나 새로운 시작을 간절히 원했다. 이것이 로마의 세력 강화로 이어지는 첫걸음이었다."[5]

기차에 타고 있던 망명 신청자들은 자신들이 두 달 전에 터키와의 국경을 이루는 에브로스강을 건너 그리스로 들어왔다고 말해준다. 이들은 캠프로 보내진 뒤 그리스 당국에 등록되었다. 등록 과정은 원래 7일이면 끝나야 했지만 이들은 다음 서류를 기다리며 두 달간 억류되었다. 피라키오 수용 시설의 상태는 암울했다. 과밀했고, 기본 시설이 부족했으며, 경찰의 언어적·신체적 폭력에 시달려야 했고, 의료 서비스가 부족했다.[6] 마침내 이들의 서류를 발급한 뒤 더 이상 무엇을 해야 할지 알지 못했던 시설 관리자들은 이들에게 아테네행 티켓을 건넸다. 이들이 아테네로 떠나면 적어도 다른 사람의 책임이 될 것이었다.

이런 상황에서 두 달간 갇혀 있다가 풀려난 사람들은 바깥으로 나올 수 있어서 기쁘고 홀가분하다. 미지의 장소로 향하고 있지만 어디든 피라키오보다는 낫다. 아직 10대 후반인 한 아프가니스탄 남자는 유럽이 두 번째다. 3년 전 그는 노르웨이로 가서 망명 신청을 했다. 그리고 1~2년간 그곳에 살며 노르웨이어를 배웠다. 그는 노르웨이에 남고 싶었다. 그러나 망명 신청이 거절되었고 그는 아프가니스탄으로 강제 추방당했다. 아프가니스탄에 도착하자마자 바로 두 번째 여행을 떠났다. 어떤 장소는 너무 견딜 수가 없어서 두 번 떠나야만 한다.

테살로니키 역에 도착하자 나는 가방을 챙기고 여행 동지들에게 작별 인사를 한다. 역에서 나오려는데 누군가가 나를 부르는 소리가 들린다. 기차에서 만난 사람 중 한 명이다. 내가 실수로 먹을거리가 든 가방을 놓고 나온 것이다. 그가 내게 가방을 건네주며 좋은 여행이 되길 바란다고 말한 뒤 다른 난민들과 함께 아테네로 향하는 밤 기차에 올라탄다. 나는 역에서 나온 후에야 그에게 먹을거리를 줬어야 했음을, 나보다 그의 필요가 훨씬 크다는 것을 깨닫는다.

발명된 국경

그 이후로 그들에 대해, 그들의 위험하고 어려운 여행에 대해 종종 생각한다. 안전한 통행이라는 그들의 바람과 그들이 도착하기를 꿈꾸는 목적지에 대해 생각한다. 우리 여행자들은 여권과 신분증을 치켜들고 너무나도 쉽게 국경을 넘어간다. 우리의 여행은 그저 한곳에 머물지 못하는 순례자의 특성에서 생겨난다. 그러나 우리의 다른 여행 동지들은 그렇지 않았다. 그들의 여행은 긴급하고 절박했고, 안전에 대한 갈망, 약탈과 폭력에서 자유로워질 수 있다는 희망에서 비롯했다. 가짜 여권을 들고 여행하거나 아예 여권이 없는 사람들에게 모든 국경은 시련이자 상상 불가능한 장벽이며, 실존적 위험이다.

알바니아 작가인 가즈멘드 카플라니Gazmend Kapllani는 국가 간의 문턱에서 벌어지는 이 잔인한 분류 작업에, 이방인을 환영받는 자와 환영받지 못하는 자로 나누는 이 구분에 "국경 신드롬"이라는 이름을 붙였다. 1967년 알바니아 중부의 루슈녀에서 태어난 카플라니는 알바니아에서 스탈린주의 정권이 붕괴했을 때 20대 초반이었다. 1991년 그는 엔베르 호자Enver Hoxha 정권에 반대하는 시위에 참여했다. 비밀경찰에게 수배되었다는 이야기를 들은 뒤 지하로 숨어들었고, 얼마 지나지 않아 그리스 국경을 넘어 도망쳤다.

카플라니는 저서《짧은 국경 안내서A Short Border Handbook》에서 국경 신드롬이 국경을 넘고 싶은 열망과 국경을 넘을 때의 공포로 이루어진 복잡한 현상이라고 말한다. 국경을 넘는 것은 기회이자 위협이며, 열쇠이자 곤봉이다. 소설화된 카플라니의 이야기 속에서 화자는 트럭을 타고 알바니아와 그리스의 국경을 넘는다. 마지막 구간은 걷는다. 이때까지 "사람들은 단 하나의 요구 사항을 위해 전진해왔다. 그 요구 사항은 바로 국경이라는 이름으로 알려진 저 두려운 금기를 뚫고 지나가는 것. 그 자체로 하나의 목적인 탈출. 질병 같은 탈출."

국경에 도착하자 감시원들이 난민들을 심문한 뒤 그냥 보내준다. 카플라니는 이렇게 말한다. "우리는 그들이 우리 등 뒤에서 칼라시니코프 소총으로 총을 쏠까 봐 두려워서 마구 뛰었다. 그리고 철조망을 통과했다. 철조망에는 뜯긴 데가 하나도 없었는데, 이 지점을 통과하는 것이 우리가 처음이라는 의미였다. 우리는 막대기로 철조망을 쳐보며 전기가 흐르는지 확인한 뒤 운전자가 트럭에서 가져온 꼬챙이로 사람이 한 명씩 통과할 수 있을 때까지 철조망을 벌렸다."[7]

국경은 두려움과 희망이 있는 장소다. 그러나 그 두려움과 희망이 어떤 비율로 뒤섞여 있을지는 우리의 운명에 달렸다. 우리가 태어난 곳, 우리의 국가, 계급, 피부색, 인종, 우리가 들고 다니는 여권의 운명. 여권이라는 것을 가질 수 있는 운명.

이란계 스웨덴인 시인 아테나 페로크자드Athena Farrokhzad는 이렇게 말한다. "국경을 넘을 때 온몸이 떨리지 않는다면 당신이 넘은 것은 국경이 아니다."[8]

국경과 문턱에 대한 집착은 늘 우리 곁에 있었다. 심지어 인간이 정착 생활을 시작하기 전에도 있었다. 우리 조상이 살았던 수렵 채

집 사회에도 국경이 없지 않았다. 더욱 최근의 수렵채집 집단에서 나온 증거에 따르면, 초기의 인간 사회에도 "일원의 자격과 영역, 자원을 규제하는, 독점성과 호혜성 개념이 뒤섞인 복잡한 전략"이 있었을 확률이 높다.[9] 그러나 유동적인 이동 사회에서 서로 다른 공동체 간의 경계는 쉽게 변하고 투과되며 협상이 가능하다. 이 경계가 더욱 뚜렷해진 것은 농업이 시작된 이후다. 작물은 움직이지 않는다. 그러니 작물을 돌보려면 사람도 움직이지 않아야 한다. 야생동물의 접근을 막고 나의 고된 노동에 기생하려는 낯선 자들의 침략을 막아내려면 울타리를 세워야 한다. 정착은 우리가 문턱을 더욱 강화하게 한다.

초기의 정착지가 도시로 변하면 울타리는 벽이 된다. 중동의 비옥한 유역에서 인도의 인더스 강 문명을 지나 중국에 이르는 지역의 도심지들은 약탈하려는 이방인을 막고 내부인을 더욱 잘 감시하고 통제하려는 목적에서 세워진 성벽으로 둘러싸여 있다.[10] 메소포타미아에 있는 우루크 성벽은 높이가 7미터에 두께도 몇 미터나 된다.[11] 《길가메시 서사시》에서도 이 성벽을 칭송한다. "성벽에 올라 이리저리 걸어보라! 그 토대를 살피고 벽돌을 만져보라! 이 벽돌들은 불에 구운 것이 아니던가? 일곱 명의 현자가 그 토대를 놓지 않았던가?"[12]

도시의 성벽이 초기 문명의 가장 뚜렷한 경계였다면, 고대 도시국가의 영토적 야심은 이보다 훨씬 더 나아갔다. 이 도시국가들의 생존은 도시 경계 너머에 있는 땅의 자원에 달려 있었다. 그러나 이러한 지역들의 위상은 대개 불확실했다. 이집트인들은 자신들의 영토 가장자리에 돌기둥을 세웠지만 이 기둥들은 현대적 의미의 국경이라기보다는 무역의 흐름을 규제하고 세금을 부과할 수 있는 검문소에 더 가까웠다. 중앙아메리카의 올멕 문명과 마야 문명에도 이와 유사한 제도가 있었다.[13] 기원전 221년에 짧았던 진 왕조를 세운 중국의 진시황은 흉노가 두려워 자신의 제국 주위에 벽을 쌓았다. 이 벽이 중국의 북쪽에서 동쪽으로 뻗은, 수 세기 동안 조금씩 지어진 요새인 만리장성의 전신이다.[14] 진시황 이후로 300년이 지났을 무렵 로마인들은 지금도 잉글랜드 북부의 황량한 언덕 위를 굽이굽이 지나는 하드리아누스 성벽을 쌓았다. 이 정치적 통제의 경계 표지를 현재의 국경, 즉 영토를 명확하게 가르고 표시하는 지도 위의 선으로 이해하기 쉽다. 그러나 중국과 잉글랜드 북부의 추운 언덕 위에서 벽은 여러 다양한 기능을 수행했다. 이 벽들은 정치·군사적 권력의 한계를 보여주는 확실한 지표였고, 시장과 정착지가 발달하는 문화적 접촉 구역이었다. 또한 이 벽들은 물품에 세금이 부과되는 장소였고, 병력이 지나다니며 경계 지역을 관리하는 길 역할을 했다.[15]

오늘날 세계지도는 수많은 민족국가로 이루어져 있으며 이 자주적인 별개의 국가들은 깔끔한 국경으로 나뉘어 있다. 우리는 선으로 그어진 이 국경과 국가를, 이곳저곳을 안전하게 지나가게 해주는 여권을 당연시한다. 그러나 세계를 이런 식으로 이해하게 된 것은 상당히 최근의 일이다. 민족국가가 아직 우리의 상상을 완전히 장악하지 않았던 19세기만 해도, '외지인foreigner'은 국경 바깥에서 온 사람만을 의미하는 단어가 아니었다. 이 단어는 이방인으로 지명된 모든 사람을 가리킬 수 있었다.[16] 당시에는 이웃 국가의 사람만큼이나 이웃 지방의 사람도 외지인으로 여겼다.[17] 내가 자란 노퍽에서 전해 내려오는 이야기에 따르면, 1970년대까지 다운햄 마켓에 있는 기차역의 목적지는 두 곳, 즉 22킬로미터 떨어진 곳에 있는 '킹스 린'과 '외지'로 나뉘었다.[18]

역사가 베네딕트 앤더슨Benedict Anderson은 민족국가를 "상상된 공동체"로 칭했다. 민족국가는 친족은 아니지만 마치 친족인 것처럼 행동해야 하는 사람들의 공동체다. 앤더슨은 민족국가가 "깊고 수평적인 동지애" 개념을 통해, 수백만 명이 국가를 위해 "남을 죽이기보다 스스로 기꺼이 죽을" 만큼 강력한 신화와 의무를 통해 하나로 결합된다고 말한다. 이런 식으로 국가 개념은 지도 위에 영토를 표시할 뿐만 아니라 인간을 깔끔한 범주로 나눈다. 새로운 사람을 만났을 때 우리가 가장 먼저 하는 질문 중 하나는 '어디에서 오셨어요?'다. 그리고 이 질문이 묻는 것은 보통 국적이다. 이 질문에 대한 답을 알면 그 사람이 이 세상의 질서에서 어디쯤 위치했는지 알아내기 시작할 수 있기 때문이다.

국가적 소속감의 신화는 한 번도 만난 적 없는 사람들 사이에 관계를 구축할 수 있는 효과적인 방법이다. 앤더슨은 "가장 작은 국가의 국민도 다른 국민을 거의 알거나 만나지 못하고 심지어 듣지도 못하지만, 각자의 마음속에는 교류의 이미지가 살아 있다"라고 말한다.[19] 이런 식으로 국가적 신화는 모든 이방인을 두 진영으로, 즉 근본적으로 우리와 닮은 사람과 우리와 다른 사람으로 구분한다. 이러한 경향은 역사가 길어서 국가적 신화가 탄생하기 훨씬 전까지 거슬러 올라간다. 그리스인들은 그리스어를 말하는 크세노이xenoi, 즉 크세니아 관계를 맺을 수 있는 외지인과, 함께 많은 것을 할 수 없는 시끄러운 야만인을 구분했다.[20] 한편 중국에는 '익혀진cooked', 즉 문명화된 중국인과 '날것의raw', 즉 중국 문화 바깥에 있는 미개한 야만인을 구분하는 오래된 전통이 있었다.[21] 이처럼 이방인을 근본적으로 우리와 유사한 사람과 그렇지 않은 사람으로 분류하는 작업은 강력한 사회적 접착제 역할을 한다. 우리가 저 사람들과 다르다는 감각은 공동체를 결집하는 가장 강력한 방법 중 하나다. 그리스의 시인 카바피Cavafy는 이렇게 말했다. "저 야만인들이 없으면 우리는 어떻게 될까. 저들은 일종의 해결책이었는데."[22]

그러나 삶은 절대로 신화처럼 깔끔하지 않다. 국가를 나누는 지도 위의 선들은 우리 삶의 뼈대를 구성하는 충성심과 소속감, 욕망과 엇갈릴 때가 많다. 많은 사람의 관계는 세밀하고 다채롭다. 이 관계들은 국경과 문턱 위를 마구 뻗어나가며 국가적 신화의 깔끔한 선을 어지럽힌다. 우리는 스스로가 젠더와 인종, 종교, 공통의 역사, 세상을 바라보는 공통의 미래상으로 묶인 여러 공동체의 일원이라고 느낄 수 있다. 이처럼 마구 뻗어나가서 거의 통제할 수 없는 충성심을 민족국가가 의심하는 것도 당연하다. 국가주의는 "국민의 일차적 충성 대상이 국가라고 추정하는" 이념이다.[23] 국가주의는 사람들에게 태도를 분명히 밝힐 것을 요구한 뒤 국가가 아닌 다른 충성 대상을 수상쩍은 것으로 만든다. 이러한 국가적 소속감의 신화에서 틈을 발견하고 싶다면, 이 신화가 깨지는 곳을 발견해 그 광기와 잔혹성을 밝히고 싶다면, 국경에 사는 공동체를 들여다보면 된다. 이러한 공동체에서 사람들이 가진 풍부하고 조화로운 충성심은 국경을 나누는 벽과 철조망 울타리, 감시 기구와 국경 수비대의 적대심으로 파괴된다.

소련이 해체되자 이전 소련 국가들 사이의 행정 경계가 국가 간의 국경이 되었다. 뒤이은 몇 년간 이 국경들은 점차 강화되었고 공동체들은 분열되었다. 인류학자 엘리나 트로센코Elina Troscenko는 전 소련 국가인 우즈베키스탄과 키르기스스탄의 국경에서 현장연구를 실시했다. 이곳에서 한때 도로 하나를 사이에 두었던 마을들은 이제 완전히 다른 세계에 속하게 되었다. 트로센코가 인터뷰한 한 우즈베키스탄 여성은 키르기스스탄에 위치한 옆 동네에 사는 결혼한 딸 이야기를 들려주었다. 과거에는 "길을 따라 15분만 걸으면 딸의 집에 갈 수 있었다". 그러나 이제 딸의 집에 가려면 네 시간 동안 택시를 두 번 잡아타야 하고 국경 초소에 줄을 서서 수비대에게 뇌물을 줘야 했다. 이제 그는 전만큼 딸을 자주 만나지 못했다.[24] 국경이 강화되면 국경에 걸쳐 있는 공동체는 국가 안보의 명목으로 조각조각 해체된다. 지도 위의 깔끔한 선을 넘어 이전의 관계를 유지하고 싶은 사람은 의심의 대상이 되고, 때로는 노골적 피해망상의 대상이 된다. 카프카 카사보바Kapka Kassabova는 저서 《국경Border》에서 냉전 때 터키에 살던 한 목동의 이야기를 전한다. 그 목동은 불가리아와 터키를 가르는 강에서 말에게 물을 먹이고 있다가 반대쪽 강둑에 있는 불가리아인 목동을 보았다. 카사보바는 터키인 목동이 "메르하바! 헬로!라고 외쳤다. 헬로! 강 반대쪽의 목동도 손을 흔들었다"라고 말한다.[25] 소박한 인간적 교류. 그게 다였다. 그러나 근처에 있던 순찰병이 인사하는 소리를 듣고 목동을 체포했고, 목동은 간첩 행위를 했다는 이유로 14년형을 선고받았다. 말은 주인이 돌아오지 못한다는 것을 알고 상심해서 죽었다.

통과 불가 여권

불가리아와 그리스의 국경에서 국경 수비대가 버스로 다가오자 우리는 주섬주섬 여권을 준비한다. 나는 내 영국 여권이 아무 문제도 일으키지 않으리라는 것을 안다. 그러나 여권이 다 똑같은 것은 아니다. 내가 가나의 여권이나 베네수엘라의 여권, 또는 이라크의 여권을 들고 여행 중이었다면 이만큼 운이 좋지 못할 것이다.

이 길을 이미 여러 번 다녔기 때문에 패턴을 안다. 얼굴 생김새나 여권이 알맞지 않은 사람은 버스에서 내려져 국경 감시소로 끌려가고, 그곳에서 이동 목적을 심문당한다. 이 세상을 환영할 이방인과 그렇지 않은 이방인으로 분류하는 데 여권만큼 효과적인 서류는 없기 때문이다.

관료제가 처음 등장했을 때부터 여행자들은 서류나 안전한 통행을 보장하는 편지, 신뢰의 표지가 있어야 낯선 땅을 지나갈 수 있었다. 여행자의 안전을 보장하는 서류는 〈느헤미야〉 2장 7절에도 언급된다. "왕께서 괜찮으시면 강 서쪽 총독들에게 내리는 편지를 제게 주시어 그들이 저를 유다로 보내게 해주십시오." 인도의 《아르타샤스트라》는 지도자에게 통행의 관리자를 임명하라고 지시한다. 그리고 이렇게 경고한다. "이 지역에 들어오거나 이곳에서 나갈 수 있는 권한은 오로지 봉인된 통행증이 있는 사람에게만 주어져야 한다."[26] 중국 한나라는 나무에 글을 새긴 형태로 통행 허가증과 여권을 발행했다.[27] 중세 이슬람의 조세 당국은 세금을 지불했다는 영수증이 있는 사람에게만 여행을 허가하는 방식으로 사람들의 이동을 감시했다.[28] 그러나 전 세계에서 인정되는 서류로서의 현대적 여권 개념은 20세기 초반에야 등장했는데, 러시아 내전에서 도망쳐 나온 국적 없는 난민들을 위해서였다.[29] 본래 여권은 국가가 없는 사람들을 위한 서류였고, 망명을 원하는 사람들을 안전하게 통행하게 해주는 보증서였다. 그로부터 시간이 더 흐른 뒤에야 여권은 소지자의 신분과 운명을 공고히 하는 국적의 증표가 되었다.

1990년대 초반에는 국경 신드롬이 일시적인 문제이자 결국엔 치료약을 찾을 수 있는 질병처럼 보였다. 베를린 장벽이 무너졌고 전체주의 정권은 붕괴되는 중이었다. 소련도 해체되고 있었다. 역사가 바뀌고 있는 것 같았다. 심지어 어떤 이들은 프랜시스 후쿠야마Francis Fukuyama의 유명한 주장처럼 우리가 역사의 종말에 닿았다고, 인간 투쟁의 이 기나긴 순환 고리가 서구의 자유민주주의에 이르러 종점에 도착했다고 믿었다.[30] 우리는 국경과 벽이 점점 중요성을 잃는, 국경 신드롬이 과거 속으로 사라지는 지점에 도착하고 있었다.

그러나 이러한 희망은 공상이었던 것으로 드러났다. 지난 30년간 우리는 유럽뿐만 아니라 전 세계에서 급속도로 벽이 쌓여 올라가고 기존의 국경이 더욱 강화되는 것을 지켜보았다. 불가리아와 그리스의 국경에서 보안을 강화한 것은 예외가 아닌 통칙이다. 팀 마셜Tim Marshall은 저서 《장벽의 시대》에서 "세계화와 기술의 진보에도 불구하고, 우리는 그 어느 때보다 더 분리되었다고 느끼는 듯하다"라고 말한다.[31] 그리고 국경이 있는 곳에는 배제되고 밀려나는 사람들이 있다. 국경의 강화는 고통을 증가시킨다. 이민 문제에 관해 수많은 글을 쓴 대니얼 트릴링Daniel Trilling에 따르면 "국경 수비는 비정규 이민자가 더 위험한 길을 택하게 함으로써 국경을 수비해서 해결하고자 하는 바로 그 문제를 발생시키거나 악화한다".[32]

내가 테살로니키행 기차에서 만난 사람들은 때로는 내 상상을 넘어설 만큼 위험한 여행을 했다. 많은 이민자가 체온 저하로 사망하거나 익사하거나 터키에서 에브로스강을 넘을 때 국경 수비대의 총에 맞아 죽었다.[33] 해로를 통해 그리스에 들어오는 것도 안전하지 않다. 사람들은 에게해에 빠져 죽을 위험을 감수하고 곧 부서질 듯한 보트에 가득 올라탄다. 이 위험한 여행은 우연히 발생한 것이 아니다. 이 여행은 의도적인 정치적 결정의 결과다. 사람들이 불법 알선업자에게 수만 파운드를 내고 항해에 적합하지 않은 보트에 올라타는 이유는, 이들이 에브로스강을 힘겹게 건너는 이유는, 비행기에 올라타거나 다른 합법적인 수단으로 이동할 수 없기 때문이다. 유럽연합법에 따르면 유효한 여행 증명서가 없는 승객을 태운 항공사는 수십만 유로의 벌금을 물 수 있다.[34] 그 결과 전쟁이나 경제적 이유로 이방인이 된 이 반갑지 않은 사람들은 대개 더 위험하고 비싼 다른 방법에 기대게 된다.

테살로니키의 어느 여름날, 잠시 글쓰기를 쉬고 싶어서 친구들과 칼라마리아 교외에 있는 해변에 갔다. 화려한 해변은 아니었다. 바다 밑에 돌과 해초가 깔려 있었고 바닷물은 탁했다. 하나 있는 매점에서 구운 고기와 맥주, 그리스 커피를 팔았다. 떠돌이 개가 허물어진 콘크리트 위의 그늘에서 친구처럼 보이는 오리 두 마리와 놀다가 꾸벅꾸벅 졸았다. 지역의 연금생활자들이 햇볕을 쬐고 있었다. 팔자 수염을 풍성하게 기른 한 60대 남자가 매일 싱싱하고 알록달록한 꽃을 꽂은 5리터짜리 물병을 들고 해변으로 왔다. 그리고 매점 바깥에 있는 플라스틱 테이블에 꽃을 올려놓고 의자에 앉아 바다를 바라보았다. 며칠 전에는 말없이 우리에게 다가와 직접 색을 칠한 조개껍질을 한 움큼 주기도 했다.

우리는 해변을 자주 찾았다. 화려함 없는 초라한 분위기와 사람들이 느긋하게 자기 삶을 살아가는 느낌이 좋았다. 우리는 매점의 여주인을 알았다. 주인은 우리의 부족한 그리스어 실력을 참아주지 않았다. 우리가 먹을거리나 마실 거리를 주문하면 한숨을 쉬며 눈알을 굴렸다. 우리가 줄 서는 방식을 잘못 이해했을 때는 우리를 찰싹 때리기도 했다.

그날 우리는 수영복으로 갈아입고 수심이 얕은 곳에서 물놀이를 즐겼다. 그러다 바다에서 수영을 하던 네 사람과 이야기를 트게 되었다. 테살로니키에서 온 저널리스트와, 성인을 동반하지 않고 홀로 망명 신청을 하러 온 미성년자에 대한 다큐멘터리를 제작 중인 네덜란드 출신 여성, 아프가니스탄 소년 두 명이었다. 소년들은 열다섯 살이었고 여섯 달째 여행 중이었다. 두 사람은 가족을 떠나 이란과 터키를 거쳐 육로로 이동하고 있었다. 두 사람의 삶이 어떨지, 열다섯 살의 나라면 그러한 여행에서 어떻게 살아남을 수 있을지 상상해보려 했다. 다큐멘터리 제작자인 네덜란드 여성은 두 소년과 며칠을 함께 보내며 그들을 인터뷰하고 있었다. 소년들은 지난 몇 주간 테살로니키에서 지냈지만 그리스는 중간 체류지일 뿐이었고, 그리스에서의 마지막 시간이 다가오고 있었다. 그날 저녁 두 소년은 북마케도니아와 그리스의 국경으로 이동하겠다는 계획을 세웠다. 최종적으로는 프랑스나 독일로 가고 싶다고 했다.

나와 내 친구들, 저널리스트, 아프가니스탄 소년들은 바다에서 함께 놀았다. 두 소년의 여행에 대해, 아프가니스탄에서 사용하는 언어인 파슈토어에 대해, 물의 감촉이 얼마나 좋은지에 대해 이야기했다. "정말 좋아요." 두 소년이 말했다. "정말 좋죠." 우리도 동의했다.

결국 우리는 물에서 나왔다. 소년들은 좀 더 놀았다. 나중에 물에서 나온 소년들이 우리에게 미소를 지으며 엄지손가락을 치켜들었다.

매점 앞에 선 줄에서 다큐멘터리 제작자에게 말을 걸었다. 그가 한숨을 쉬며 말했다. "너무 어린아이들이에요. 아직도 한참을 더 가야 하고요. 위험한 일들이 너무 많이 기다리고 있어요."

불확실한 문턱의 삶

집을 멀리 떠나 국경과 국가, 여권이라는 비인간적인 제도에 붙잡힌 사람들에게 가장 큰 희망은 보통 낯선 사람들의 친절에 있다. 나는 테살로니키 시내의 지저분한 힙스터 지역 발라오리투에 있는 한 바에서 친구의 친구인 엘레니와 만나기로 했다. 엘레니는 난민 관련 프로젝트를 진행하는 NGO에서 일하고 있지만 내가 듣고 싶은 것은 엘레니의 개인적 이야기였다.

우리가 만난 때는 여름의 끝 무렵인 무더운 밤이었다. 사람들이 열기를 식히러 해변으로 떠나면서 상점들이 문을 닫아서 도시는 지난 몇 주간 반쯤 비어 있었다. 그러나 여름이 끝을 향해가면서 다시 도시에 활기가 돌고 있었다. 가게들이 셔터를 올리고 있었고, 거리는 다시 사람들로 가득 차기 시작했다. 엘레니는 퇴근 후 바로 바에 도착했다. 함께 음료를 주문한 뒤 엘레니가 이야기를 시작했다.

2015년, 그리스는 2007년과 2008년에 발생한 금융 붕괴의 여파로 나라를 크게 강타한 국가부채 위기 탓에 휘청이고 있었다. 부채 위기에 대응하기 위해 채택한 살인적인 긴축 정책이 경기 후퇴를 일으켰다. 세금이 대폭 인상되었고 기업이 문을 닫았으며 사람들은 집과 생계수단을 잃었다. 그때 아프가니스탄과 이라크, 전쟁 중인 시리아에서 난민을 싣고 온 보트가 레스보스섬과 키오스섬, 사모스섬에 도착하기 시작했다. 당시 엘레니는 남편, 두 살 난 아이와 함께 본토에 있는 프로피티스에 살고 있었다. 이들이 사는 집은 각 층이 독립된 이층집이었다. 세 사람은 2층에 살았고, 1층은 비어 있었다. 엘레니의 남편은 전기기사 교육을 받았지만 본인 소유의 바를 운영하고 있었다. 좋은 시기는 아니었지만 세 사람은 위기를 비교적 무사히 헤쳐나가고 있었다.

그때 정부에서 집 근처에 난민 캠프를 세웠다. 마케도니아와의 국경에 있던 이도메니 난민 캠프의 문을 닫으면서 그곳에 있던 이민자들을 재수용하기 위해서였다. 처음 캠프로 이동한 사람들 중에 시리아계 쿠르드인 부부가 있었다. 이름은 빅토르와 아이샤였고, 두 아이가 있었다. 이들은 전쟁 중인 시리아에서 수년을 살았지만 폭탄이 점점 집 근처에 떨어지기 시작하자 터키로 도망쳤다. 터키에서 2년을 보냈을 때 부부는 쿠르드인인 자신들이 새로운 이웃 사이에서 절대 환영받는 기분을 못 느끼리라는 것을 깨달았다. 편견과 차별이 오랫동안 이들을 괴롭혔다. 그래서 이들은 유럽에 가기로 결정했다. 그리고 딸이 겨우 한 살이었을 때 터키 해안을 통해 지중해를 건넜다. 그렇게 그리스 본토에 도착해 이도메니로 가게 된 것이었다. 2016년 그리스 당국이 강제로 이도메니 난민 캠프를 폐쇄하자 빅토르와 아이샤는 프로피티스로 옮겨졌다. 그때 이들의 운이 바뀌기 시작했다.

프로피티스 캠프에서 친구가 된 한 지역 경찰이 그들이 머물 수 있는 집을 찾아보겠다고 말한 것이다. 그 경찰이 엘레니와 엘레니의 남편에게 이야기를 전했고, 두 사람이 1층을 무료로 제공하기로 했다. 2016년 8월, 빅토르와 아이샤가 1층으로 들어왔다.

엘레니와 남편은 이 시리아인 가족의 집세와 전기료, 수도 요금을 대신 내주었다. 엘레니가 말했다. "사람들을 집에 받아들인다는 것은 사실상 비용과 경비가 두 배로 든다는 것을 뜻해요. 그냥 친절하면 되는 문제가 아니죠. 현실적인 문제예요. 하지만 그렇게 추가로 나간 돈은 우리가 기꺼이 내고 싶은 돈이었어요."

영어와 쿠르드어, 아랍어를 유창하게 말했던 아이샤는 통역사 일을 구했다. 빅토르는 집에서 아이들을 보살폈다. 엘레니는 빅토르가 실직 상태를 힘들어했다고 했다. 그러나 그는 동네 청년들의 머리를 무료로 잘라주면서 자신의 쓸모를 느낄 수 있었다. 빅토르는 엘레니와 엘레니의 가족들에게 음식도 만들어주었다. 아래층에서 빅토르가 만든 음식 냄새가 풍겨 올라왔다. 빅토르는 닭고기와 채소를 넣은 스튜, 아라비아 빵, 매콤한 렌틸콩 수프를 만들었다. 엘레니의 남편이 새벽에 영업을 끝내고 돌아올 때면 빅토르가 문 앞에서 기다리고 있다가 집으로 데려와 저녁을 차려주었다.

빅토르와 아이샤에게 삶은 고된 것이었다. 악몽 같은 망명 제도의 요식 체계에 발목이 잡혔고 지위가 불확실했다. 그러나 이들은 운이 좋은 편이었다. 2017년 4월, 빅토르와 아이샤에게 프랑스로 넘어가서 그곳에서 망명을 신청해도 된다는 허가가 내려졌다. 이들은 루아르 계곡에 있는 앙제로 이동해 프랑스어를 배우기 시작했다. 시리아에 있는 병원 응급실에서 전쟁으로 심각한 부상을 입은 환자들을 돌본 경험이 있었던 아이사는 간호사 교육을 받았다. 아이들은 제 부모보다 프랑스어를 더 빨리 습득했다. 빅토르도 자기 이발소를 차려서 다시 머리 자르는 일을 시작했다. 그리고 이들에게 계속 이곳에 머물러도 될 권리가 주어졌다.

나와 만나기 얼마 전에 엘레니는 가족들과 함께 빅토르와 아이샤를 만나러 프랑스에 다녀왔다. 이들이 그리스를 떠난 뒤 처음 만나는 것이었다. 엘레니는 자기 집의 손님이었던 사람들이 잘 살아가고 있는 모습을 보니 좋았다고 말했다. "내 삶에 그들이 있어서 좋아요. 그들은 정말 힘든 여행을 했어요. 지금은 잘 살고 있어서 기뻐요."

엘레니가 자기 집에 낯선 사람을 맞이한 유일한 사람은 아니었다. 2015년과 2016년 사이 그리스에서는 필로제니아가 엄청나게 급증했다. 그리스인은 흠뻑 젖은 채로 해안에 나타난 이방인들에게 놀라운 관대함을 보여주었다. 한 셰프는 일주일에 네 번씩 북마케도니아와의 국경에 가서 난민들에게 나눠줄 렌틸콩 수프를 여덟 시간 동안 끓였다. 한 택시 운전사는 며칠 동안 아테네 피레우스 항구에서 망명 신청자들에게 음식을 나누어주었고, 그밖에 수많은 사람이 난민들에게 자신의 집과 삶을 열어주었다.[35] 그리스인 친구들은 그리스인이 해안가에 나타난 사람들을 환영하는 이유 중 하나가 필로제니아를 중시하는 오랜 문화적 전통 때문이라고 말했다. 그러나 역사를 이유로 지목하는 사람들도 있었다. 약 한 세기 전 오스만 제국이 무너진 뒤 1923년에 충격적인 대규모 인구 교환(그리스와 터키가 협약을 맺은 결과 터키에 살던 약 150만 명의 그리스 정교도가 그리스로 이주하고, 그리스에 거주하던 약 50만 명의 무슬림이 터키로 이주해야 했던 사건-옮긴이)이 발생했을 때 많은 그리스인이 난민이 되었고, 특히 테살로니키에 거주하는 많은 그리스인이 아직도 그때 자기 가족들의 경험을 잊지 못하고 있었다.

그러나 엘레니에게 이러한 반응은 그리스 문화나 역사만의 문제가 아니었다. 무엇보다 이는 인간적인 반응이었다. 엘레니는 이렇게 말했다. "처음 우리 집에 왔을 때 아이샤와 빅토르는 자신감이 없었어요. 자신들이 계속 우리에게 고마워해야 한다고 생각했죠. 그래서 제가 이렇게 말했어요. '내가 당신들의 입장이었다면 누가 날 도와주길 간절히 바랐을 거예요.' 삶이 앞으로 어떻게 될지는 아무도 모르는 거잖아요. 연대는 바로 그 사실과 관련이 있어요. 우리가 다른 사람을 위해 하는 일들은 자선이 아니에요. 나 자신을 위해 하는 일이죠. 그렇다고 이기적인 것은 아니에요. 그보다는 다른 사람의 입장이 되어보는 것이죠. 내가 살고 싶은 세상이 어떤 세상인지 생각해보는 것이고요. 제가 특히 너그러운 사람인 건 아니에요. 연결되었다는 느낌 때문에 순전히 인간적인 측면에서 기분이 좋아지는 거죠. 이건 정말 연결의 문제예요. 이 연결이 나를 어디로 데려갈지 누가 알겠어요."

국경 신드롬을 한 번도 경험한 적 없을 만큼 운이 좋은 사람들은 국가와 국경, 여권이라는 장치를 질서 정연하고 공정한 것으로 이해하기 쉽다. 낯선 사람으로 가득한 세상에서의 혼란한 삶에 대처하기 위해 만들어낸 이러한 장치들이 당연하고 자연스러운 것이라 생각하기 쉽다. 이 제도가 얼마나 터무니없는지 이해할 수 있는 사람은 필요한 서류는 없지만 어술리아, 즉 폭력에서의 자유를 얻고자 문턱에 서 있는 사람뿐이다. 이처럼 거대한 규모의 불의는 되돌리는 데 많은 것이 필요하다. 그러나 삶의 막대한 우연성을 인정하는 것이 잘못된 신화가 만들어낸 공포를 직시하는 첫걸음일 수 있다. 엘레니의 말처럼, 실제로 "삶이 앞으로 어떻게 될지는 아무도 모르는 것"이다.

정말로, 삶이 어떻게 될지 누가 알겠는가? 이러한 제도가 존재하는 상황에서, 내가 절대 물이 새는 보트에 기어오르거나, 허우적거리며 강을 건너거나, 잘못된 서류를 손에 들고 국경 감시소 옆에 서 있는 사람이 되지 않으리라는 보장은 없다. 우리의 집단적 미신이 가진 왜곡된 렌즈를 꿰뚫어 보기 시작할 때. 경계를 풀고 국경을 이루는 강 너머로 친절하게 "메르하바!"를 외치는 것이 철조망을 한 겹 더 까는 것보다 국가의 안녕과 안보에 더 도움이 될 수 있음을 인식할 때. 바로 여기서 연대가 시작된다.

10

대도시에서 우정이 싹트는 방식

청두에 도착한 비행기에서 내려 공항 직원이 여권에 도장을 찍는 출입국 관리소 앞에 줄을 섰다. 줄이 조금씩 줄어드는 동안 1400만 명이 사는 도시에서 내가 과연 편안함을 느낄 수 있을지 고민했다.

2015년 9월 중순이었고, 나는 쓰촨대학교에서 1년간 문학과 언론학을 가르치기 위해 중국에 왔다. 동료들과의 만남이 기대되었다. 내 항공편 정보를 미리 보내놓았기 때문에 도착 시간을 알고 있을 터였다. 영국에 있는 엘리 생각이 났다. 중국은 이른 오후였으므로 영국은 아침이었다. 엘리는 침대에서 일어나 차를 끓이고 있을 것이다. 벌써 엘리가 그리웠다. 얼른 다시 만나고 싶었다. 크리스마스가 얼마 남지 않았다고 되뇌었다.

지난 몇 년은 힘들었다. 엘리는 2012년 말에 암 진단을 받았다. 박사학위 논문을 막 쓰기 시작했을 때였다. 어린아이들이 자연계를 이해하는 데 박물관이 어떤 도움을 줄 수 있을지 연구하는 중이었다. 엘리는 옥스퍼드대학교 자연사 박물관에서 일하면서 네다섯 살 아이들에게 카메라를 쥐어주었다. 그리고 마구 뛰어다니면서 치타와 암석, 큰바다쇠오리, 공룡 뼈, 원숭이, 거미게의 사진을 찍게 했다. 엘리는 논문을 쓰기 시작하자마자 왼쪽 가슴에서 멍울을 발견했다. 의사인 한 친구가 별문제는 없을 테지만 병원에 가서 검사를 받아보라고 했다. 엘리는 그렇게 했고, 다시 유방외과로 연결되었다.

엘리와 함께 택시를 타고 유방외과로 향했다. 접수를 마치자 간호사가 복도를 지나 우리를 나란히 놓인 의자로 안내한 뒤 잠시 기다리라고 말했다. 우리 앞에는 '조용한 방'이라는 표지판이 붙은 문이 하나 있었다. 한 간호사가 차가 담긴 머그컵 두 개와 비스킷 한 접시를 들고 조용한 방으로 들어가는 것이 보였다. 그는 조심스럽게 등 뒤로 문을 닫았다. "조용한 방에는 진짜 들어가기 싫다." 엘리가 말했다.

엘리의 이름이 불렸을 때 내가 같이 들어가는 것이 좋겠냐고 물었다. "아니." 엘리가 말했다. "괜찮아."

복도에서 책을 읽어보려고 애쓰며 엘리를 기다렸다. 간호사가 엘리를 초음파 검사실로 데려갔다. 그리고 가슴의 멍울과 겨드랑이의 사진을 찍었다. 그다음에는 유방 엑스선 촬영을 했다. 엘리는 아파서 얼굴을 찡그렸다. 피부 밑에 핏기 없는 노란색 덩어리가 보였다. 의사가 양쪽 가슴과 겨드랑이를 진찰했다. 엘리가 다시 가운을 입고 복도로 나왔다.

"조직검사 해야 해." 엘리가 말했다. "오래 걸리진 않을 거야."

조직검사를 위해 다시 엘리의 이름이 불렸고, 나는 복도에 남아 다른 일을 했다. 조직검사는 두 번 했다. 한 번은 얇은 바늘을 넣어 조직의 일부를 떼어냈고, 한 번은 절개를 해서 멍울을 들어냈다. 검사가 끝나고 간호사가 상처에 붕대를 감아주었다. 엘리는 아픔에 눈물을 흘리며 복도로 나왔다. 그리고 의자에 앉아 내 무릎을 베고 누웠다.

"힘들었어?" 내가 물었다.

엘리는 머뭇거렸다. "응. 좀 그랬어."

한 간호사가 복도로 나왔다. "엘리너 씨? 옆에 분은…."

"윌이에요." 내가 말했다.

간호사가 친절한 미소를 지었다. "윌 씨로군요." 간호사는 다시 엘리를 쳐다보며 말했다. "이쪽으로 오세요." 그리고 조용한 방을 가리켰다. "차 한잔 드시겠어요?"

우리는 서로를 바라보았다. 그리고 자리에서 일어나 간호사를 따라갔다.

종양은 2센티미터 크기였다. 림프절에도 암세포가 퍼져 있었다. 간호사가 관리할 수 있다고 말했다. 관리할 수 있는 것과 완치할 수 있는 것은 다르다고 생각했던 기억이 난다. 다음 주에 다시 오면 더 많은 결과가 나와 있을 것이고, 그때 더 많은 이야기를 할 수 있을 것이었다. 우리는 택시를 타고 돌아와 망연자실하고 불편한 마음으로 그 주의 남은 시간을 보냈다.

크리스마스가 지난 직후 치료를 시작했다. 화학요법을 쓰고 수술을 한 뒤 방사선 치료를 받았다. 몇 달간 힘들었지만 여름이 되자 모든 과정이 끝났다. 의사가 모든 것이 잘 진행되었고 경과가 좋다고 말했다. 우리는 휴식을 취하기 위해 기차를 타고 프랑스의 엑상 프로방스로 향했고, 그곳에서 커피와 와인을 마시고 빵과 치즈를 먹었다. 지난 몇 달간 느낀 긴장감이 빠져나가고 미래에 대한 감각이 조금씩 돌아오는 것을 느꼈다. 엘리는 박사 과정을 재개했다. 우리는 다가올 미래에 대해, 무엇을 하고 싶고 병의 재발 여부를 알 수 없는 불확실성에 어떻게 대처할 것인지에 대해 이야기를 나누었다.

1년 후 엘리의 박사 과정이 끝났다. 엘리는 계속해서 6개월마다 추적검사를 받았고 결과는 깨끗했다. 우리는 레스터에 있는 작은 연립주택을 샀다. 엘리는 런던에 있는 교육연구대학원에 취직했다. 그러던 어느 날, 쓰촨대학교에서 교직을 제안하는 이메일이 왔다. 엘리는 내가 그 일을 해야 할 것 같다고 말했다. 1년간 떠나 있어야 했지만 엘리가 크리스마스에 나를 찾아올 수 있었다. 나는 부활절에 몇 주간 영국으로 돌아갈 수 있을 것이었다. 여름이면 함께 여행을 할 것이었다. 나는 휴가 때 함께 쓰촨 서부에 있는 고산지대에 가면 어떻겠냐고 말했다. 엘리는 일본에 가고 싶다고 했다. 다시 미래가 돌아온 것이 기뻤다.

도시의 오래된 외부인

출입국 관리소를 통과한 것은 늦은 아침 무렵이었다. 장거리 비행으로 스트레스가 잔뜩 쌓여 있었다. 마치 오는 도중에 나를 반쯤 두고 온 것 같았다. 입국 라운지로 나오자 젊은 여성 몇 명이 꽃을 들고 목을 잔뜩 빼고 있었다. "도착했다!" 그들 중 한 명이 중국어로 외쳤다. 나는 그들을 향해 활짝 웃었다. 그러나 그들은 나를 위해 이곳에 온 것이 아니었다. 그들은 나를 지나쳐 내 뒤로 출입국 관리소를 빠져나온 양복 입은 미끈한 젊은 남자를 향해 달려갔다. 소소한 유명인사인 것 같았다.

흥분한 사람들 무리가 사라졌다. 곧 나는 혼자가 되었고, 나를 마중 나온 사람이 아무도 없다는 것을 깨달았다. 주소도 없었고 어디로 가라는 설명을 들은 적도 없었다. 누군가가 나타나서 나를 구해주길 바라며 잠시 기다렸다. 지난번 중국 여행에서 쓰고 남은 중국 돈으로 국수 한 그릇을 샀다. 대학교에서 보낸 메시지가 있나 메일함을 확인해보려 했지만 내 휴대폰으로는 온라인에 접속할 수 없었다. 동료가 늦게 도착할 수도 있겠다는 생각에 국수를 한 시간 동안 먹었다. 그러나 아무도 오지 않는다는 것이 확실해졌고 나는 아무 일 없기를 바라며 직접 캠퍼스를 찾아가기로 결정했다.

시내로 나가는 택시를 탔다. 고속도로를 달리는데 모든 것이 감당할 수 없을 만큼 거대해 보였다. 창문 너머 미세먼지와 커다란 디지털 광고판 사이로 희미하게 보이는 고층 아파트들을 바라보았다. 그 모든 것의 규모에 위압감을 느꼈다. 이렇게 거대한 곳에서 내가 소속감을 느낄 수 있을지, 나의 동족을 찾을 수 있을지 알 수 없었다.

택시가 대학교 캠퍼스로 들어섰다. “어디로 갈까요?” 운전사가 물었다. 어디로 갈지 몰랐다. 그러나 대학교 캠퍼스 지도가 있었고 그 지도에 외국인 교수 호텔이라고 쓰인 건물이 있어서 거기로 가달라고 부탁했다. 외국인 교수 호텔의 프런트데스크에 있는 사람들은 내가 올 줄 모르고 있었지만 온라인에 접속하게 해주었다. 내 계정에 로그인하자 겨우 몇 시간 전에 새로운 동료들이 보낸 쾌활한 환영 메일이 와 있었고 그 메일에 전화번호가 적혀 있었다. 10분 뒤 어떤 사람이 나를 만나러 왔다. 그로부터 몇 시간 뒤에는 새로운 동료들을 만나 캠퍼스 내 아파트 12층에 있는 내 새로운 집에서 가방을 풀고 있었다.

나는 청두에서의 삶에 적응하기 시작했다. 학생들은 유머와 격려를 보이며 내 허접한 중국어를 참아주었다. 동료들도 나를 환영해주었고, 끝없는 중국 관료제의 미로 속에서 기꺼이 나를 안내해주었다. 몇 주 뒤 캠퍼스에 있는 아파트에서 새로 마련한 내 공간으로 이사했다. 새 공간은 외국인이 나 혼자뿐인 누추한 동네의 7층 아파트였다. 1980년대에 지어진 단지였지만 훨씬 오래되어 보였다. 아파트는 쇠락하고 혼잡한 매력이 있었다. 엘리베이터는 없었다. 1층에 녹음이 우거진 지저분한 마당이 있었는데, 아파트 주민을 대상으로 물건을 파는 가게의 주인이 이곳에서 자기 친구들과 똑같은 동작으로 운동을 했다. 옆집에는 어린아이가 있는 가족이 살았고, 반대쪽 옆집에는 문밖에 쓰레기를 쌓아둬서 결국 지긋지긋해진 내가 대신 쓰레기를 갖다 버리게 하는 노부부가 살았다.

처음 몇 달간은 열심히 중국어를 공부했다. 가르치는 일이 즐거웠고 학생들하고도 잘 지냈다. 그러던 어느 날 저녁, 서점과 술집을 겸하는 동네의 한 가게에 우연히 들어갔다가 가게 주인과 대화를 나누게 되었다. 함께 와인을 거나하게 마시다 내가 철학 살롱, 즉 영어와 중국어로 철학을 논할 수 있는 행사를 열자고 제안했다. 주인이 재미있겠다며 즉시 동의했다. 내가 진행료를 제시했다. 무료 레드와인 한 잔. 공정한 거래 같았다. 가게 주인이 포스터를 붙이고 중국 모바일 메신저인 위챗WeChat으로 광고를 돌렸다. 나는 첫 행사의 계획을 짜기 시작했다. 규모가 작고 친밀한 분위기를 기대했는데, 첫 행사가 열린 날 밤 70명이 모여 함께 공자와 아리스토텔레스, 에피쿠로스, 장자를 논했다. 이 철학 살롱을 통해 새로운 관계를 맺고 새 친구들을 사귀었다.

캠퍼스에 있는 가게에서 중고 자전거를 산 것이 이 무렵이었다. 자전거는 무겁고 낡았지만 매우 저렴했다. 청두는 자전거 절도 문제가 심각했고, 결국 사라질 자전거를 비싼 돈을 주고 살 이유가 없었다. 자전거는 아파트 내에 있는 공동 보관소에 두었다. 한 달이 지난 후 보관료를 내러 가자, 보관소 직원이 장부를 꺼내며 내 이름을 물었다. 그리고 중국어로 쓰인 이름 목록을 손가락으로 훑어 내려가며 "없는데… 없는데…"라고 중얼거렸다.

내가 장부 위로 몸을 기울여 라오 와이lao wai, 老外라고 쓰인 한자를 가리키며 말했다. "이게 저 같은데요." 라오 와이는 외국인이라는 뜻이다.

"아, 그러네." 직원이 난처해하며 말했다. "맞네요."

그때 내 자전거를 바라보니 직원이 더 확실하게 알아보려고 프레임에 스티커를 붙여놓은 것이 보였다. 스티커에는 라오 와이라 쓰여 있었다.

라오 와이는 말 그대로 '오래된 외부인'이라는 뜻이다. '오래된'이라는 단어에는 이 외부인이 새로운 사람이 아니라 오랫동안 알고 지낸 이방인이라는 의미가 있다. 이 단어는 1661년에서 1722년까지 청나라를 다스린 강희제까지 거슬러 올라간다. 중국 학자들은 이 단어의 정확한 번역어를 두고 논쟁을 벌인다. 번역가이자 시인인 데니스 마이어Denis Mair는 낯섦과 익숙함을 동시에 의미하는 "우리 사이의 외국인"이라는 표현을 제안한다. 역사가 데이비드 모저David Moser는 반쯤 농담으로 이 단어의 적절한 번역어는 "외국인 친구"일지 모른다고 말한다.[1]

내가 아는 외국인 중에는 이 단어를 싫어하는 사람도 있었다. 그러나 나는 언제나 이 표현이 좋았다. 무시하거나 경멸하거나 유쾌하거나 장난스럽거나 다정한 이 단어의 어조가 좋았다. 이 단어를 보면 내가 이방인이라는 사실이 떠올랐지만 한편으로는 이 단어를 통해 내 안의 낯섦을 편안하게 느낄 수 있었다. 이 단어를 보면 나는 외부인이지만 청두에 나의 자리가 있다는 것, 내가 이미 익히 알려진 골칫

덩어리라는 것, 이제 사람들이 노련하게 처리할 수 있는 골칫덩어리라는 것이 떠올랐다. 자전거를 타고 시내를 돌아다닐 때면 가끔씩 프레임에 붙은 스티커를 내려다보며 내가 어느 정도 이곳의 일부가 되었음을, 전보다 더 편안해하고 있음을 느꼈다.

그러나 청두의 광대함은 여전히 당혹스러웠다. 도시 전체의 크기를 떠올리지 않으려고 노력했다. 마음속에 담기엔 너무 크고 제멋대로 뻗어 나간 도시였다. 그 대신 나는 이 새로운 세계를 통과하는 나만의 길을 찾는 데 집중했다. 관계를 맺고, 이 당혹스러운 광대함 속에 새로운 길을 내고, 나만의 지도를 그려나갔다.

이제 전 세계적으로 시골에 사는 사람보다 도심에 사는 사람이 더 많다.[2] 그리고 그 비율은 점점 더 커지고 있다. 도쿄와 델리, 상하이, 상파울루, 멕시코시티, 카이로처럼 국제연합이 인구가 1000만 명 이상인 도시라고 정의한 메가시티도 계속 늘어나고 있다. 중국 북부에는 베이징과 톈진과 허베이 지역을 징진지京津冀라는 이름의, 인구 1억 명 이상의 거대 도시로 합치려는 계획이 있다. 이렇게 인구가 도시로 몰려들수록 시골은 텅 비어간다.

우리는 낯선 사람 수백만 명이 바글바글 살아가는 세계에 익숙하지 않다. 우리는 대략 150명 정도만 예의주시할 수 있는 뇌를 가진 생명체다. 그러나 우리는 메가시티와 고층건물로 떼 지어 몰려가고, 지금뿐만 아니라 앞으로도 쭉 모르는 사이일 수만 명에게 둘러싸여 살아간다. 그러나 이렇게 거대한 도시에서 사는 것이 익숙하지 않은

데도 우리는 놀라울 만큼 잘 버틴다. 그렇지 않다는 이야기가 무성하지만, 우리는 꽤나 평화를 사랑하는 종족이다. 나중에 인류애를 상실하게 된다면 사람들로 붐비는 도시의 거리에 나가보라. 사람들을 구경할 수 있게 마실 음료를 준비하라. 거의 모든 곳에서 인간이 타인에게 공간을 내어주는 데 놀라울 만큼 뛰어나다는 사실을 발견할 수 있을 것이다. 사람들은 다른 사람이 지나갈 수 있도록 옆으로 몸을 비킨다. 모르는 사람들이 서로 눈을 마주치고 미소를 보낸다. 손님이 노점에서 무언가를 사고, 돈을 주고받고, 가게 주인과 잠시 날씨 이야기를 한다. 한두 시간 동안 지나가는 사람을 몇 명이나 볼 수 있을까? 1000명? 5000명? 어쩌면 하루 만에 우리의 수렵채집인 조상들이 평생 본 사람보다 더 많은 사람을 볼 수 있을지 모른다.[3] 그런데도 붐비는 거리에서 발생하는 대부분의 상호작용은 심각한 문제 없이 산뜻하게 이뤄진다. 우리는 이렇게 사는 데 너무 익숙해져서 이 모든 것을 당연하게 여긴다. 수많은 인간이 서로를 알지 못하지만 대개 아무 일 없이 그럭저럭 살아간다. 이 사실은 우리가 가진 놀라운 유연성과 적응력, 상냥함을 보여주는 증거다.

그러나 도시는 낯선 사람을 어떻게 대해야 하는가를 더욱 긴급한 문제로 만든다. 대부분의 인간 역사상 자신과 가장 친밀한 사람은 물리적으로도 가까이에 있는 사람이었다. 우리는 그 사람들을 매일 만났고, 그 사람들과 일상생활을 공유했다. 그러나 갈수록 도시화되고 유동적으로 변하는 세상에서 이러한 친족과 동족의 연결망은 예전보다 더 넓게 분포한다. 우리와 친한 사람들은 같은 아파트나 같은 동네에 살 수도 있지만, 많은 경우 다른 동네나 다른 국가, 심지어 다른 대륙에 살기도 한다. 그러나 관계의 끈을 보이지 않는 형태로 전 세계에 퍼뜨리는 기술 덕에, 우리는 먼 거리를 넘어 관계를 유지한다. 테살로니키로 추방된 키케로는 혼자였고 절망에 빠졌다. 무너지고 있던 키케로의 취약한 정체성은 친구나 가족과 주고받는 편지에 달려 있었다. 그러나 요즘 우리는 소셜미디어와 문자, 메신저로 연대감을 유지한다. 외로움과 고립감을 일으키는 것으로 종종 매도되는 바로 그 기술은 동시에 우리가 좋아하는 사람들과 계속 연결되게 해준다. 전 세계의 거의 모든 주요 도시에서 버스나 지하철을 타보라. 그러면 저마다 신념과 소속 집단이 다른 수많은 낯선 사람에게 둘러싸이게 될 것이다. 자기 휴대폰을 내려다보는 저 지친 노동자? 그는 방금 지구 반대편에 있는 가족에게 돈을 감사히 받았고 1년에 한 번 있는 다음 번 고향 방문을 기대한다는 메시지를 받았다. 당신 옆에 앉은 여자? 그는 케냐에 있는 가족과 스와힐리어로 통화 중이다. 복잡한 한자로 가득한 자기 휴대폰 화면을 쳐다보는 저 학생? 그는 위챗의 화면을 내리며 허난이나 오타와, 또는 도쿄에 있는 친구들과 연락을 주고받고 있다. 우리가 21세기에 온라인 채팅과 영상통화, 사진 공유, 메시지 교환을 통해 관계를 유지하며 끊임없이 연결되는 방식에는 어딘가 다정하고 기발한 데가 있다.

여기에 도시살이의 기이한 역설이 있다. 우리와 가장 친한 사람들은 멀리 떨어져 있고, 가장 가까이에 있는 사람들, 우리와 부딪치며 좁은 공간을 두고 다투는 사람들은 생면부지의 사람들이다. 그렇기에 여전히 도시환경에서 제 역할을 하는 가족과 친구 관계의 밀접한 연결망을 과소평가하기 쉽다. 그러나 도시는 개인이 각자의 역사를 지니고 브라운운동을 하며 서로 부딪치는 거대한 용광로인 것만이 아니다. 도시 전체는 수많은 낯선 사람들로 이루어져 있지만, 가족과 친구 관계, 그 밖의 다른 사회적 유대감이 만들어낸 복잡한 관계망이 도처에 있을 수 있다. 가족 전체, 심지어 공동체 전체가 일제히 도시로 이동한다. 어떤 사람들은 자기 친척이 있는 지역으로 이주한다.

청두에 있는 우리 동네에서는 누가 누구와 정확히 어떤 관계인지 파악할 수 없었다. 청두에 거주하는 가족들은 촘촘한 사회 구조를 이루며 복잡하게 연결되어 있었고, 중국에서는 가족의 칭호를 무척 자유롭게 사용하기 때문에 그 관계를 파악하기가 훨씬 힘들었다.[4] 중국에서는 보통 나이가 더 많은 남성은 '삼촌', 나이가 더 많은 여성은 '이모'라고 부르고, 나이가 비슷한 사람에게는 '오빠'나 '언니'라는 칭호를 사용한다.[5] 이처럼 가족을 뜻하는 칭호가 널리 사용되는 탓에, 나는 우리 동네의 주민 중 누가 진짜 가족이고 누가 가족이 아닌지 확신할 수 없었다. 그러나 그 사실은 별로 중요치 않다. 가족은 결코 생물학이나 출신만의 문제가 아니다. 가족이란 친밀함과 서로가 함께하는 경험이자, 우리가 서로 관계 맺고 지속적으로 유대감을 쌓는 방식이다.[6]

군중 속의 기쁨

예술사학자 크리스토퍼 델Christopher Dell은 "도시는 기적이다. 또한 도시는 지옥이다"라고 말한다.[7] 우리가 떠올리는 도시에서의 삶은 보통 유토피아와 디스토피아 사이를 오간다. 그러나 대부분 인간 역사에서 그 대차대조표는 인간에게 무척이나 불리했다. 최초의 도시가 건설되었을 때부터 도시 살이의 위험성은 무척 컸다. 도시를 언제나 기적에서 생지옥으로 만들 수 있는 위험 요소 중 하나는 바로 질병이다. 도시는 늘 과밀 인구에서 퍼지는 질병에 노출되어 있다. 정치학자이자 인류학자인 제임스 스콧James C. Scott은 콜레라와 천연두, 볼거리, 홍역, 인플루엔자, 수두, 심지어 말라리아처럼 인간 역사에서 가장 많은 사람을 죽인 질병이 "도시화가 시작되고 나서야 발생했다"라고 주장한다.[8] 서로 알지 못하는 수많은 사람을 작고 비좁은 공간에 몰아넣으면 병원균이 증식할 수 있는 완벽한 환경이 된다. 오늘날에도 싱가포르의 직원 기숙사나 한국의 개신교 교회처럼 사람들이 대규모로 모이는 장소에서 코로나바이러스가 더 빨리 퍼져나간다. 일곱 현자가 최초의 도시 우루크에 세운 벽도 질병을 막아내지는 못했다. 고대의 문헌들에는 디프테리아와 결핵, 콜레라를 비롯한 전염병이 퍼졌다는 기록이 남아 있다.[9] 심지어 고대 근동의 인류가 전염병 확산을 막는 수단으로 격리를 사용했다는 증거도 있다.[10] 고대 중국의 갑골(점술에 사용된 소의 어깨뼈)에는 기원전 1500년에 집단 유행병이 돌았다는 기록이 있다.[11] 고대 이집트의 파피루스에는 다양한 질병과 그 증상 및 원인을 과학적으로 접근한 기록이 있는데, 이는 고대 이집트에서 전염성 질환이 문제를 일으켰으며 도시 생활에서 발생하는 질병을 관리하거나 치료하려는 의학적 지식이 늘고 있었음을 보여준다.[12] 《구약》의 내용은 더 개괄적이다. 《구약》은 잇따라 발생하는 전염병의 진단이나 처치, 치료에는 별 관심이 없다. 그 대신 이러한 질병들이 분노한 신이 일으킨 재난이라는 생각에 사로잡혀 있다. 그 이후 펠로폰네소스 전쟁이 벌어지던 기원전 5세기에도 전염병이 아테네를 휩쓸어 전체 인구의 3분의 1에 이르는 수만 명이 사망했고, 이는 공공질서가 무너지는 결과로 이어졌다. 투키디데스는 이렇게 말했다. "전염병을 시작으로 도시가 점점 무법지대가 되었다.… 즉각적인 쾌락, 그 목표에 유리한 수단이 새로운 영광과 새로운 가치가 되었다. 신과 법에 대한 두려움도 더 이상 사람들을 통제하지 못했다."[13] 투키디데스 본인도 전염병에 감염되었지만 다행히도 목숨을 건졌다. 그러나 그는 생존자에게도 그러한 사건은 "갑작스럽고 예기치 않게, 합리적 예측 너머에서" 발생하는 일이므로 "영혼을 잠식할 수 있다"고 말했다.[14] 르네상스 초기에 쓰인 보카치오의 《데카메론》에서는 전염병이 피렌체를 휩쓸자 여성 일곱 명과 남성 세 명이 교외의 별장으로 도망쳐 서로에게 이야기를 들려준다. 보카치오는 전염병이 이곳에까지 이르자 "맹렬하게 다가오는 전염병 앞에서는 사람들의 모든 지혜와 재간도 아무 소용이 없었다"라고 말한다.[15]

투키디데스는 모든 전염병이 예기치 않게 합리적 예측의 바깥에서 발생한다고 말한다. 그러나 도시 생활의 측면에서 보면 전염병이 이어지고 질병이 밀려드는 것은 인간 역사상 줄곧 예외가 아닌 통칙이었다. 그리고 그 위험은 현대적 위생 시설이 등장하고 질병의 원인과 전파에 대한 지식이 쌓인 후에도 완전히 사라지지 않았다. 19세기까지만 해도 도시인 리버풀의 기대 수명은 시골인 데번과 비교해서 절반도 되지 않았다. P. D. 스미스P. D. Smith가 저서 《도시의 탄생》에서 말했듯이, 20세기가 시작될 때까지 "도시는 태어나는 사람보다 죽는 사람이 더 많았는데, 이러한 현상을 가리켜 '도시의 묘지 효과'라고 한다".[16] 그럼에도 역사 내내 도시는 사람들을 끌어당겼다. 수천 년간 사람들은 도심으로 밀려들며 죽은 자들의 빈자리를 채웠고, 수많은 딕 휘팅턴Dick Whittington(가난했던 어린 시절 런던이 황금으로 덮여 있다는 말을 듣고 런던으로 이주해 결국 큰 성공을 이룬 영국의 우화 속 인물-옮긴이)이 바닥이 금으로 뒤덮인 곳에서 일확천금을 원했다.[17]

다른 곳에서 더 편안한 삶을 살 수 있는데 굳이 혼잡하고 위생도 나쁘고 시끄럽고 악취를 풍기는 혼란한 도시 생활을 선택하는 이유를 이해하기 힘들 수 있다. 한 가지 이유는 역사상 많은 사람이 달리 어쩔 수 없어서 이러한 삶을 살았다는 것이다. 이들은 가난과 담보 노동bonded labour, 강제 이주, 경제적 필요 때문에 도시에 발이 묶인다. 이들은 다른 선택지가 없어서, 달리 갈 곳이 없어서 도시에 거주한다.[18] 그러나 이것이 유일한 이유는 아니다. 또 다른 이유는 도시가 지옥일 수도 있지만 한편으로는 기적일 수도 있다는 것이다. 인간의 삶이 대규모로 응집된 곳은 우리에게 활기를 주고, 우리를 끌어당기고, 새로운 가능성을 깨닫게 해주는 측면이 있다.

우리 인간은 그냥 사회적인 것이 아니라 초사회적인 종족이다.[19] 우리는 무리 짓기를 갈구한다. 생물학자인 프란스 드 발Frans de Waal의 지적처럼, 우리는 "무슨 의무처럼 한곳에 모여 산다".[20] 우리는 즐거운 모임을 사랑한다. 우리는 초사회적 천성 때문에 직계 가족의 바깥에서 낯선 사람들과 관계를 맺는다. 신경과학자 매슈 리버먼Matthew Lieberman은 "우리의 뇌가 다른 사람과 관계 맺고 상호작용하도록 만들어졌다"라고 주장한다.[21] 우리가 원하는 것은 연결이다.

이러한 초사회성은 도시화와 농업 이전에도 존재했다. 앞에서 살펴봤듯이 조문객과 순례자가 이방인들과 함께 식사를 즐기던 신석기 시대 근동의 만찬 현장에서도, 심지어 그보다도 더 전인 네안데르탈인의 화로 근처에서 발견되어 만찬의 증거가 된 동물 뼈에서도 이 초사회성이 드러난다. 우리의 수렵채집인 조상들과 그들의 가까운 친척은 작은 혈연 집단을 이루어 살았지만 대규모로 모여 음식을 나누어 먹고 의식을 치르고 친구를 사귀고 짝을 찾기도 했다.[22] 정착 문화와 도시화는 우리가 무리 짓기를 선호하게 된 원인이라기보다는 우리의 사랑에 불을 지핀 불쏘시개였다. 최초의 도시가 등장한 때부터 이처럼 대규모로 모이는 즐거움이 도시 환경에 대한 사랑을 불러일으켰고, 이러한 사랑이 도시 생활의 단점을 능가했다. 고대 수메르인들은 도시를 너무 사랑한 나머지 신인 마르둑이 수메르의 가장 오래된 도시 에리두를 만들었다고 상상했다. 이들은 인류를 휩쓴 대홍수가 발생하기 전에 이미 에리두가 존재했다고 주장했다. 심지어 에리두는 인간보다도 먼저 생겨났다.[23] 에리두는 최초의, 완벽한, 제1의

도시였고, 뒤이은 모든 도시의 원형이었다. 수메르인은 이렇게 생각했다. 도시만큼 완벽하고, 완전하고, 신에 걸맞은 것이 어디 있단 말인가?

일주일에 한 번 있는 몇 개의 수업을 제외하면 청두에서의 삶은 무척 한가했다. 그래서 나는 자전거를 타고 도시를 탐험했다. 저렴한 노점의 낮은 플라스틱 의자에 구부정하게 앉아 후루룩 국수를 먹었다. 주말이면 공원으로 향했다. 공원에서는 할머니들이 사교댄스를 연습하고 가족들이 소풍을 즐겼으며, 노인들이 물에 적신 커다란 붓으로 돌바닥에 글씨를 쓰고 사람들이 대나무 사이에서 태극권과 기공을 수련했다. 절을 찾아가 향 타는 냄새가 나는 캄캄한 곳에서 시간을 보내기도 했다. 그곳에서 사람들은 반달 모양의 나무 조각인 자오베이jiao bei, 筊杯로 점을 치며 신에게 '그와 헤어져야 할까요?', '그녀와 결혼해야 할까요?', '올해는 사업이 잘 될까요?' 같은 질문을 했다.[24] 저녁이면 야시장에 나가 길거리 음식을 먹으며 북새통에 잠겼다. 그 열기와 소음, 뜨거운 고추의 맛과 혀가 얼얼하게 마비되는 쓰촨 후추의 맛이 외로움을 덜어주었다.[25] 러나오, 즉 중국의 모든 사회적 만남의 특징인 뜨거운 시끌벅적함은 절과 공원에서, 거리와 시장에서 수천 배로 커진다. 낯선 사람들과 함께하는 데서 오는 이러한 집단적 즐거움은 많은 중국인에게 삶을 가치 있게 하는 요소 중 하나다. 도시인은 이러한 "소란과 야단법석, 집단적 생동감, 흥분, 군중의 활기, 열기와 소음"을 찾아 집에서 나와 거리를 거닌다.[26] 도시살이의 핵심은, 길

거리의 만두 가게와 야시장과 절을 찾는 행위의 핵심은, 바로 이 러나오이기 때문이다.[27]

대규모로 모이는 행위는 집단적 즐거움을 불러일으키고 바바라 에런라이크Barbara Ehrenreich의 말처럼 "포용성을 낳는" 축제 분위기를 만들어낸다.[28] 이러한 축제 분위기는 또 하나의 필로제니아, 즉 낯섦과 낯선 사람에 대한 사랑이다. 에런라이크는 축제 분위기의 부산한 난장판 속에서 낯선 사람들이야말로 "즐거움의 원천"이라고 말한다.[29] 청두에 있을 때 점심시간이면 나는 붐비는 노점(간판에 "상을 받았다"고 쓰여 있었다)에서 만두 한 접시를 주문하고 공용 테이블로 향했다. 그러면 만두를 먹던 사람들이 자리를 만들어주며 씨익 웃었다. 미소 지으며 내게 인사를 건네고 어디서 왔느냐고 묻기도 했다. 가끔은 서로의 휴대폰을 쳐다보며 위챗으로 연결되기도 했다. 그러나 중요한 것은 장기적인 우정을 쌓는 것이 아니었다. 중요한 건 그곳에 함께 머물며 대화와 만두 냄새, 증기에서 나오는 활기를 즐기는 것이었다.

중국에서 이러한 군중 속의 기쁨은 역사가 길다. 중국에서 가장 유명한 회화 작품 중 하나는 긴 두루마리에 그려진 〈청명상하도淸明上河圖〉다. 12세기 초에 장택단이라는 화가가 이 작품의 초판본을 그렸다. 이 그림은 가로가 5미터 이상에 세로는 겨우 25센티미터다. 이 그림에 대한 논평에 따르면 장택단은 "배와 마차, 시장과 다리, 해자와 길을 특히 좋아했다".[30] 이 작품은 중국 역사 내내 여러 번 모방된

걸작이다. 장택단의 초판본은 현재 베이징의 고궁박물관에 소장되어 있고, 1737년에 청나라 초에서 제작된 판본은 타이베이의 고궁박물관에 있다. 두 작품 모두 경이로울 만큼 묘사가 상세하다. 줄무늬 티셔츠를 입고 털모자를 쓴 인물은 없지만, 거의 초기 중국 버전의《월리를 찾아라》수준이다. 상인들이 붐비는 다리 위를 돌아다니며 물건을 판다. 강에 떠 있는 배의 선원들은 마지막 순간에 배가 다리와 부딪치리라는 것을 깨닫고 서둘러 돛대를 내린다. 다리 위에서 지켜보는 사람들은 열심히 손가락질과 손짓을 하며 선원들을 돕는다. 지친 사대부들은 찻집에 주저앉는다. 나란히 당나귀를 탄 두 여자가 수다를 떤다. 상인들이 짐을 우마차나 낙타에 싣고, 또는 직접 들쳐메고 시내로 향한다. 칼 장수가 칼을 팔러 다닌다. 오른쪽으로 시선을 옮길수록 사람 수가 적어지고, 나무와 개울, 목가적인 오두막집, 안개 속으로 사라지는 산맥이 나타난다. 마치 이 사람들은 세상에 공간이 부족해서가 아니라 함께할 때의 흥분과 기쁨만으로도 모일 가치가 있기 때문에 모여 있는 것이라고 말하는 듯하다. 뜨겁고 시끌벅적한 모임에 대한 이 열정은 문학 작품에서도 드러난다. 1610년경에 쓰인 명나라 시대의 소설《금병매》에는 구경꾼 몇 명이 위층 창문에서 북적이는 도시의 거리를 내려다보는 장면이 있다. "수많은 사람이 몹시 덥고 시끄러운 등 시장을 가득 메웠다. 등걸이 수십 개가 길을 향해 매달려 있었고, 양쪽으로 상인들이 늘어서 있었다. 마차와 말들이 큰소리를 내며 빠르게 지나가는 동안 남녀가 꽃처럼 붉고 버드나무처럼 푸르른 등을 즐거이 구경했다."[31]

우정이 자라는 도시

《코리올라누스》에서 셰익스피어는 "사람 없는 도시는 대체 무엇인가?"라고 묻는다. 도시 생활의 풍성한 상호작용은 많은 사람이 갈망하고 즐기는 것일 뿐만 아니라 발명의 원동력이기도 하다. P. D. 스미스는 "도시로의 이동이 문화와 무역, 기술의 전례 없는 번영을 낳았다"고 말한다.[32] 도시의 생산력에는 어딘가 무질서한 측면, 질서와 예측 가능성에 반하는 측면이 있다. 도시는 언제나 두 방향으로 이끌린다. 한편으로 도시는 중앙 집권을 향해, 위계질서와 기존 질서의 반복을 향해 나아간다. 그러나 다른 한편으로는 도시 생활을 구성하는 무수한 만남이 예기치 않은 새로운 방향으로 휘몰아치면서, 원심력에 의해 분열과 중앙 집권의 파괴를 향해 나아간다.

구심력과 같은 질서를 향한 충동과 폭죽처럼 팡팡 터지는 상호작용의 원심력 사이에서 발생하는 이러한 긴장 상태는 도시가 언제나 발명과 재발명의 공간일 수 있는 이유다. 고대 아테네는 그리스 철학의 요람이었고, 헬레니즘 철학은 로마에서 번성했으며, 다문화 사회였던 당나라 장안에서는 시와 스토리텔링, 예술이 꽃피었다.[33] 중세 바그다드는 의술에서 요리, 과학에 이르는 갖가지 발명의 중심지였고, 르네상스 시기의 피렌체는 새로운 철학과 새로운 예술을 낳았으며, 1920년대와 1930년대의 뉴욕에서는 할렘 르네상스라는 이름으로 알려진 창의적 격동이 미국 문화를 탈바꿈하고 민권운동의 발판을 마련했다.

이처럼 도시가 발명의 장소이기에, 사람들이 도시로 이동하는 이유 중 하나는 바로 자신을 재발명하기 위해서다. 마이클 해리스Michael Harris는 고독에 관한 저서에서 "애초에 어떤 이들은 익명이 되기 위해, 셈에 포함되지 않기 위해, 무질서한 군중 속에서 혼자가 되기 위해 도시로 이주하지 않았던가? 이를 통해 자기 자신을 찾기 위해, 다른 사람들의 생각에 너무 영향받지 않기 위해 도시로 향한 것이 아니었던가?"라고 묻는다.[34] 그러나 우리가 혼자서 자신을 재창조하는 행위로서 도시로 향한다 할지라도, 그것은 이야기의 단면에 불과하다. 정말로 은둔자가 되기 위해 도시로 향하는 사람은 많지 않다. 그저 사람들과 어울리지 않기 위해서라면 도시보다 더 좋은 장소가 많다. 과거의 자신과 다른 사람이 되기 위해 도시로 이주할 때에도 우리는 사람들과 다시 연결되고 새로운 공동체에 포함되기를 바란다. 그리고 도시의 무질서한 군중 사이에서 사람들과 다시 연결될 때, 우리는 낯선 이들과 맺은 새로운 관계, 그 관계 속에서 함께 발견한 것에 영향을 받으며 자기 자신을 찾는 새로운 방법, 자신을 발명하는 새로운 방법을 찾게 된다.

그것이 내가 청두로 향한 이유이자 엘리가 런던에서 일자리를 구한 이유였다. 질병과 공포로 수년간 한자리에 묶여 있던 우리는 문과 창문을 활짝 열어젖히고 싶었다. 계획할 수도, 예측할 수도 없었던 미래를 원했다. 위험을 감수하고, 낯선 장소에서 낯선 사람들 사이를 여행할 때에만 얻을 수 있는 예상 밖의 가능성을 원했다. 암 치료에서 회복하면서 엘리는 이렇게 말했다. “내가 가장 하고 싶지 않은 건 몸을 사리고 우리 삶을 축소하는 거야. 암이 재발할까 봐 무서워서 앞으로 10년간 우리에게 중요한 일들을 하지 않는다면 어떻게 되겠어? 불필요하게 우리 삶을 축소한다면 어떻게 되겠냐고.”

청두에서의 삶에 적응하는 와중에 우리는 대화를 많이 나누었고 메시지를 주고받았다. 전화를 걸어서 엘리에게 내 근황을 알리고 엘리의 소식을 들었다. 엘리는 말했다. “잘 지내는 것 같네. 행복해 보여.” 사실이었다. 그러나 청두는 여전히 내게 혼란스러운 곳이었다. 너무 거대하고 복잡해서 머릿속에 한 번에 떠올릴 수가 없었다. 나는 큰 그림을 생각하는 대신 내 새로운 아파트, 내가 다니는 길, 대학교에서 학생들을 가르치는 일, 철학 살롱처럼 작은 정보에 집중하려고 노력했다. 이런 정보에 집중하며 결국 나는 동족을 찾을 것이고 청두가 나의 집이 될 것이라고 되뇌었다.

전환점은 몇 달이 지난 어느 주말 친구와 함께 사찰인 문수원에 방문했을 때 찾아왔다. 주말 오후였고 다른 할 일이 없었기에 우리는 사찰에 있는 찻집에 가서 차와 해바라기씨를 주문했다. 대나무 사이에서 참새떼가 짹짹거렸다. 우리는 이로 해바라기씨 껍질을 까며 담소를 나누었다. 뿌연 공기 사이로 태양이 희미하게 빛났다. 그때 누군가가 내 이름을 부르는 소리가 들렸다. 우리처럼 사찰에서 유유자적하며 일요일 오후를 보내던, 철학 살롱에서 만난 철학자였다. 그가 우리 테이블에 자리를 잡았고, 우리는 해바라기씨 껍질이 쌓여가는 동안 한 시간가량 대화를 나누었다.

떠날 때가 되었을 때 이 만남의 의미를 깨달았다. 1400만 명이 사는 도시에서 우연히 친구를 만날 수 있다면, 청두는 이제 내가 속한 또 하나의 장소가 된 것이었다.

11

이방인과 이웃하기

도시로 밀려든 사람들은 가족도 아니고 전혀 모르는 사이도 아닌 사람들과 삶의 경계를 접하게 된다. 이 사람들은 이웃이라는 기이한 중간 상태에 자리한다. 공유한 과거도 없고 심지어 공유할 미래도 없지만, 그래도 우리는 이들과 세상의 한구석을 공유한다. 이들과의 거리는 매일 마주칠 만큼 가깝기도 하고 그들에 대해 전혀 아는 바가 없을 만큼 멀기도 하다.

미얀마의 1층 아파트에 살던 시절, 나는 이웃 문제로 마음을 끓이곤 했다. 매일 싱크대 앞에서 설거지를 하며 창문 밖을 내다보면 아파트 사이의 골목에서 바삐 움직이는 이웃집 여자가 보였다. 그는 대나무로 직접 만든 건조대에 빨래를 널었다. 골목을 쓸고 정리했다. 가끔 그가 창문을 사이에 두고 내 시선을 받아치면 나는 미소를 지었다. 그는 절대 나를 보고 웃지 않았다. 그 대신 뒤돌아서 어깨를 구부리고 어두컴컴한 자신의 아파트로 물러났다.

그는 나와 자기 아파트 사이에 있는 모든 공간을 장악했다. 임대 계약 조건에 따르면 그 공간은 우리 둘 모두에게 속했지만, 그는 그 공간을 자기 것으로 삼았다. 건조대 외에도 대충 만든 선반과 찬장으로 내 아파트 뒷문을 막았다. 나는 나가고 싶어도 골목으로 나갈 수가 없었다. 그는 그곳에서 많은 시간을 보냈고, 나는 그를 볼 때마다 친해지려고 애썼다. 어쨌거나 우리는 이웃이었으니까. 그러나 아무 소용이 없었다. 그는 나를 좋아하지 않았다.

이른 아침이면 그는 뒷골목을 청소하고 내 부엌 창문 바깥에 쓰레기를 두고 갔다. 오래된 가구와 유리, 망가진 플라스틱 장난감처럼 더 이상 사용하지 않는 물건들을 끌고 와서 내 아파트의 바깥벽에 쌓아두기도 했다. 나는 여력이 있는 한 그 쓰레기들을 겨우 몇 미터 떨어진 공용 쓰레기통에 갖다 버렸다. 가끔 그의 아파트 앞을 지나갈 때 손을 흔들어서 인사를 하거나 식사를 했느냐고 물었다(미얀마의 흔한 인사법이다).[1] 그는 한 번도 대답하지 않았다.

우리 아파트는 빠른 속도로 개발 중인 바한의 어느 허름한 구역에 있었다. 붐비는 교차로에서 멀찍이 떨어진 이 동네는 오랫동안 개발업자들의 관심을 끌지 못했다. 이곳은 누추하고 황폐했다. 구글 지도의 위성 사진을 보면 새로 지은 아파트 사이에 있는 우리 아파트 단지의 녹슨 지붕이 보인다. 이 단지가 얼마나 방치됐냐면, 그동안 아무도 이곳에 도로명을 붙이지 않았다. 우리 집 주소는 주소라기보다는 집을 찾을 수 있는 일련의 설명에 가깝다. 나는 택시 운전사에게 이렇게 말했다. "호텔 뒤 세 번째 길에 있는 8번 단지의 6번 아파트요."

세 개의 아파트 단지에는 세대가 약 200개씩 있었다. 대부분 아파트에 가족이 살았고, 그 덕분에 거주 인구수는 2000명이 훨씬 넘었다. 우리 집은 언덕 꼭대기에 있는 중간 단지의 맨 끝에 있었고, 창문은 도로를 향해 나 있었다. 아파트 벽에 위성 안테나가 다닥다닥 붙어 있었다. 더운 계절이면 냉방 장치에서 물이 뚝뚝 떨어졌다. 부서진 콘크리트 사이로 나무와 식물들이 자라났다. 위층 바닥의 배관이 망가지면 폭포수 같은 물줄기가 화장실 벽으로 끊임없이 흘러내렸다. 고층에 사는 사람들은 끝에 집게를 단 끈을 바깥에 매달았다. 그러면 아침에 신문 배달원이 〈미얀마의 빛Light of Myanmar〉과 〈거울Mirror〉을 끈에 달린 집게에 끼웠고, 사람들은 끈을 당겨서 그날의 신문을 받았다.

우리 동네는 살기 좋은 곳이었다. 동네 사람들은 언제나 바빴다. 도로명 주소가 없는 길 옆에는 잡화점과 분식점, 양장점이 늘어서 있었다. 길 제일 끝에는 아침저녁으로 문을 열고 과일과 채소, 생선, 고기, 과자 등을 파는 시장이 있었다. 나는 매일 아침 학교 확성기에서 쾅쾅 울려 퍼지는 애국가를 들으며 잠에서 깼다. 가끔은 찻집에 가기도 했다. 그곳에 가면 사람들이 몸을 구부리고 앉아 초생(달고 부드러운 맛), 초파(덜 단맛), 편만('아무렇게나') 등 입맛대로 주문한 차를 마시고 있었다. 동네는 조용한 날이 없었다. 복권과 쉐잉에이(전분과 우유, 찹쌀밥, 흰 빵, 얼음, 엄청난 양의 설탕을 넣어 만든 미얀마의 괴로울 만큼 달콤한 디저트)를 파는 사람들이 카트를 밀고 다니며 확성기로 사람들을 불러 모았다. 가장 더운 시간이 되어서야 소음이 가라앉았다. 그때가 되면 가게들도 문을 닫고 떠돌이 개와 고양이도 그늘에 드러누웠다. 사람들은 시원한 저녁을 기다렸다. 그리고 저녁이 되면 모든 것이 다시 시작되었다.

몇 달이 지나자 이곳이 집처럼 느껴지기 시작했다. 매일 밤 시장에 카트를 끌고 와서 볶음밥을 파는 상인과 아는 사이가 되었다. 그는 내가 평생 맛본 것 중 가장 맛있는, 1인분에 1달러인 볶음밥을 만들었다. 찻집 주인은 내가 말하지 않아도 내 주문(펀만 한 잔)을 알았다. 아침 시간에 튀김을 파는 여성분은 가장 맛있는 스프링롤을 골라주었다. 거리를 걸으면 사람들이 내게 말을 걸거나 손을 흔들었다. 저녁에 우리 집 부엌에서 요리를 하고 있으면 동네 아이들이 창문 앞으로 몰려와 미얀마어로 질문을 해댔다. 어디에서 왔어요? 이름이 뭐예요? 여기 온 지 얼마나 됐어요? 여기서 뭐해요? 지금 뭐 만들어요? 가장 좋아하는 미얀마 음식이 뭐예요? 왜 수염을 길렀어요? 무슬림이에요?

11월의 보름날에 열리는 더딘주Thadingyut 축제 때는 볶음밥 장수의 아들이 브래지어와 빨간 치마를 입고 거리에서 실제 사람 크기의 종이 인형과 춤을 추었다. 사람들이 지폐를 던지며 환호했다. 종이 인형의 사진을 찍어서 미얀마 친구들에게 보여주었지만 뭔지 모르겠다며 고개를 저었다. 친구들은 도시적이고 현대적인 양곤 주민이었다.

친구들도 나도 그 춤이 무엇을 의미하는지 몰랐다.

종교적인 축제가 열리면 불교 사원은 확성기를 설치해 팔리어 염불과 미얀마어 설법을 방송했다. 설법은 끝도 없이 이어졌다. 독실한 동네 개들이 합류해 동의한다는 듯 왈왈 짖어댔다. 독립기념일에 이웃들은 새까만 엔진 오일을 바른 몇 층 높이의 장대를 세웠다. 장대 꼭대기에는 약간의 돈이 담긴 비닐봉지가 달려 있었다. 롱지만 입은 동네의 젊은 청년들이 돈을 잡아채려고 팀을 이루어 장대에 기어올랐다. 그날 저녁, 우리 집 창문 밖에 설치된 무대 위에서 다른 성별의 옷을 입은 젠더플루이드gender fluid(젠더 정체성이 고정되지 않은 사람-옮긴이) 공연자들이 노래를 부르고 마임을 하고 낡은 확성기에서 틱틱거리며 흘러나오는 대중가요에 맞춰 외설적인 몸짓을 취했다.

아파트는 낡았고, 창문은 덜컹거리고, 화장실은 곰팡이가 새까맣게 피고 작고 성질 나쁜 개구리들이 득실거릴지 몰라도, 양곤은 점점 더 내 집처럼 느껴지고 있었다. 내가 이곳에 온전히 속하지 않는다는 것을 깨닫고 불편함을 느낄 때는 아침에 싱크대 앞에 서 있다가 나를 빤히 쳐다보는 이웃집 여자를 발견할 때뿐이었다.

'이웃을 사랑하라'?

우리의 이웃neighbour은 문자 그대로도 어원학적으로도 '근처에 사는' 사람을 의미한다.[2] 이 '근접성'이라는 것은 상대적이며 문화에 따라 뜻이 크게 달라진다.

몇 년 전 핀란드에서 온 한 친구가 혼자 있고 싶어서 숲에 들어간 남자가 등장하는 핀란드 농담을 들려주었다. 다른 사람에게 시달리는 데 진절머리가 난 남자는 모든 것에서 도망치고 싶었다. 그래서 숲속 깊은 곳에 흐르는 개울 옆에 오두막집을 지었다. 나무를 잘라서 만든 포근하고 자그마한 집이었다. 그는 사슴과 토끼를 사냥했고, 낚시도 했다. 날이 추워지면 오두막에 불을 땠고 굴뚝으로 연기가 피어올랐다. 그는 숲속에서 행복했다. 완전한 고독 외에 더 바랄 것이 뭐가 있겠는가? 그러던 어느 날, 개울을 바라보던 남자는 목재 조각이 떠내려오는 것을 발견하고 격분했다. 누군가가 그의 고독을 방해하고 있었다. 그는 도끼를 들고 이틀 동안 개울을 따라 올라갔다. 그리고 마침내 자신의 고독을 침해한 자를 발견했다. 개울 옆에 자신의 것과 매우 비슷한 오두막집이 있었고, 굴뚝에서 연기가 느릿느릿 피어오르고 있었으며, 오두막 밖에서 한 남자가 자리에 앉아 낚시를 하고 있었다. 두 사람은 너무 닮아서 마치 형제 같았다. 남자는 침입자에게 몰래 다가간 뒤 도끼를 휘둘러 그의 목을 잘랐다. 그 뒤 이틀간 걸어서 자신의 오두막으로 돌아왔고, 다시 혼자가 되었다는 사실에 만족했다.

"하하!" 농담이 끝나자 핀란드인 친구가 웃음을 터뜨렸다. 농담이 아니라 더 행복했던 시절에 대한 회상이었을지도 모르지만. "하하! 이게 바로 핀란드야!"[3]

이웃다움이라는 개념에는 도덕적 측면이 있다. 우리가 이웃과 맺는 관계는 서먹하고 소원할 수도 있고, 어쩌면 적대감이 싹터서 서로의 목을 칠 수도 있다. 그러나 이상적으로는, 적어도 우리 대부분에게는 이웃다움에 상호 지원과 도움의 윤리가 포함된다. 특히 사회기반시설이 부족하고 사람들이 좁은 곳에 밀집될 때 이웃다움은 공동체를 단결시키는 뼈대가 될 수 있다. 17세기에 링컨셔에 살던 한 작가의 말처럼, 이웃다움은 "이웃 모두의 안락과 서로 간의 교류에 관한 문제"다.[4] 리처드 호가트Richard Hoggart는 제2차 세계대전 이후 영국의 노동자계급 공동체에서 이웃다움이 "서로를 도와야 하며, 서로를 돕는 것이 생존에 거의 필수적이라는, 널리 인정받는 전통적 지혜의 일부"였다고 말한다. 사람들이 "돈을 지불하고 다른 데서 서비스를 받을 여유가 없는" 세상에서 이웃다움은 무척 중요했다. 이는 곧 배관을 고칠 수 있고, 위급 상황이 발생했을 때 연락할 사람이 있다는 뜻이었다.[5] 이웃다움은 우리 모두가 그럭저럭 살아갈 수 있게 해주는 상호 연결망을 돌보는 것과 관련이 있다. 여기에는 호혜주의가 있다. 한 17세기의 시는 이렇게 노래한다. "이웃이 필요로 하면 빌려주어라. 이웃의 사랑을 얻고 신용이 자라나리니."[6] 불확실한 세상에서 좋은 이웃이 되는 것은 곧 신용을 얻는 일이다. 이렇게 얻은 신용이 언제 도움이 될지 누가 알겠는가?

양곤의 낡은 아파트 단지에 살 때 정전과 단수가 너무 심하면 나 또한 이웃 간의 유대에 기댔다. 옆집에 사는 나이 많은 여성을 제외한 다른 이웃들과는 사이가 좋았다. 양수기가 고장 났을 때는 상호 원조의 다정하고 너그러운 동지애 속에서 룽지 차림으로 앞집 사는 남자와 함께 양수기를 노려보았다. 이런 문제들에는 보통 해결책이 없었다. 아무리 수리해보려고 해도 양수기는 도통 반응이 없었다. (나의 이웃은 철학적인 결론을 내렸다. "이게 미얀마지. 전력이 들어오면 물이 안 나오고. 물이 나오면 전기가 끊기고.") 그러나 때로는 필요할 때 서로를 도울 수 있음을 아는 것이 문제 자체보다 더 중요하다.

나는 어렸을 때부터 네 이웃을 사랑하라는 귀찮은 계율을 통해 이웃 간의 원조라는 미덕을 주입받았다. 이 명령은 〈레위기〉까지 거슬러 올라가며("네 이웃을 너 자신과 같이 사랑하라"), 《신약》에서도 하나의 구호가 될 만큼 자주 반복된다. 어린이로서 이웃 사랑의 의무 중 하나는 같은 동네에 사는 할머니들을 방문하는 것이었다. 길 건너편에 사는 할머니는 안락의자에서 먼지와 오줌 냄새가 났고 우리에게 낡은 깡통에 든 사탕을 꺼내주었다. 외롭고 불행한 분이었고, 우리는 그 할머니와 같이 있는 것이 지루했다. 의무감과 사탕 때문에 할머니를 찾았고, 탈출할 수 없어서 할머니의 집에 머물렀다. 집에서 나올 때면 할머니에게 시간을 썼다는 데 화가 났고, 화가 난다는 데 죄책감을 느꼈다. 길을 따라 더 내려가면 남편을 먼저 떠나보낸 할머니의 집이 있었는데, 그분은 나를 좋아했다. 이 할머니는 더 재미있고 더 무서웠다. 할머니네 집에는 빛을 차단하는 두꺼운 레이스 커튼이 달려 있었다. 내가 열한 살이나 열두 살 무렵, 할머니는 차와 비스킷, 이상한 이야기로 나를 붙잡아두었다. 어느 날 갑자기 굴뚝에서 떨어진 불가사의한 공 모양 빛 얘기를 내게 들려주기도 했다. 그 빛은 춤추며 거실을 돌아다니다 순식간에 다시 굴뚝으로 사라져버렸다고 했다. 허공에서 춤추는 빛나는 공 이야기를 할 때 어둠 속에서 흔들리던 할머니의 창백한 손과 높고 가는 목소리가 지금도 생생하다. 그리고 내가 좋아한 베티 할머니가 있었다. 할머니는 친절했고 집에 컬러텔레비전이 있었다. 우리는 매주 할머니의 집을 찾아 데이비드 애튼버러 David Attenborough의 다큐멘터리 〈지구의 생명Life on Earth〉을 보았다. 어머니와 베티 할머니는 브랜디를 마셨고, 나는 손에 턱을 괴고 바닥에 엎드려 멕시코도롱뇽과 바다달팽이에 마음을 빼앗겼다.

나는 처음부터 명확히 알았다. 네 이웃을 사랑하라는 계율을 지키기 힘든 가장 큰 이유가 우리가 이웃을 직접 선택하지 않기 때문이라는 것을. 우리의 이웃은 우연히 옆집에 살게 된, 우연히 같은 동네에 살게 된 사람들일 뿐이다. 이처럼 우리는 이웃을 직접 선택할 수 없을 뿐만 아니라 그들과 우리의 이해관계가 같으리라는 보장 또한 없다. 그렇다면 이웃과의 마찰이 빈번히 발생하는 것도 놀라운 일이 아니다.

함무라비 법전은 실수로 이웃의 밭을 물에 잠기게 한 상황에서부터 이웃의 부부 문제를 떠벌리고 다닌 경우에 이르기까지, 이웃 간의 온갖 문제를 처리하기 위한 법칙을 제시한다.[7] 공식 서신에 기록된 내용에 따르면 고대 그리스의 법 집행관들은 대부분의 근무 시간에 이웃 간의 분쟁, 특히 경계에 관한 문제에 얽매여 있었다.[8] 경계 분쟁은 역사 속에서 반복해 발생하는 문제다. 시인 조지 허버트George Herbert는 1640년에 출간한 저서《이상한 속담Outlandish Proverbs》에 "이웃을 사랑하라, 그러나 울타리를 허물진 말아라"라고 썼다.[9] 같은 해에 이지키얼 로저스Ezekiel Rogers 목사는 매사추세츠만 식민지의 총독이었던 존 윈스럽John Winthrop에게 보내는 편지에서 "좋은 울타리는 이웃 간에 평화를 유지하게 해줍니다. 하지만 돌벽을 세워서 이웃이 서로 못 만나는 일이 없도록 주의해야 합니다"라고 말했다. 더 거슬러 올라가서 중세 라틴어에도 이웃 간에 울타리를 세우는 것이 좋다는 뜻의 '보눔 에스트 에리게레 두모스 쿰 위키니스Bonum est erigere dumos cum vicinis'라는 말이 있고, 일본어와 힌디어, 노르웨이어, 독일어에도 이와 비슷한 표현이 있다.[10] 19세기 러시아에서는 지주 자녀들의 목숨을 걸고 맹세함으로써 이웃 간의 경계를 합의하기도 했으며, 이때 맹세는 자녀들 바로 앞에서 이루어졌다.[11] 또한 현대 영국법에 따르면 이웃의 나뭇가지가 자기 정원 위로 넘어와 기분이 상한 사람은 그 나무가 보호수가 아닌 경우 나뭇가지를 자를 권한이 있다. 그러나 자른 나뭇가지를 마음대로 처분할 권한은 없다. 그 나뭇가지는 여전히 이웃의 소유물이므로 정중하게 되돌려주어야 한다.

경계 분쟁이 이웃 사이에서 발생하는 유일한 문제는 아니다. 고대 그리스에서도 다른 불만이 많았는데, 예를 들면 이웃이 공동의 책임과 의무에서 제 역할을 다하지 않는다든가, 도덕적·성적으로 타락했다는 내용이었다.[12] 인도네시아의 타님바르제도에서 나의 집주인이었던 이부 린은 이웃을 끈질기게 관찰하고 가혹하게 비판했다. 그리고 믿어도 되는 사람과 믿으면 안 되는 사람, 요술이나 흑마술을 써서 해를 입히는 마인 나깔main nakal, 즉 "악랄한 장난"을 잘 치는 사람, 간통을 저지르는 사람이 누구인지 내게 말해주었다. 간통과 관련해서 이부 린의 불만은 보통 누구누구가 "바나나 나무 아래"서 금지된 성행위를 즐긴다는 것이었다. 나는 바나나 나무로는 사생활을 충분히 보호할 수 없다는 점을 고려해, 바나나 나무를 실제 장소가 아닌 은유적 의미로 이해했다.

이러한 도덕적 감시는 우호적 공동체의 특징인 돌봄의 또 다른 일면이다. 아리스토텔레스는 공익에 이바지하는 공동 사업에 참여할 때 자신의 잘못은 깨닫지 못하면서 이웃의 세세한 잘못에만 집중하게 된다고 개탄했다.[13] 친밀한 공동체의 끈끈한 유대감이나, 내부인과 외부인의 구분, 우리와 비슷한 이웃과 우리와 달라서 미심쩍고 골치 아픈 이웃의 구분은 이처럼 타인을 검열하는 인간의 성향을 더욱 강화할 뿐이다.

어떤 세계시민주의

슬라보이 지제크Slavoj Žižek는 "모든 이웃은 궁극적으로 소름 끼친다"라고 말한다.[14] 양곤에서 뒷골목의 이웃에게 다가가려 할수록 나는 더욱 크게 실패했다. 그리고 결국 그 이웃의 입장에서 소름 끼치는 이웃은 바로 나라는 사실을 깨달았다. 나는 그의 뒤뜰에 살고 있었지만 사회적 관계에는 얽혀 있지 않았다. 나는 그의 문간에서 그와는 전혀 상관없는 모호한 일을 벌이고 있었다. 나는 명백한 불교 신자가 아니었다. 그 장소나 공동체와 아무런 연이 없었다. 롱지를 입은 나는 그곳에 어울리려고 애를 쓰고 있기에 소름 끼쳤다. 바지를 입은 나는 그곳에 어울리지 않기에 소름 끼쳤다. 미얀마어로 그에게 말을 거는 나는 우리 사이의 간극을 메우려 애를 쓰고 있기에 소름 끼쳤다. 그에게 말을 걸지 않는 나는 남들과 어울리지 않기에 소름 끼쳤다.

처음에는 나를 대하는 그의 태도가 점점 누그러질 거라고, 시간이 지나면 괜찮아질 거라고 생각했다. 하지만 시간도 소용이 없었다. 싱크대 앞의 나의 존재가 매일 그를 겁먹게 했다. 나는 그곳에 서 있음으로써 그의 세계를 악화시켰다. 그의 태도를 그저 비이성적인 증오로 이해할 수도 없었다. 양곤은 빠르게 변하고 있었다. 외국인이 값비싼 맥북과 기이한 습관, 커피를 마시는 생활양식과 함께 양곤으로 밀려 들어오고 있었다. 2011년에 시작된 개혁에 뒤이어 미얀마에 투자 자본이 흘러들면서 오래된 식민지 시대의 도시에 서서히 젠트리피케이션이 발생하고 있었다. 도심의 건물들이 호화로운 술집과 클럽으로 변하는 중이었다. 이제 외국인이 즐겨 찾는 일부 지역에서는 반경 20미터 이내에서 언제나 플랫화이트를 마실 수 있었다. 부동산 가격이 빠르게 치솟았다. 내가 사는 동네에도 세계 요리와 고급 커피, 칵테일, 글루텐이 없는 선택지를 제공하는 싱가포르풍의 새 카페가 생겼다. 나는 친구들과 함께 그곳에서 시간을 보냈고, 카페 주인이나 직원들과도 안면을 텄다. 그 카페는 열기와 혼잡함에서 잠시 쉬어

갈 수 있는 반가운 곳이었다. 그러나 이 모든 곳은 나의 이웃이 발을 디딜 수 없는 세상이었다. 뒷골목의 이웃이 나를 소름 끼쳐 하는 것도 당연했다. 나는 이 멋진 신세계의 가장 명백한 대표자로서 그의 뒷문에 서 있었던 것이다.[15]

최근 네덜란드의 한 도시 개발 프로젝트에서 양곤이 "미래 도시"로 선정됐다.[16] 그 이유는 쉽게 알 수 있다. 양곤은 글쓰기와 시각 예술, 사진, 영화, 미술관, 페미니스트 퍼포먼스 예술 집단, 대담한 펑크 활동가 신scene 등 예술 문화가 융성한 도시다. 자본이 흘러들면서 양곤은 점점 세계적인 도시가 되고 있다. 양곤은 과거에도 지금도 문화와 종교가 다채로운 도시다. 유명한 파고다 외에도 양곤의 도심에는 모스크와 온갖 종류의 교회, 유대교 회당, 수많은 불교 사찰, 힌두교 사원 등 이러한 다양성을 증명하는 종교 시설이 즐비하다. 양곤은 "다원 사회plural society"의 원조다. 다원 사회는 1948년에 식민지 시대 통치자였던 제임스 퍼니발James Furnivall이 만든 용어로, 한 도시 안에 다양한 공동체와 종교가 뒤섞여 있는 것을 의미한다.[17] 군부가 정권을 장악하면서 문화를 억압했지만 그 풍성함을 없애지는 못했다. 그리고 내가 있을 때 양곤은 다시 기지개를 켜는 중이었다. 지역 문화가 다시 살아나는 한편 어딜 가나 외국인이 있었고, 대부분이 도심에 살았다. 도심에서 투자자들은 오래된 식민지 시대의 아파트를 구매해 새로 꾸민 뒤 프리미엄을 붙여 장기 거주하는 외국인에게 세를 주었다. 돈벌이가 되는 게임이었다. 자본만 충분하면 아파트를 화려하게 꾸미고 외국인이 좋아하는 가구를 넣은 뒤 현지 세입자가 낼 수 있는 것보다 훨씬 높은 금액을 요구할 수 있었다. 양곤에 젠트리피케이션이 발생하면서 현지 세입자들이 밀려나고 있었다.

양곤에서는 외국인 힙스터가 어디에 사는지를 쉽게 알아낼 수 있다. 그저 밤에 아파트 단지 바깥에 서서 창문을 올려다보면 된다. 외국인이 어디에 사는지는 창문 밖으로 흘러나오는 불빛의 색깔을 통해 알 수 있다. 미얀마 사람들은 차가운 푸른색 전구를 좋아한다. 양곤에 막 도착한 외국인들은 대개 따뜻한 노란색 전구를 선호한다. 양곤 시내의 식민지 시대 아파트에서 흘러나오는 불빛은 서서히 푸른색에서 노란색으로 변해갔다. 그리고 나도 여기에 일조했다. 양곤에 도착한 나는 며칠간 슈퍼마켓을 샅샅이 뒤지며 노란색 전구를 찾아 헤맸다. 그리고 전구를 찾은 뒤에는 아파트의 차가운 조명을 따뜻한 조명으로 바꿈으로써 컬러 스펙트럼 위를 이동했다. 이웃이 나를 불신한 것은 옳은 행동이었다. 바한에서 나는 불확실한 미래의 선봉에 서 있었다. 나는 기이한 습관과 부족한 미얀마어 실력, 노란색 전구와 함께 고층 아파트로 밀려드는 허접한 침략군의 또 다른 보병이었다.

전 세계 많은 도시와 마찬가지로 양곤에도 세계시민주의cosmo-politanism와 지역주의 간의 갈등, 잠시 머물며 양곤을 제집 삼는 이방인과 가족과 공동체라는 더 깊고 오래된 유대관계로 이곳에 단단히 뿌리내린 현지인 간의 갈등이 존재했다. 여러 현대 도시에서의 삶에서 특징을 이루는, 변화가 큰 세계시민주의적 다원주의는 전혀 새로운 것이 아니다. 도시가 번성하려면 언제나 잠시 머무는 이방인과 그곳에 더 단단히 뿌리 내린 사람들이 필요했다. 미리 루빈Miri Rubin은 중세 도시의 이방인을 다룬 저서에서 중세에 "시내와 도시에서 산다는 것은 곧 이방인들과 함께 사는 것을 의미했다"라고 말한다.[18] 이방인 중 일부는 상인과 학생, 교회나 정부의 실무자, 여행자, 위험을 즐기는 사람, 전쟁과 가난에서 도망쳐 나온 난민 같은 일시적 이주자였고, 나머지는 런던의 독일인 상인이나 프로방스의 토스카나인 은행가처럼 공동체의 구성원이 되었으나 자신의 다름과 기이함을 유지하는 사람들이었다.

차이와 함께하는 삶을 관리하는 방식인 세계시민주의 개념은 다른 많은 것들과 마찬가지로 다원 사회였던 고대 아테네까지 거슬러 올라간다. 세계시민주의를 창안한 사람은 철학자인 시노페의 디오게네스였다. 디오게네스는 사회적 관습을 어기려는 시도로서 비인습적인 삶을 살았다. 아테네에서 그는 버려진 커다란 와인통을 집으로 삼았다. 기이한 행동으로도 악명이 높았는데, 특히 공공장소에서 자위하는 것을 즐겼다. 다른 사람들이 이의를 제기하자 디오게네스는 눈알을 굴리며 이렇게 말했다. "배고픔도 배를 문질러서 없앨 수 있으면 좋을 텐데."[19] 그러나 디오게네스의 악명 높은 행동에는 철학적 의도가 있었다. 그는 기만적이고 부정직한 문화의 족쇄에서 풀려나길 원했고, 최선의 삶은 가족이나 부족, 도시국가에 속함으로써가 아니라 스스로를 코스모스kosmos 전체의 시민polites으로 여김으로써 얻을 수 있다고 주장했다. 그는 최초의 코스모폴리테스kosmopolites, 최초의 코즈모폴리턴이었다.

디오게네스의 정적들은 그의 비인습적인 생활방식 때문에 그를 '개'라고 불렀다. 디오게네스는 그 모욕을 기꺼이 받아들였다. 개는 깃발이나 국가에 속하지 않는다. 먹을 것과 쉴 곳, 물과 우정만 있으면 어디에서든 행복할 수 있다. 디오게네스와 그의 동료들은 키니코스Kynikos, 즉 개 같은 철학자라는 뜻의 견유학파라는 이름을 얻었다. 견유학파 철학자들은 배낭과 길고 헐렁한 옷, 튼튼한 지팡이로 알아볼 수 있었다. 초기 견유학파는 최초의 반문화적 거부자들이었다. 이들은 어디에도 메이지 않고 이곳저곳을 떠돌아다녔다. 상류사회의 요구를 무시했고, 개처럼 양지바른 곳에서 몸을 동그랗게 말고 낮잠을 즐겼다.

그러나 한자리에 정착하고 뿌리내린 사람들에게 세계시민주의의 영향력은 저항해야 할 대상이다. 양곤에서 지내던 어느 토요일 오후, 부엌 조리대 위에서 빨간색 플라스틱 그릇을 발견했다. 누군가가 방충망을 열고 그릇을 밀어 넣은 뒤 다시 방충망을 닫은 것이었다. 그릇 안에는 기름진 갈색 죽이 들어 있었다. 희미하게 튀긴 콩 냄새가 났다. 포크로 뒤적거리는데 죽 밑에 섬유질 같은 까맣고 끈적한 것이 있었다. 기름 냄새와 이상하게 불쾌한 냄새가 났다. 내용물을 변기에 버리고 물을 내렸다. 나중에 변기 안에서 금속 나사와 녹슨 못을 발견했다.

미얀마 친구들은 그것의 정체를 알았다. 흑마술이라고 했다. 그 끈적한 털 같은 것이 선물의 핵심이었다. 미얀마에서는 그것을 아핀apin이라고 불렀다. 이 단어는 말 그대로 무언가를 멈추거나 막거나 고정한다는 뜻으로, 피해자의 몸속에 들어가 해를 끼치는 이물질을 가리킨다. 인류학자 멜퍼드 스피로Melford Spiro는 저서《미얀마의 초자연주의Burmese Supernaturalism》에서 아핀이 "주로 인간의 털이지만 가끔은 가죽이나 생소고기, 동물의 힘줄일 때도 있다"라고 말한다.[20] 미얀마인의 믿음에 따르면 사람이 삼킨 아핀은 그 안에서 증식한다. 그렇게 피해자의 배 속을 가득 채워서 극심한 고통을 일으킨다. 극단적인 경우에는 사망에 이르기도 한다.

사람들은 아핀이 두려워서 낯선 사람이 준 음식을 의심한다. 이 같은 흑마술에 대한 두려움 때문에 심지어 도시의 부모들도 처음 독립하는 자녀에게 낯선 사람이 준 음식을 먹지 말라고 가르친다. "그 죽 먹었어?" 미얀마 친구들이 내게 물었다. 버렸다고 말했다. 친구들이 잘했다고 했다. 나의 미얀마어 선생님에게도 이 일에 대해 말했다. 선생님은 내가 운이 좋았다고 했다. 선생님은 흑마술 전문가가 만든 파우시pau'si(찐빵)를 먹은 적이 있었다. 파우시는 중국의 바오지baozi와 비슷한 음식인데, 보통은 고기나 당밀, 팥앙금이 들어 있다. 그러나 선생님이 먹은 파우시는 아핀으로 가득 차 있었다. 선생님은 검은 털을 한입 가득 베어 물었고, 빵을 내다 버렸다.

그날 저녁 선생님은 병이 났다. 배가 부풀어올랐다. 의식이 혼미했고 열이 났으며 이상한 환영이 보였다. 선생님의 남편과 가족이 선생님을 수도승에게 데리고 갔다. 수도원의 문턱을 넘으려 하자 메스꺼움에 몸이 움츠러들었다. 가족들은 선생님을 억지로 수도원에 끌고 들어와야 했다. 수도승이 선생님의 몸에서 악귀를 쫓아냈다. 선생님은 배 속 가득 들어 있던 검은 털을 토해냈고, 다시 건강을 회복했다.

예상치 못한 선물을 받고 일주일이 지났을 때, 똑같은 빨간색 그릇이 이웃의 뒷마당 문에 걸쳐 있었다. 그릇은 하루 종일 그곳에 있었다. 마치 무슨 신호나 경고의 의미로 그곳에 내놓은 것 같았다. 그릇은 해가 질 무렵 사라졌다.

그 뒤로 몇 주 내내 죽을 놓고 간 사람이 나의 이웃일지 궁금했다. 확신할 순 없었지만 나의 이웃 외에 내게 마술을 걸고 싶어 할 사람이 떠오르지 않았다. 죽을 놓고 간 사람이 정말로 나의 이웃이라 해도 그를 탓할 순 없었다. 양곤이 미래 도시가 되어가고 있다면, 그 미래에서 내 이웃의 자리는 어디란 말인가? 또한 그의 관점에서 볼 때 내가 아핀이 아니고 무엇이란 말인가? 나는 내가 집으로 삼은 공동체의 외부 오염물이었다.

현대적 형태의 세계시민주의는 많은 이들에게 매력적인 개념으로, 현대에 걸맞은 세련된 윤리로 보일지 모른다. 콰메 앤서니 애피아Kwame Anthony Appiah는 세계시민주의를 다룬 저서에서 "세계시민주의의 뚜렷한 신조는 다원주의다. 세계시민주의자는 세상에는 다양한 가치가 있으며 그 모든 가치를 지키며 살 수는 없다고 믿는다"고 말한다.[21] 이웃과의 관계에서 이러한 인정은 좋은 시작이 될 수 있다. 그러나 나처럼 가치가 전혀 다양하지 않은 공동체 한복판에 쿵 떨어졌을 때 이러한 가치 다원주의는 문제가 된다.

양곤에서 나는 공동체에 녹아들고자 노력했다. 축제가 열리면 나가서 함께 즐겼다. 어느 날 거리가 폐쇄되고 나이크반 자이naikban zay, 즉 '열반nirvana 시장'이 열렸다. 작은 가게와 일반 가정을 비롯한 모든 동네 주민이 번호가 붙은 테이블을 펼치고 그 위에 음식과 간식, 작은 물건 같은 공짜 선물을 가득 올려놓았다. 사람들은 카드에 무작위로 숫자를 적은 복권을 받으려고 거리 끝에 줄을 섰다. 그리고 거리가 다시 열리자 공짜 선물을 받으러 자신이 받은 숫자와 똑같은 숫자가 붙은 테이블을 향해 달려갔다. 이 행사는 불교에서 비롯되었지만 기독교인과 불교도, 무슬림 모두가 행사를 함께 기념했다.[22] 나는 이런 날들을, 그 활기와 공동체 의식을 사랑했고, 최선을 다해 참여했다. 이웃들이 영국의 식민 지배에서 해방된 것을 축하하던 독립기념일에는 초콜릿 쿠키를 구워서 나눠주었다. 적어도 그 정도는 할 수 있다고 생각했다. 쿠키에 초콜릿과 함께 아편이 들어 있을까 봐 걱정한 이웃들은 마지못해 내 쿠키를 받았다. 그러나 내가 이렇게 공동체에 녹아들고자 해도, 나의 이웃들은 내가 마음을 쏟는 다른 곳이 있다는 것을, 내가 다른 진영에도 발을 디디고 있음을 잘 알았다. 나 같은 세계시민주의자가 절대로 온전히 소속되지 않는다는 것을 잘 알았다.

안정된 공동체의 관점에서 볼 때 세계시민주의에는 늘 소속의 불완전함이라는 문제가 있다. 여기에는 세계시민이 자신들만큼 지역에 헌신할 수 없으리라는, 그리 부당하지만은 않은 두려움이 있다. 최악의 경우 세계시민주의는 지역주의에 대한 무시로 이어지기도 한다. 디오게네스도 마찬가지였고, 자연 속에서 합의점을 찾아 문화라는 속임수에서 완전히 벗어나는 방식으로 이방인과 함께 살아가는 문제를 해결하고자 했던 고대 견유학파도 마찬가지였다. 디오게네스와 그의 동료 세계시민주의자들은 모든 국가와 도시, 문화를 업신여겼다. 그들이 어디에서나 똑같이 행복할 수 있었던 것은 어디와도 관계를 맺지 않았기 때문이었다. 이러한 견유학파의 이미지(또는 시니컬한 사람의 이미지), 어디와도 관계를 맺지 않는 세계시민주의자의 이미지는 오늘날의 정치 담론에도 여전히 등장한다. 2016년의 보수당 전당대회 연설에서 당시 영국 총리였던 테리사 메이Theresa May는 무표정한 얼굴로 모든 것을 업신여기고, 대도시에 거주하는 특권 계급 엘리트이며, 모든 집단과 거리를 두고 모두를 똑같이 경멸하는, 어디에도 얽매이지 않은 세계시민주의자에 대한 불안을 불러일으켰다. 그는 이렇게 말했다. "자신이 세계시민이라고 믿는 사람은 그 어디의 시민도 아니다."[23]

그러나 다른 세계시민주의도 가능하다. 바로 콰메 앤서니 애피아가 말한, "우리의 삶은 경계를 초월한 방식으로 연결되어 있다는 단순한 인식"에서 나오는 세계시민주의다.[24] 세계시민주의는 분리되고자 하는 욕망이 아닌 연결되고자 하는 욕망에 기초한다. 애초에 세계시민주의의 문제는 세계시민주의자가 개 같다는 것이 아닌, 충분히 개 같지 못하다는 것이었다. 어쨌거나 개는 연결되기를 갈구한다. 여기저기 돌아다니며 함께 어울린다. 그리고 꼬리를 흔들며 이렇게 묻는다. 내 친구가 되어줄래? 너는 어때? 그리고 너는? 개는 타고난 세계시민주의자이며, 개들의 세계시민주의는 전반적 경멸이 아닌 다양한 사랑과 다양한 참여, 다양한 소속에 기초한다. 모든 타당한 세계시민주의는 모두에게 다른 사람이 필요하다는 사실을, 심지어 지팡이를 들고 배낭을 메고 헐렁한 옷을 걸친 디오게네스도 상호 의존이라는 그물망에 얽혀 있음을 인정한다. 사회적 동물인 우리가 해야 하는 것은 의존과 독립 사이의 선택이 아니다. 심지어 세계시민주의와 지역주의 사이의 선택도 아니다. 우리가 해야 하는 것은 바로 상호 의존이 펼쳐지는 여러 다양한 방식 사이의 선택이다.

다문화 도시의 빛과 어둠

양곤에서 나의 이웃을 볼 때면 영국에서 버밍엄으로 이사한 첫해가 떠오르곤 했다. 버밍엄은 낯선 도시였고 나는 현금이 몹시 부족했다. 발살히스라는 동네에서 저렴한 아파트를 빌렸다. 난방장치가 없어서 겨울에 눈이 내리면 밖보다 집 안이 더 추웠다. 이웃은 대부분 카슈미르 출신의 파키스탄인 무슬림이었다. 사람들은 우르두어나 미르푸리어 같은 남아시아의 언어에 영어를 살짝 섞어서 말했다. 나는 파키스탄에서 배운 단편적인 우르두어에 영어를 섞어서 그럭저럭 살아갔다.

발살히스는 즉시 집처럼 편안한 곳이 되었다. 파키스탄에서의 추억이 떠올랐다. 거의 공짜로 로티와 커리를 먹을 수 있는 저렴한 식당들이 있었다. 거리 끝에 있는 슈퍼마켓은 저렴한 과일과 채소, 향신료를 쌓아 놓고 팔았다. 이웃들도 마음에 들었다. 내가 지나가면 이웃들은 손을 흔들며 "앗살람 알라이쿰"이라고 외쳤고, 나도 손을 흔들며 "와 알라이쿰 앗살람"이라고 대답했다(둘 다 신의 은총이 함께하길 바란다는 뜻의 인사말-옮긴이). 나는 신입 주민이었지만 발살히스가 상호 지원의 공간, 사람들이 서로를 돌보는 공간처럼 느껴졌다.

발살히스에서 경계는 유동적이었다. 아이들이 거리로 쏟아져 나왔고, 사람들은 문간에 앉아 지나가는 사람에게 인사를 건넸다. 공공생활과 사생활의 경계가 흐릿한 것이 좋았고, 이웃들이 문을 두드리며 인사를 하거나 수당을 신청하기 위해 영어로 서류 작성하는 것을 도와줄 수 있느냐고 묻는 것이 좋았다. 울타리가 있긴 했지만 친근한 수다를 나눌 수 없을 만큼 높거나 견고한 울타리는 없었다. 나의 자그마한 앞마당과 이웃의 마당을 가르는 담은 겨우 내 무릎 높이였다. 뒷집에 사는 예멘 출신 꼬마들은 상자를 밟고 올라 내 뒷마당을 들여다보거나 울타리 틈으로 내게 인사를 건넸다. 고양이들이 드나들며 여러 세상을 오갔다. 망가라이족이 사는 마을처럼 담 사이로 음식 냄새와 소음이 스며들었다. 사람들은 담을 넘어간 공을 다시 차달라고 소리를 질렀다. 흐드러진 부들레아 덤불이 벌들의 성찬인 부들부들한

보라색 꽃으로 인간이 만든 경계를 흐릿하게 만들었다.

발살히스는 내게 천국과도 같았다. 그러나 가끔 길 아래의 작은 집에 혼자 사는 외로운 할머니를 만났다. 할머니는 백인 영국인이었고 이곳에서 태어나 평생을 살아온 것 같았다. 아마 할머니의 조상들도 이곳에서 살았을 것이다. 그러나 수십 년에 걸쳐 할머니를 둘러싼 세상이 변했다. 할머니가 슈퍼마켓에 걸어갈 때면 마치 어디에도 소속감을 못 느끼는 사람처럼 가련하게 어깨를 잔뜩 움츠린 것을 볼 수 있었다. 가끔 할머니는 사람들에게 욕을 했다. 그들이 그곳에 있다는 사실에, 변해버린 세상에 화를 냈다.

그 할머니를 외국인 혐오자라고 무시하고, 그 혐오를 극복해야 한다고 말하긴 쉽다. 그러나 가끔 나는 알던 가게들이 문을 닫고 새롭고 기이한 가게가 문을 여는 것을 바라보는 것이 어떤 느낌일지 생각해보곤 한다. 내가 모르는 세상에서 온 새 이웃들, 몰라서 좋아할 수 없는 이웃들에게 둘러싸이는 기분. 동네 가게에 들어갔는데 말이 통하지 않을 때의 기분. 나를 둘러싼 세상이 변하면서 내가 이방인이 되는 기분. 다른 문화와 다른 음식. 다른 언어. 다른 것들로 가득 찬 가게들.

존 블룸필드Jon Bloomfield는 다문화 사회가 된 버밍엄의 변화에 관한 저서에서 이렇게 말한다. "현실은, 연이은 이주의 물결이 유럽 주요 도시의 성격을 영원히 바꾸어놓았다는 것이다. 차이와 함께하는 삶은 21세기 유럽 정치가 직면한 가장 큰 도전 중 하나다."[25] 다양한 종교와 이념, 생활방식, 문화, 음식이 북새통을 이루는 장소에서 어떻게 하면 이웃 사이에 다리를 놓을 수 있을까? 이러한 환경에서 무엇이 공동체를 단결시킬 수 있을까?

이 질문에 대한 하나의 대답은 중세 초기의 철학자이자 어원학자였던 세비야의 이시도르Isidore of Seville에게서 나왔다. 그는 "도시, 즉 키비타스civitas는 동료애라는 끈으로 묶인 다수의 사람들이다.… 도시는 많은 사람의 삶을 결정하고 지탱한다."[26] 도시를 이루는 요소, 도시의 구조는 바로 이 인간관계의 날실과 씨실이다. 이러한 관계가 더욱 번성하려면 그 장소에 적절한 조건이 갖춰져야 한다. 블룸필드는 도움이 되는 몇 가지 조건을 다음과 같이 제시한다. 경제적 불평등과 이 불평등이 공동체의 분열에 끼치는 영향을 기꺼이 살펴볼 의지. 휴먼스케일human-sclae(인간의 신체를 기준으로 한 척도-옮긴이)에 맞는 사회기반시설 건설, 교육 지원, 사람들이 "서로 만나고 교류하고 쉴 수 있는" 공공장소 제공, 시민권과 인권을 보호하겠다는 약속, 모두가 동등하게 접근할 수 있는 정의.[27] 이 조건들은 필로제니아의 번성을 돕고, 우리 안에 내재된 제노포비아가 일으키는 두려움과 의심에 저항한다.

이러한 조건들이 부족할 때 사회의 구조는 무너진다. 양곤에서 나는 내가 경험한 이웃과의 마찰이 개인의 문제가 아니었음을 알았다. 그 이웃이 개인적으로 나를 싫어한 것이 아니었다. 그에게 나는 현실적인 피해, 심각한 불공정을 상징했다. 그가 살아가는 도시는 변하고 있었다. 그가 속한 공동체도 변하고 있었다. 그리고 그는 이러한 변화에서 배제되어 주변부로 밀려났다. 양곤이 급속히 개발되면서 여러 불공정한 상황이 발생했고, 그 타격은 주로 경제적 어려움을 겪는 사람들이 입었다.[28] 자신의 집과 공동체의 안전을 확신할 수 있었다면 그 나이 많은 여성은 나를, 자신의 이웃을 더 쉽게 참아주었을 것이다. 그러나 급성장하는 양곤의 맹목적인 잔혹함 앞에서, 투자자와 부동산 개발업자의 가공할 힘 앞에서, 결국 그는 자신이 가진 유일한 저항 수단에 기댔다.

결국 양곤에서의 계약 기간은 끝이 났고 떠날 시간이 찾아왔다. 미얀마 친구들에게 작별 인사를 건넸다. 시장에서 마지막으로 볶음밥을 사 먹었다. 찻집에 가서 장맛비를 바라보며 마지막 펀만을 마셨다. 그리고 짐을 싼 뒤 택시를 불러 공항으로 향했다.

양곤을 떠나면서 나의 이웃을 떠올렸다. 죽을 두고 간 사람이 나의 이웃이든 아니든, 그는 내가 떠난 것을 보고 안도할 것이었다. 만약 죽을 두고 간 사람이 그가 맞는다면, 그는 흑마술이 효험을 발휘했다고 생각하며 스스로를 위로했을지 모른다. 적어도 당분간은 괜찮을 것이었다. 아핀은 그의 공동체에서 방출되었고, 병은 호전될 것이며, 아파트에서 흘러나오는 불빛은, 적어도 한동안은 노란색에서 다시 푸른색으로 바뀔 것이다.

12

환대로 연결되는 세상

가끔은 내가 왜 이러는지 궁금하다. 왜 나는 내가 잘 아는 사랑하는 사람들을 떠나 낯선 이들 틈에서 새로운 삶의 방식을 찾아 헤맬까? 왜 외로운 길 위에 오를까? 파키스탄에서 쓴 일기를 지금 보면 집에서 5000마일 떨어진 곳을 혼자 여행하는, 수줍음 많고 상처를 잘 받는 열여덟 살 소년이 얼마나 극심한 외로움에 시달렸는지 보인다. 당시는 이메일이나 소셜미디어, 인터넷이 등장하기 훨씬 전이었다. 고향과의 의사소통은 소도시 우체국의 우편물 보관소를 통해 주고받는 편지를 통해 이루어졌다. 도착한 편지에는 몇 주, 때로는 몇 달 전의 소인이 찍혀 있었다. 때로는 단어당 요금을 내는 전보를 보내기도 했다. 데라 가지 칸이라는 곳에 있음. 잘 지냄. 보고 싶음. 타타라는 소도시에 있는 한 저렴한 호텔에서는 고열이 나서 의식이 혼미한 채로 며칠을 보낸 뒤 가느다란 손으로 일기에 이렇게 적었다. "누가 레몬스쿼시를 가져다주면 좋겠다." 라왈핀디에서는 고향에 돌아간 꿈을 꾸고 아침에 잠에서 깨어나 이렇게 썼다. "집과 너무 멀리 떨어져 있어서 그 거리에 대해 또렷하게 생각할 수가 없다." 나티아갈리에 있는 안개 낀 축축한 산속 리조트에서는 나의 호텔방이 파란색 카펫이 깔린 할머니댁이었으면 좋겠다고 생각했다.

집을 멀리 떠나올 때마다 외로움이 밀려든다. 인류학자로 일하던 인도네시아에서는 집에 가고 싶은 게 아닌데도 집에 대한 강렬한 열망을 느꼈다. 청두에서는 매일 밤 아파트 창문 앞에 서서 도시의 깜박이는 네온 불빛을 패턴을 외울 때까지 바라보며 외로움에 몸부림쳤다. 엘리가 그리웠다. 친구들이 그리웠다. 거의 모든 것이 그리웠다.

그럴 때면 중국 고전 시를 번역하며 스스로를 달랬다. 내가 가장 좋아한 작가 중 한 명은 어현기였다. 9세기의 기녀였던 어현기의 시에는 상실과 외로움과 갈망이 넘칠 듯 흐른다. 나는 시공간을 넘어 그의 외로움에 일종의 연대감을 느꼈다.

작별할 때 마시는 천 잔의 술로도
슬픔을 씻어낼 수 없습니다

이별하는 마음이 수백 번 맺혀

풀어낼 길이 없습니다

난초가 지고
봄의 정원으로 돌아오니

버드나무가 양쪽으로 늘어져
배에 오르는 발걸음이 무겁습니다

만나고 헤어지며 슬퍼하는
구름은 모두 정처 없이 흐릅니다

우리의 애정은 반드시
끝없이 흐르는 물에게 배워야 합니다

꽃이 피는 계절에도
다시 만날 수 없음을 압니다

취할 마음이 없지만
옥루에서 술을 마십니다[1]

나의 옥루에서 창문에 머리를 기대고 서서 맥주를 마셨다. 하늘에 있는 구름은 모두 정처 없이 흘렀다. 마음이 맺히고 또 맺혔다. 나는 고향을 꿈꿨다.

선택하지 않은 외로움

내가 선택한 외로움에는 자유가 있다. 외로움은 쓰라리지만, 나는 언제나 혼자 있는 경험을 즐겼다.[2] 불교도로 지낸 시절에는 하드리아누스 성벽 위에 있는 바람 드는 추운 합숙소나, 잉글랜드와 웨일스의 외딴곳에 있는 오두막과 이동식 주택에서 칩거하며 외로움을 구했다. 자연에서 몇 주씩 보내며 리베카 솔닛Rebecca Solnit이 말한 "웅웅거리는 침묵"을 찾아 헤맸다. 그러한 침묵 속에서는 고독이 우리의 신체에 스며들고, 언어마저도 낯설고 혼란스러워진다. 단어는 "우리가 뒤집을 수도, 뒤집지 않을 수도 있는 이상한 돌멩이"로 변한다.[3] 나는 내가 은둔자와 현자, 염세주의자라는 오랜 전통의 일부라고 생각했고, 신이나 자연 또는 더욱 높은 이상과 교감하려 했다. 하루에 몇 시간씩 명상을 했다. 쐐기풀을 따서 렌틸과 함께 끓여 먹었다.[4] 이상한 모자를 썼다. 내리는 비를 가만히 바라보며 깨달음이 곧 찾아오리라 확신했다. 여러 해 동안 영적 진리를 찾아 이따금 산속으로 떠난 끝에 나는 쐐기풀에, 깨달음을 향한 끝없는 추구에 진절머리가 났다. 그러나 고독을 향한 나의 사랑은 불교에 대한 열망보다 훨씬 오랫동안 이어졌다. 나는 지금도 여전히 이러한 종류의 고독을 즐긴다.

도시에서도 외로움을 구했다. 몇 년 전 철학 콘퍼런스 방문차 프라하를 찾았다. 하루 일찍 도착해서 아무 할 일 없이 혼자 보낼 수 있는 24시간이 생겼다. 첫날 아침은 안개가 자욱했다. 호스텔에서 나와 강 근처에 있는 벤치에 홀로 앉았다. 안개 사이로 카프카가 홀연히 나타나도 놀라지 않을 것 같은 그런 날씨였다. 그때 갑자기 이곳에 있는 그 누구도 나를 알지 못한다는 생각과 함께 고독에서 오는 전율로 온몸이 고동쳤다. 신나고 황홀한 신체적 행복이었다. 너무 압도적이어서 숨이 막힐 정도였다.

그러나 이처럼 자발적으로 외로움을 선택할 수 있는 것은 특권이다. 나는 내가 오지에 있을 때도 진정 혼자가 아님을 알았다. 내가 의지할 수 있는 사람들이 있고, 쐐기풀과 비와 명상이 지겨워지면 칩거를 끝내고 나를 반겨줄 사람들에게 돌아갈 수 있음을 알았다. 프라하에서도 다음 날이면 후줄근한 철학자들과 만나 와인을 마시며 수다를 떨게 될 것임을 알았다.

선택하지 않은 외로움은, 다른 선택지가 없는 외로움은 우리를 파괴할 수 있다. 오늘날 외로움은 마구 뻗어나가는 광대한 도시에서 특히 더 확산되고 있다. 그 이유 중 하나는 우리가 사는 세상이 이동이 무척 쉽다는 데 있다. 친밀한 사람들이 더 이상 근처에 살지 않을 때, 가족과 이웃의 연결망이 찢어지고 해질 때 우리는 필요한 도움을 얻을 수 없는 상황에 처한다. 2020년 영국 정부가 실시한 여론 조사에 따르면 코로나19로 규제가 실시되면서 전체 인구의 5퍼센트가 "늘" 또는 "자주" 외로움을 느꼈으며, 삶의 질에 관한 질문에서는 30퍼센

트 이상이 지난 7일 내에 외로움을 경험했다고 답했다.[5]

〈뉴 사이언티스트New Scientist〉에 따르면 심장마비와 암, 신경퇴행성 질환 등 충격적일 만큼 다양한 종류의 질병이 외로움과 연관된다.[6] 외로움은 수면을 방해한다. 만성질환이 발생할 위험을 높인다. 고혈압과 심혈관 질환, 우울증, 알츠하이머, 노년의 인지 저하, 면역력 약화와도 관련이 있다.[7] 외로움이 죽음에 미치는 영향이 하루에 담배를 15개비 피는 것만큼 강력하다는 주장도 종종 제기된다.[8] 이 모든 정보는 외로움이 우리의 정신적·신체적 건강 및 개인과 집단의 안녕에 나쁜 영향을 끼친다는 사실을 보여준다.[9]

페이 바운드 알베르티Fay Bound Alberti는 외로움의 문화사를 다룬 저서에서 외로움은 마음만큼이나 몸에서도 나타난다고 말한다. 외로움은 "진공 상태에서 발생하지 않으며, 정신적·신체적·심리적 건강의 모든 측면과 깊은 관련이 있다. 외로움은 전신의 고통이다".[10] 우리는 프라하의 벤치에 앉았을 때 온몸에 퍼지는 전율에서, 원치 않는 고독이 동반한 아픔에서, 만지고 싶고 만져지고 싶은 갈망에서, 타인과 연결되고 싶은 마음이 마치 타오르는 것처럼 강렬하지만 무엇을 해야 할지 모르거나 감히 엄두를 못 낼 때의 난처함에서 외로움을 느낀다.

외로움이 이토록 파괴적인 것은 우리 인간이 만지고 만져져야 하는 생명체이기 때문이다. 우리는 촉각의 존재다. 우리의 영장류 조상과 마찬가지로 우리는 근본적으로 무리를 이루어 서로의 몸을 만지고 싶어 한다. 붙들고 어루만지고, 손을 뻗어 서로를 쿡쿡 찌르고, 간지럽히고 포옹하고 어르고 싶어 한다.[11] 접촉의 은유적 표현은 사회생활에서 사용하는 언어에도 널리 퍼져 있다. 우리는 '접촉하자get in touch'고 말하거나 '연락이 닿아서 좋다it's good to be in touch'고 말한다. 이러한 만짐에 대한 집착은 단순한 은유가 아니다. 심지어 서로 모르는 사람들도 접촉을 통해 관계를 형성한다. 접촉은 외로움을 덜 느끼게 해준다. 신뢰를 강화한다. 심리적·신체적 통증을 완화한다.[12] 스트레스를 줄이고 면역력을 키운다.[13] 접촉은 어린아이의 사회적·감정적 발달뿐만 아니라 신체 발달에도 필수적이다.[14]

코로나19가 발생하기 전에도 전 세계 많은 곳에서 우리 인간이 접촉의 위기를 겪고 있다는 보도가 많았다.[15] 이동이 자유롭고 온라인 접속이 가능하며 분열된 사회에서 사람들은 며칠 동안이나 만지거나 만져지지 않을 수 있다. 알베르티는 이렇게 말한다. "사회적으로나 감정적으로 타인과 분리되면 병이 날 수 있다. 접촉과 유의미한 인간관계를 빼앗기면 사망에 이를 수 있다."[16] 네덜란드의 영화감독 리자 뢰벤Lieza Röben은 '피부 갈망huidhonger, skinhunger'이라는 뜻의 단어를 만들어냈다.[17] 접촉이 전염이나 심지어 죽음을 의미할 수 있음을 알 때 이러한 접촉에의 욕구, 피부 갈망은 몇 배로 커진다. 코로나19로 거리두기 조치가 실시되자 외로움이 크게 증가했다. 개인이 각자의 삶 속에 격리되는 이 시기에, 자신의 집을 열어젖히는 행위는 실재하는 위험을 낳는다. 다른 사람을 불러들이는 것은 곧 재앙의 가능성을 불러들이는 것과 같다. 거리와 가게에서 사람들은 서로를 피한다.

대중교통을 이용할 때는 짐을 끌고 사람이 적은 곳으로 이동한다. 우리의 목숨이 여기에 달렸을 수 있기 때문이다. 이러한 물리적 거리두기와 고립이 일으키는 슬픔은 가늠할 수 없을 만큼 크다. 많은 이들이 장기간 홀로 고립되면서 다른 인간과 접촉하지 못한 채 몇 달이나 괴로워하고 있다. 병원에서는 죽어가는 환자가 사랑하는 사람과 손을 잡지 못한 채 마지막 시간을 보낸다. 규제가 완화되어 밖에서 만날 수 있게 된 친구들은 팔을 붙들고 끌어안고 싶은 충동을 억누르며 팔꿈치나 발을 맞댄다.

우리 인간은 혼자보다는 함께 있도록 만들어진 사회적 동물이다. 영장류학자 프란스 드 발은 "우리는 외톨이로 태어나지 않았다. 우리의 몸과 마음은 타인이 부재한 삶에 맞게 만들어지지 않았다"라고 주장한다.[18] 이 주장은 철학자들이 말하는 인간의 삶과 크게 다르다. 라르스 스벤젠Lars Svendsen은 외로움의 철학을 다룬 저서에서 이렇게 말한다. "어떤 의미에서 우리는 홀로 태어나고, 살아가고, 죽는다. 우리 모두에게는 자기 자신과 연결되고 타인과의 분리를 인식하는 자아가 있다."[19] 한편 실존주의 철학자인 퍼트리샤 조이 헌팅턴Patricia Joy Huntington은 외로움을 우리의 "진정한 고향"으로 여기며 "삶이라는 거친 모험"의 목적은 다시 이 외로움으로 돌아가는 것이라고 말한다.[20] 스벤젠이 저서에서 인용한 버트런드 러셀Bertrand Russell은 자신의 자서전에서 "모든 분리된 영혼이 가진 이상한 외로움"에 대해 말한다.[21] 러셀은 타인과의 연결이 그 사람에게서 자신의 것과 똑같은 고통스러운 외로움을 발견할 때 맺어지는 것이라고 주장한다. 이 철학자들의 주장이 사실이라면 외로움은 있다가 사라지는 것, 또는 특정 조건하에서만 경험하는 것이 아니다. 외로움은 우리의 정체성에 뿌리박힌 형이상학적 짐이다.

그러나 인류학과 인간의 역사는 우리 인간이 사회적 동물임을 보여준다. 그리고 다른 사회적 영장류와 마찬가지로 가장 근본적인 수준에서 우리는 서로 연결되도록 만들어졌다. 우리 조상이 살았던 사회와 비슷한 현대의 수렵채집 사회에서는 사람들이 혼자 있는 일이 드물다. 우리의 조상들은 옹기종기 모여 서로를 끌어안고, 농담하고 놀리고, 이야기를 들려주고, 소문을 주고받고, 다투고 사이가 틀어지고, 추파를 던지고, 권력을 두고 싸우며 하루하루를 보냈다. 이러한 사회에서는 시간이 남아돈다. 수렵채집 사회는 농업 공동체나 현대 사회보다 여가시간이 훨씬 많다.[22] 이는 다양한 상호작용에 쓰이는 시간이 많다는 것을 의미한다. 이러한 사회에서는 먹을 것을 채집하거나 사냥을 하거나 생활 공간을 돌보는 등의 비非여가시간조차 본질적으로 사교적 특성이 있다. 재러드 다이아몬드Jared Diamond의 말처럼 이러한 사회에서 사는 사람들에게는 여러 문제가 있을지 몰라도 외로움은 문제가 되지 않을 것이다.[23] 만약 외로움이 문제가 된다 해도 금방 사라질 수밖에 없다. 이때의 외로움은 심리적 단층선이나 메울 수 없는 간극이 아니라, 내가 속한 무리와 신체적으로 멀어진 일시적 경험일 뿐이다.

외로움 연구자인 존 카시오포John Cacioppo와 스테퍼니 카시오포

Stephanie Cacioppo는 외로움을 사회의 주변부로 밀려날 때 느끼는 두려움과 불안으로 이해한다.[24] 물고기는 고기 떼의 가장자리로 밀려나면 움찔거린다. 새들도 새 떼 가장자리로 밀려나지 않으려고 노력한다. 주변부에 위치하는 것은 곧 위험에 노출되는 것과 같다. 이러한 측면에서 외로움은 진화의 산물이다.[25] 우리의 먼 조상 중 고독을 즐긴 사람들, 워즈워스풍의 방랑자들은 자신의 유전자를 후대에 전하지 못하고 잡아먹혔을 것이다. 한편 혼자 있을 때 찌르는 듯한 익숙한 불안을 느낀 조상은 가족들이 모여 있는 따뜻한 무리로 서둘러 되돌아갔을 것이고, 후대에 널리 전해진 유전자는 이들의 유전자일 것이다. 우리는 지속되는 외로움을 즐기도록 태어나지 않았다. 외로움은 우리가 진 실존적 짐의 고유한 일부가 아니다. 외로움은 주변부에 위치했을 때 몸에서 나타나는 신체적 반응이자, 우리 조상에게 이제 다시 사람들과 연결될 시간이라고, 가장 안전하게 보호받을 수 있는 자신의 소속집단으로 되돌아가라고 말해준 신체적 반응이다.

역사가 질 르포어Jill Lepore는 "현대 이전에는 혼자 사는 사람이 드물었다. 이 사실은 겨우 한 세기 전부터 천천히 바뀌기 시작했다"라고 말한다.[26] 외로움에는 역사가 있다. 그리고 이 역사는 접촉 상실의 역사, 신체적 분리의 역사와 맥을 같이한다. 우리는 더 이상 수렵채집 사회에서 살지 않는다. 가족 및 친구와 모든 순간을 함께하지도 않는다. 우리는 역사상 그 어느 때보다 신체적으로 분리되어 있다. 도시화가 진행되고 그에 따라 사회적 관계의 구조가 크게 변화하면서 이러한 분리는 더욱 가속화했다. 올리비아 랭Olivia Laing은 "우리는 어디에서나 외로울 수 있지만 도시에서 수백만 명에게 둘러싸여 느끼는 외로움에는 독특한 정취가 있다"라고 말한다. 무수한 사람과 함께 살아가지만 만지거나 붙잡을 사람, 대화를 나눌 사람, 비밀을 공유할 사람, 농담을 하고 수다를 떨 사람이 없다는 인식에는 잔혹한 쓰라림이 있다. 랭은 도시의 외로움이 "관계와 친밀함, 연대감의 부재 또는 결핍, 이런저런 이유로 원하는 만큼의 친밀감을 얻을 수 없는 상태"라고 말한다.[27]

도시에서 느끼는 외로움의 원인 중 하나는 바로 혼잡함이다. 이렇게 수많은 사람에게 둘러싸이는 것은 그야말로 압도적인 경험이다. 우리 안에 군중을 좋아하는 특성이 있을지도 모르지만, 혼잡함이 사회적 위축과 외로움을 불러올 수 있다는 증거도 있다. 우리 안에는 수많은 일시적 연결을 감당할 시스템이 없기 때문에 바깥에 사람이 너무 많으면 타인의 도움 없이 홀로 자신을 돌보게 되고, 결국 전보다 더 외로워진다.[28] 어떻게 하면 이 수많은 삶을 받아들일 수 있을까? 바깥에 친절하고 좋은 사람, 우리가 관계 맺고 심지어 친구가 될 수 있는 사람이 있다는 것은 안다. 그러나 어떻게 그 첫걸음을 내디딜 수 있을까?

도시에서 느끼는 외로움의 또 다른 원인은 바로 신뢰 문제다. 낯선 사람들 사이에서 살아갈 때는 언제 어떻게 사람을 신뢰해야 할지 파악하기 어렵다. 외로움, 즉 주변부에 위치할 때의 느낌은 위협에 대한 반응을 강화한다. 우리는 외로울 때 타인을 가장 불신하는 경향을 보이며, 타인을 불신할 때 가장 큰 외로움에 휩싸인다.[29] 관계를 맺을 가능성은 낮아지고, 위험을 회피할 가능성은 더욱 커진다.[30] 이 불신과 외로움의 순환 고리는 한번 시작되면 멈추기가 힘들다. 연구 결과에 따르면 외로움이 타인을 신뢰하는 능력을 떨어뜨릴 때 그 결과로 발생한 불신은 바깥의 낯선 사람뿐만 아니라 가장 가까운 사람에게로도 향한다.[31] 외로움이 심각해지면 무너진 사회적 관계의 증상을 넘어 문제 발생의 원인이 된다.

환대의 공동체

현대의 외로움에 관한 글은 대개 인구의 절반 이상이 거주하는 도시의 풍경에 초점을 맞춘다. 그러나 도시가 외로움을 독점하는 것은 아니다. 사람들이 시골에서 도시와 시내로 이주함에 따라 공백과 틈이 생기고, 여기서 외로움이 증가할 수 있다. 공동체가 공동화한다. 집들은 텅 비어 허물어지거나 별장으로 팔려 1년 중 일부에만 사용된다. 남겨지는 사람들은 주로 노인이나 어린아이, 고집스러운 사람, 환자, 이 땅을 너무 사랑해서 떠나지 못하는 사람이다. 중국 시골에서는 성인들이 일자리를 찾아 도시로 떠나면서 자녀를 조부모나 대가족 구성원에게 맡기는 경우가 많다. 이렇게 남겨지는 아이들은 외로움을 경험할 위험이 몹시 커진다.[32] 노인들 역시 자녀가 도시로 이주하면서 더 큰 외로움과 고립감을 경험한다.[33] 이처럼 시골 지역에서 외로움이 증가하는 패턴은 미국과 유럽, 아시아와 아프리카를 비롯해 모든 곳에서 똑같이 반복된다.

일부 지역은 다른 곳에서 이방인을 불러들임으로써 흐름을 역전시키고자 한다. 시칠리아섬의 삼부카라는 마을도 집들이 텅 비어 있다. 시 당국은 그 집들을 한 채당 1유로에서 시작하는 가격에 내놓았다. 삼부카는 무어 건축 양식으로 유명하며, 모든 집에 안뜰과 야자수 정원, 귤나무가 있다. 에트나 산자락에서 목가적인 새 삶을 살고 싶다면 집이 이전의 영광을 되찾을 수 있도록 3년간 1만 5000유로를 들여 수리하기만 하면 된다. 이처럼 미래에 현지인이 될지도 모를 이방인을 불러들임으로써 시골 지역의 공동체를 되살리려는 계획이 스페인과 일본을 비롯한 전 세계 여러 지역에서 실행되고 있다.

9월 중순이고 나는 불가리아의 북서쪽에 있는 비딘 주州에 있다. 비딘 주의 주도인 비딘은 기묘하고 으스스하게 아름답다. 다뉴브강, 10세기에 처음 토대를 쌓은 요새, 고요한 정원으로 둘러싸인 모스크, 버려진 유대교 회당과 불가리아 부흥기에 지어진 인상적인 건축물의 잔해가 장관을 이룬다. 그러나 비딘은 거의 텅 비었다. 도시 전체에 나른한 분위기가 감돈다. 주말인데도 거리에 사람이 없다. 가게 중 절반이 셔터를 내렸다. 문을 연 레스토랑과 카페에는 손님이 기껏해야 한두 명뿐이다. 여기저기 생명의 신호가 보인다. 비딘에는 훌륭한 심포니 오케스트라가 있다. 지역 극단이 카바레에서 공연을 한다. 보행자 도로를 다시 깔고 있다. 그러나 비딘이 번성하고 있다고 주장하는 사람은 아무도 없다.

지난 수십 년간 비딘 주(유럽 전체에서 가장 빈곤한 지역 중 하나다)는 재앙이라 할 만큼 인구가 크게 감소했다. 1985년에는 16만 6680명이었던 인구가 2018년에는 약 8만 4865명이 되면서 30~40년 만에 거의 절반이 되었다. 주도인 비딘의 인구 감소는 이만큼 심각하지는 않지만 마찬가지로 같은 기간 동안 주민의 3분의 1이 줄었다.

내가 비딘에 온 이유는 주도에서 몇 킬로미터 떨어진 네고바노프치Negovanovtsi 마을에서 열리는 파티에 초대받았기 때문이다. 이 지역에는 분명 변덕스러운 버스 운행 서비스가 있는 것 같지만 정보를 얻기가 어렵다. 비딘에 있는 버스 터미널에 찾아가자 버스가 없으니 지역의 버스 정류장에 가보라고 한다. 버스 정류장에 도착해 녹슨 미니버스 문에 얼굴을 들이밀고 나무와 철제 파이프로 만든 의자 위에서 꾸벅꾸벅 조는 노인들에게 길을 물어본다. 노인들은 내 어설픈 불가리아어에 깜짝 놀란 듯하다. 잠시 서로 상의를 하더니 버스 터미널로 가라고 말한다. 나는 포기하고 택시를 잡는다.

네고바노프치 광장에 도착해 택시에서 내리니 파티가 막 시작한 참이다. 아홉 명으로 구성된 브라스밴드가 기분을 띄우는 발랄한 음악을 연주하고 있다. 베이스 드럼의 로고에 '두나프스키 리트미Dunavski Ritmi', 즉 '다뉴브 리듬'이라고 쓰여 있다. 치탈리슈테chitalishte, 즉 마을 회관의 기능을 하는 '도서실' 바깥에 마을 사람들이 직물과 복잡한 레이스를 걸어놓았다. 빨간색 전통 식탁보를 덮은 테이블 위에는 달콤하고 짭짤한 페이스트리인 바니차banitsa와 폴렌타 케이크, 무화과 타르트, 속을 채운 피망, 수프, 초콜릿 케이크, 빵 등 이 지역 음식이 가득하다. 광장의 소나무와 칠엽수, 자작나무 그늘에서는 사람들이 원을 만들어 호로horo라는 춤을 추고 있다. 춤추는 사람 중에는 노인도 있지만, 수를 놓은 셔츠와 모직 모자, 끝이 뾰족한 신발로 불가리아의 전통의상을 차려입은 청년들도 있다.

이 파티는 레지덴치야 바바Rezidentsiya Baba 프로젝트가 끝난 것을 기념하는 행사다. 레지덴치야 바바는 바바 레지던스, 즉 '할머니 레지던스'라는 뜻이다. 아이디어스팩토리Ideas Factory라는 불가리아 단체가 진행한 이 프로젝트에서는 도시에 사는 청년들이 시골 마을에 단기 체류하면서 나이 많은 주민들과 함께 생활하고 일한다. 프로젝트 웹사이트에는 "3~5주간 할머니와 함께 지내며 디자인 사고design thinking와 민족지학 현장연구 기술 … 시골 생활방식의 단순한 지혜를 배웁니다"라고 쓰여 있다.[34] 프로젝트의 목표는 세대를 넘어 연대감을 쌓고 시골 공동체를 되살리는 새로운 프로젝트를 개발하는 것이다. 청년들은 마을 노인들의 집에 머물며 함께 생활하고 함께 일한다. 젊은이들이 지역의 공예와 전통 기술을 배우고, 참가자들이 함께 모여 마을의 장기적인 안녕과 경제·사회적 발전에 기여하는 창의적 프로젝트를 만들어낸다.[35]

이 프로젝트는 처음 시작된 이후 불가리아 전역에 있는 마을에서 진행되었다. 그 결과 노인 합창단의 노래를 정식 녹음한 CD가 발매되었다. 그 밖에 지역 도서관을 되살리고, 교회의 종을 새것으로 바꾸고, 베이커리를 개조해 재오픈하고, 생태 탐방로를 만들고, 마을 생활을 담은 사진 전시회를 열고, 불가리아의 전통 뜨개 패턴을 이용한 컴퓨터게임을 만들기도 했다. 청년과 마을 주민들은 함께 일하며 사라질지도 모를 수많은 이야기와 민요, 조리법을 기록했다. 이 모든 것이 새로운 유대를 쌓고 공동체 의식을 강화했다. 자신의 집에 청년을 들인 한 할머니는 이렇게 말했다. "똑같은 마을과 똑같은 집에서 똑같은 삶을 살아가지만 나는 바뀌었습니다. 삶이 더 풍성해지고, 낮과 저녁이 더 즐거워졌어요. 늘 먹던 빵도 더 맛있게 느껴진답니다."[36]

주민에게나 손님에게나 빵은 함께 먹을 때 더 맛있다. 청년들은 허브와 버섯에 대한 해박한 지식, 포도잎에 속을 채우는 기술과 함께 도시로 돌아간다. 그리고 체류가 끝난 뒤에도 프로젝트 작업을 계속하며 마을에서 사귄 친구들과 연락을 유지한다. 또한 주기적으로 다시 마을을 방문해 노인들과 그동안 못 나눈 이야기를 나누고 차를 마시고 라키야를 먹으며 우정을 이어간다.[37]

소피아에서 민속학자인 세라 크레이크래프트Sarah Craycraft를 오랜만에 만났다. 이 프로젝트에 참여한 몇 안 되는 외국인 중 한 명이었던 그는 네고바노프치와 가까운 시나고프치Sinagovtsi에서 한 달 동안 머물며 체차 할머니와 함께 살았다. 그 몇 주 동안 세라와 체차 할머니는 좋은 친구가 되었고, 두 사람은 체류가 끝난 뒤에도 연락을 이어갔다. 겨울이 찾아와 눈이 내리기 시작할 무렵 세라는 할머니를 만나러 다시 마을로 돌아갔다.

체차 할머니는 영어를 못했다. 세라는 불가리아어를 유창하게 말했지만 비딘 바깥의 마을에서는 불가리아어와 세르비아어, 루마니아어가 섞인 방언을 알아듣기 힘들었다. 게다가 체차 할머니는 말하는 속도가 어마어마하게 빨랐다. 그런데도 두 사람은 잘 어울렸다.

세라는 내게 이렇게 말했다. “할머니한테 이렇게 말했어요. ‘할머니, 제가 할머니 말 못 알아듣는 거 알죠?’ 그랬더니 할머니가 이렇게 말씀하시더라고요. ‘괜찮아.’ 그러고는 아무렇지 않게 계속 말하는 거예요!”

바바 레지던스 프로그램이 큰 성공을 거둔 이유는 인구가 줄어든 마을에 활기를 불어넣기 때문만이 아니다. 이 프로젝트는 지역 공동체의 창조성을 이용하고, 이야기와 노래, 언어, 지혜, 조리법, 공예처럼 노인들이 가진 전통 지식을 활용할 새로운 방법을 찾는다.

세대 간의 연결이 끊어진 사회는 특히 고통스러운 외로움을 낳는다. 다음 세대에 전해줄 것이 없다는 생각, 나에게 소중한 문화가 나와 함께 사라질 것이라는 생각만큼 외로운 것은 없다. 소속감은 주위에 사람들이 있다는 생각 외에 자신이 계보와 전통의 일부라는 생각에서도 나온다. 근처 세르비아 국경 너머에 거주하는 노인들에 관한 한 연구는 자신이 공동체의 마지막 세대라는 생각이 얼마나 큰 고립감을 일으키는지를 잘 보여준다. 한 여성은 연구자에게 이렇게 말했다. “저녁이 오면 문을 걸어 잠급니다. 무섭고 외로워서요.” 또 다른 여성은 이렇게 말한다. “옛날에는 4대에 걸쳐 노인을 돌봤어요. 우리는 가난하고 가진 게 아무것도 없었지만 그래도 해냈어요. 내가 증조 할머니 두 분을 땅에 묻었어요. 시어머니를 묻은 다음에는 시아버지를 묻었고요.… 그런데 우리는 여기서 혼자 죽게 될 거예요."[38]

이러한 세대 간의 격차가 노인이 외로움을 느끼는 이유 중 하나라는 인식이 점점 커지고 있다.[39] 이는 노인뿐만 아니라 청년에게도 문제일 수 있다. 전통의식과 자신이 계보의 일부라는 인식은 청년이 세상에 자리 잡는 기반이 될 수 있기 때문이다.

바바 레지던스 프로젝트가 진행되는 불가리아 마을의 노인 주민들은 이야기와 노래, 마을의 전통적 지혜, 조리법, 격언, 공예 기술 등을 전승하면서 다른 사람에게 무언가를 주는 새로운 방법을 알게 된다. 외로움은 돌봄이나 인정, 공감을 받지 못하는 것만이 아니다. 외로움은 이런 것들을 줄 기회를 얻지 못하는 것이기도 하다.[40]

소련 붕괴 이후 러시아에서 외로움을 연구한 인류학자 미셸 앤 파슨스Michelle Anne Parsons는 공동생활의 특징인 선물 교환의 순환 고리를 빠져나올 때 외로움이 발생한다고 주장한다. 파슨스는 소련이 붕괴한 이후인 1990년대의 러시아에서 현장연구를 실시했다. 소련이 무너지자 빠른 속도로 사회경제적 개혁이 이뤄졌고 그 결과 많은 노인이 일자리를 잃거나 어쩔 수 없이 조기 퇴직을 했다.[41] 일자리와 사회적 역할, 목적의식이 사라지자 알코올 중독이 급증했고 사망률도 급속도로 높아졌다. 파슨스와 이야기를 나눈 많은 사람이 새롭게 변한 세상 속에서 자신이 불필요한 존재가 된 것 같다고 말했다. 그들은 자신이 니코무 니 누시니nikomu ne nuzhny, 즉 아무짝에도 쓸모없는 사람이라고 말했다. 이들은 니 보스트레보배니ne vostrebovany, 즉 아무 수요도 없는 사람이었다.

필요한 사람이 되고 싶은 욕구는 가장 큰 욕구 중 하나다. 파슨스는 필요 없어진 사람들이 외로움과 고립감을 겪는 가장 큰 원인 중 하나가 "타인에게 무엇인가를 주고 상호 인정을 경험할 능력의 상실"이라고 말한다. 파슨스와 인터뷰한 누군가의 말처럼, 줄 것이 아무것도 없을 때 "개개인은 혼자다. 모두에겐 아무도 없다". 그는 이렇게 말한다. "누가 우리를 필요로 하는가? 필요한 사람이 누구인가? 이제 그 누구도 다른 사람이 필요하지 않다. 세상이 끔찍하게 변하고 있다."[42]

사회적 동물인 우리는 선물을 주고받으며 사회적 관계를 맺는다. 관대함이 사회연결망에 퍼져나가며 우리를 하나로 묶는다.[43] 그러나 이 끝없는 선물의 순환 고리 속으로 들어가려면 최소한 무언가를 줄 기회가 있어야 한다. 우리에게는 타인에게 무언가를 내주는 데서 오는 인간의 존엄성이 필요하다. 줄 방법이 없으면 사회의 지도 바깥으로 떨어지고, 그 결과로 외로워지기 때문이다.

네고바노프치에서 춤이 끝날 때가 되자 광장이 북적인다. 밴드는 잠시 휴식을 취한다. 이 지역에서 만든 와인에 '와인을 위한 레모네이드'라는 이름으로 팔리는 선명한 노란색 시럽을 섞어 마신다. 연설이 시작된다. 마을의 시장이 한마디를 해야 한다. 불가리아어가 서툴러서 무슨 말인지 이해할 수는 없지만 다른 사람들도 딱히 관심이 없어 보인다. 사람들이 이곳에 있는 것은 음식을 먹고 수다를 떨고 춤을 추기 위해, 자기가 가진 가장 좋은 옷을 걸치고 친구와 이웃, 낯선 사람들과 즐거운 시간을 보내기 위해서다. 연설이 끝나고 게임이 펼쳐진다. 도시에서 온 청년들이 포도잎에 속을 채우는 시합을 벌이며 신기술을 뽐내는 한편, 할머니와 할아버지들은 주위에 동그랗게 모여 청년들의 기량을 평가한다. 밴드가 다시 연주를 시작하고, 모두가 먹기 시작한다. 전통의상을 입은 단호해 보이는 여성이 내 접시를 가져가더니 달콤하고 진득한 뭔가를 잔뜩 뿌려주고 씨익 웃는다. 내가 감사하다고 말하자 나를 다시 식탁 쪽으로 떠민다. 내 접시에 담긴 음식이 충분해 보이지 않는 것 같다. 나는 불가리아의 초콜릿 케이크인 네가르체negarche와 뭉근하게 끓인 콩, 옥수수가루로 만든 짭짤한 카차막kačamak, 바니차, 빵을 조금씩 담는다. 그리고 치탈리슈테 계단에 앉아 광장을 바라본다. 사람들은 대화를 나누고 관계를 맺으며 즐거워하고 있다.

나는 네고바노프치에 잠시 머물다 떠나는 방문객일 뿐이지만 이곳이 무척 편안하다. 이 공동체가 심각한 문제에 직면했다는 것은 안다. 그러나 직접 만든 맛 좋은 음식이 가득 담긴 접시를 들고 치탈리슈테의 계단에 앉아 자작나무와 칠엽수 아래서 춤추는 사람들을 바라보고 있자니 마을은 전혀 퇴락하는 것 같지 않다. 광장은 왁자지껄하게 축하하는 소리로 가득하다. 노인들과 청년들이 서로를 껴안고 만지고 미소 짓는다. 이곳에는 웃음소리와 소음과 즐거움이 있다. 한 할머니가 지팡이를 들고 자기 의자에 앉아 있다. 그러나 할머니는 외로워 보이지 않는다. 사람들을 바라보며 행복한 함박웃음을 짓고 있다.

외로움은 이렇게 극복할 수 있다. 관대함이 흐르는 물길을 내고, 서로 선물을 주고받고, 즐거움을 나누어 배가함으로써 외로움을 극복할 수 있다. 브라스밴드가 명랑한 음악을 연주하고 테이블에 직접 만든 음식이 가득한 나무 그늘 아래서 이방인과 친구들을 만나 함께 동물적 온기를 만들어냄으로써 외로움을 극복할 수 있다.

빵을 씹으며 파티가 펼쳐지는 모습을 바라본다. 최소한 오늘은 이곳 네고바노프치의 모든 문이 활짝 열려 있고, 모든 것이 가능해 보인다. 빵이 실제로 더욱 맛있게 느껴진다.

에필로그

문을 열어놓기

4년 전, 나는 호스피스 병동에 있던 엘리의 마지막 곁을 떠나 집에 도착했다. 배고픈 고양이가 내 발목에 몸을 부비적댔고 싱크대 위에 케저리가 든 플라스틱 통이 있었다.

암은 우리 예상보다 훨씬 빨리 재발했다. 그 전해 크리스마스에 엘리는 나를 보러 청두로 왔다. 우리는 3주간 함께 시간을 보내며 도시를 탐험하고 근처의 다른 마을로 여행을 가고 박물관을 찾았다. 엘리를 다시 만나고, 친구들에게 엘리를 소개하고, 엘리와 함께할 때의 편안함을 다시 느낄 수 있어서 좋았다. 그러나 그 몇 주간 우리는 무언가가 잘못되었음을 이미 알고 있었다. 엘리는 피곤해했다. 얼굴이 창백하고 핼쑥했으며, 7층에 있는 나의 아파트에 올라갈 때면 숨이 가빠졌다. 목소리도 쉬어 있었는데, 의사는 후두염이라고 진단했다. 엘리는 식욕이 별로 없었다. 내내 말이 없고 불안해했다. 우리는 청두에 있는 병원에 가서 검사를 받아볼까도 생각했지만 의미 없어 보였다. 집에 돌아갔을 때도 여전히 몸이 안 좋으면 그때 병원에 가면 됐다. 혹시 나쁜 결과가 나온다면 정말로 나쁜 상황일 것이므로 한두 주 늦어져도 큰 상관은 없을 것이었다.

공항에서 작별 인사를 한 뒤 엘리가 가방을 끌고 출국 게이트로 사라지는 모습을 지켜보았다. 답답한 불안감이 일었다.

1월 말, 엘리는 옆구리에 통증을 느끼고 쓰러졌다. 택시를 불러 병원으로 향했다. 병원에서 이런저런 검사를 했고, 뒤이어 또 다른 검사를 했다. 정밀 검사 결과, 간에 음영이 보였다. 가는 검은색 실 같은 것이 얽혀 있었다. 엘리는 내게 이메일을 보냈다. "미안해. 그리고 너무 사랑해. 우리가 영원히 함께할 수 있다면 좋을 텐데."

나는 엘리에게 전화를 걸었다. 우리는 짧게 통화했다. 엘리의 목소리가 멀고 작게 느껴졌다.

"비행기 티켓을 예매할게." 내가 말했다. "최대한 빨리 돌아갈 거야."

그다음 주 초에 나는 집으로 돌아왔다. 우리는 함께 암 전문의의 진료실에 앉아 있었다.

"남은 시간이 얼마나 되나요?" 엘리가 물었다.

"정확히 말하기는 힘듭니다." 의사가 말했다. "사람에 따라 달라요.

하지만 아마 2년이나 3년 정도일 겁니다."

우리는 둘 다 울기 시작했다. 2년은 말도 안 되게 짧은 시간 같았다.

그러나 2년은 계속해서 삶을 살아나가기 충분한 시간이었다. 헬렌 던모어Helen Dunmore는 말년에 다음과 같은 시를 썼다. "나는 내가 죽어가고 있음을 안다. 그러나 잘린 줄기에서 최선을 다해 꽃을 피워내지 않을 이유가 어디 있는가?"[1] 그래서 우리는 비록 잘린 줄기지만 계속해서 꽃을 피워내려고 노력했다. 병원에 다녀오고 몇 주 뒤 엘리는 자신의 연구 결과를 책으로 집필할 시간을 마련하려고 일을 그만두었다.[2] 엘리는 유산을 남기고 싶어 했고, 떠나기 전에 이 세상에 무언가를 주고 싶어 했다. 우리는 여행 계획을 세웠다. 여름에 코펜하겐으로 휴가를 가기로 했다. 엘리가 늘 덴마크에 가고 싶어 했기 때문이다. 우리는 집에 손님을 초대했고, 언제나처럼 내가 요리를 했다. 이제 그 어느 때보다도 세상과의 문턱을 낮출 필요가 있었다. 우리는 이곳저곳을 돌아다녔다. 도시 외곽에 넓게 펼쳐진 초지를 거닐며 물총새와 잠자리, 갈대 사이를 지나는 여우를 발견했다. 저녁이면 함께 텔레비전을 보거나 책을 읽었다.

여름을 향해가면서 엘리의 건강이 급속도로 나빠졌다. 암이 간에서 뼈로 빠르게 퍼졌다. 이제 엘리는 휠체어를 이용했다. 그러나 엘리는 대학교의 강연 요청을 수락했다. 그리고 세상을 떠나기 6주 전에 사람으로 가득 찬 강당에 서서 자신의 연구 결과를 발표했다. 목소리는 힘이 없었지만 엘리는 언제나 관객을 사랑했고, 군중 앞에서 생기가 돌았다. 엘리는 농담을 하고, 공룡과 긴털족제비 박제와 공룡 뼈의 사진을 보여주었다. 강연이 끝난 뒤 모르는 사람 여러 명에게서 카드를 받았고, 부지런히 답장을 하며 감사의 말을 전했다.

여름이 되자 남은 시간은 3년이 아니라는 것을 알게 되었다. 심지어 2년도 안 될지 몰랐다. 우리는 코펜하겐을 포기하고 옥스퍼드에서 주말을 보내기로 했다. 시내에서 멀지 않은 곳에 방을 예약했다. 그 주말 동안 엘리는 거의 내내 잠을 잤다. 그 주말은 브렉시트 투표 결과가 나오는 때이기도 했다. 나는 책을 읽고, 불안해하며 뉴스를 확인하고, 짧게 산책을 다녀오고, 먹을 것을 사왔다. 우리는 작별이 아닌 휴가 기분을 내려고 애썼다. 엘리가 연구 작업을 했던 자연사 박물관에도 갔다. 저녁에는 그저 그런 평범한 영화를 봤다. 그리고 일본 레스토랑에서 저녁 식사를 했다. 엘리는 이제 식욕이 거의 없었고 휠체어를 밀어 계단을 오르는 것도 어려워했다. 그러나 우리는 맥주를 마시고 교자를 먹었다. 기분이 좋았다. 다음 날 집으로 돌아오는 기차에서 휠체어 위에서 지쳐 잠든 엘리의 모습을 바라보았다. 나는 이것이 우리의 마지막 여행임을 알았다.

8월 1일, 엘리는 세상을 떠났다. 다음 날 나는 엘리와 함께 살았던 집에 혼자 앉아 있었다. 혼자 무엇을 해야 할지 몰라 그저 고양이를 계속 쓰다듬었다.

엘리가 죽고 일주일 후, 런던에 사는 한 친구가 페이스북에 글을 올렸다. 지금 사는 아파트에서 나와야 해서 살 곳을 찾고 있다고 했다. 모르는 사이는 아니었지만 그렇다고 잘 아는 사이도 아니었다. 나는 책상 앞에 앉아 우리 집이 지금은 텅 비었지만 전에는 얼마나 사람들로 북적였는지를 떠올렸다. 문을 걸어 잠그고 은둔하며 나의 상실을 더욱 꼭 껴안는 편이 더 쉬웠을지도 모른다. 그러나 본능적인 무언가가 내게 이것이 기회라고, 생명줄이라고 말했다. 나는 급히 메시지를 보냈다. "우리 집으로 들어와. 남는 방이 있어."

엘리의 장례식이 있고서 정확히 일주일 후에 친구가 짐을 가득 실은 밴을 끌고 우리 집에 도착했다. 세상이 완전히 무너진 것 같을 때 주위에 다른 사람이 있어서, 집의 벽이 다시 밖으로 확장하는 느낌이 들어서 좋았다. 친구가 중국식 만찬을 차렸고, 사람들을 초대해 식사를 했다. 가을이 겨울로 바뀌는 동안 우리는 함께 먹고 마시고 가스난로 옆에 앉아 시간을 보냈다.

현관 벨이 자주 울렸다. 집은 북적이고 뜨겁고 시끌벅적해졌다. 또 다른 친구가 모타운Motown 레코드를 잔뜩 가져왔다. 우리는 와인을 따고 레코드를 틀고 춤을 추었다.

이렇게 나는 찢어진 내 세상의 천을 다시 꿰매기 시작했다.

작가 후기

불가리아에서

코로나19 팬데믹이 강타하기 전이었던 여름에 이 책의 초안을 완성했다. 첫 번째 교정지를 훑고 있을 무렵 모든 것이 변했고 세계의 절반이 격리 조치에 들어갔다. 이런 시기에 낯선 이에게 문을 열어젖히는 미덕에 관한 책을 작업하려니 느낌이 이상했다.

그로부터 몇 달이 지난 지금은 다시 한여름이며, 나는 불가리아 소피아에 있는 내 아파트의 책상에 앉아 있다. 지난 몇 달간 실시된 격리 규제가 최근 완화되었다. 발코니로 향하는 문이 열려 있다. 바깥에서 해가 빛나고 있고, 광장에서 현악 삼중주단이 아스토르 피아졸라Astor Piazzolla의 〈리베르탱고〉를 연주하고 있다. 평범한 하루 같다. 비록 이제는 그 어떤 날들도 평범하지 않지만. 오랫동안 집에 손님을 초대하지 못했다. 친구들과 처음 보는 사람들이 함께 음식을 먹고 대화를 나누는 소리가 아파트를 가득 채운 지 몇 달이 지났다.

발코니로 나가면 삼중주단이 음악을 연주하는 모습을 지켜볼 수 있다. 사람들은 지침에 따라 약 2미터 거리를 두고 벤치에 앉아 음악을 듣는다. 개를 산책시키거나 슈퍼마켓으로 향하는 사람들이 서로를 스쳐 지나간다. 트램이 선로 위를 덜커덩거리며 지나간다. 팬데믹 전보다 승객이 적다. 다른 사람들처럼 나 또한 지난 몇 달을, 그 고립감과 두려움과 슬픔을 이해해보려 애쓰고 있다. 매일 뉴스를 확인하고 무엇이 변했는지 살핀다. 세상은 아직 숨을 죽이고 있다. 미래는 과거나 지금이나 불확실한 것이지만, 현재의 이 불확실함은 그 어느 때보다 더 생생하다.

그러나 팬데믹은 언제나처럼 왔다가 지나간다. 어쩔 수 없이 문을 걸어 잠가야 하는 지금이야말로 삶을 축소하려는 유혹에 저항하고 이방인이 가져다줄 수 있는 미래를 상기해야 한다. 우리가 서로에게 갖는 이 생명 존재로서의 필요를 잘 지킬 수만 있다면 폭풍이 지나갔을 때 문을 활짝 열고, 다시 연결되고, 서로를 껴안고, 살 가치가 있는 세상을 만들어나갈 수 있을 것이기 때문이다.

환대를 베풀어준 이들에게

15년 전에 처음으로 나와 함께 이 책의 아이디어를 상의해준 엘리 커크에게 이 책을 바칩니다. 오랜 시간 엘리의 우정과 다정함, 유머, 억누를 수 없는 필로제니아를 함께할 수 있었던 것을 무척 감사하게 생각합니다. 엘리가 세상을 떠난 후 많은 가족과 친구들, 낯선 사람들이 나서서 제 세상에 난 균열을 메꾸는 것을 도와주었습니다. 저와 함께 식사를 해주고, 집에 찾아와주고, 저를 불러내주고, 제게 손님이나 주인 노릇을 할 기회를 줌으로써 필로제니아의 정신을 유지할 수 있게 도와준 모든 분께 감사드립니다.

미얀마에서 제게 복잡한 미얀마어를 가르쳐주고 미얀마의 전통적 믿음에 대해 많은 정보를 알려준 사야마 투투Sayama Thuthu에게 감사드립니다. 이 책의 많은 아이디어는 양곤의 파라미연구소에서 가르치는 동안 형성한 것입니다. 학생들은 이방인과 연결되는 것의 의미를 깊이 탐구하는 과정에서 뛰어나고 날카롭고 열정적인 파트너가 되어주었습니다. 특히 소규모 연구집단을 꾸려 미얀마인의 삶에 대한 통찰을 공유해주고 이방인이었던 제가 친구들과 함께하는 느낌을 갖게 해준 탄토웅Than Toe Aung과 메이탄친May Thant Cynn, 라운얀Lawoon Yan, 킨칫윈Khin Chit Win에게 감사를 전합니다. 인도네시아에서는 그레이스 수세툐Grace Susetyo와 인도네시아의 라마이 문화의 미묘함에 대한 그의 열정에서 많은 것을 배웠습니다. 라피키 가족의 관대함에도 감사드립니다. 특히 유스라 라피키와 삼라 세하르는 시간을 내어 '무슬림 가족과 식사해요' 캠페인에 대한 저의 질문에 답해주었습니다.

테살로니키에서는 트레이시 루카스Tracy Lucas와 로리 오키프Rory O'Keefe가 최고의 우조ouzo 파트너가 되어주었고, 우리의 공통 친구인 엘레니 S.가 이방인에게 집을 내어준 자신의 경험을 공유해주었습니다. 또한 그리스를 비롯한 여러 지역에서 난민들이 겪는 경험에 대해 통찰을 제공해준 난민 트라우마 이니셔티브Refugee Trauma Initiative에게도 감사드립니다. 불가리아에서는 야니나 탄베아Yanina Tanvea와 아이디어스팩토리 팀원들이 저를 환영하고 열렬한 지지를 보내주었습니다. 훌륭하며 반드시 필요한 그들의 작업에 깊은 경탄을 보냅니다. 또한 불가리아에서 뛰어난 화술과 그보다 더 뛰어난 타르하나를 제공해주고 곤봉으로 저를 때리지 않아준 야쿠브 하산에게도 감사를 전하고 싶습니다.

이 책의 자료 조사에 도움을 준 많은 학자와 연구원에게도 감사를 전합니다. 특히 미얀마의 유령에 대해 매우 귀중한 정보를 제공해준 베네딕트 브락 드 라 페리에르Bénédicte Brac de la Perrière와 제인 퍼거슨Jane Ferguson, 몽골의 요스에 대해 알려준 캐럴라인 험프리와 그레고리 들라플라스Gregory Delaplace, 불가리아의 전통문화에 대한 지식을 전해준 세라 크레이크래프트에게 감사드립니다. 시인 아나 마리자 그르빅Ana Marija Grbić은 세르비아의 전통인 시크테루샤 커피의 숨은 뜻을 알려주었습니다. 저의 옛 제자였던 루비나 발라Rubina Bala는 알바니아의 환대에 대한 저의 질문에 대답해주었습니다. 시인이자 여행작가인 톰 필립스Tom Phillips 박사는 베사 개념과 알바니아 산악 지대의 미묘한 생활양식에 관해 깊이 있는 통찰을 제공해주었습니다.

집필 초기에 저의 뛰어난 에이전트 에마 핀Emma Finn이 저를 계속 밀어붙여 생각을 다듬을 수 있게 도와주었습니다. 그의 지지와 끝없는 격려, 단호한 고집이 없었다면 이 책은 세상에 나오지 못했을 것입니다. 그란타 출판사의 편집자 앤 메도스Anne Meadows는 대충 깎은 돌 같았던 초고에서 가능성을 볼 수 있게 도와주었습니다. 작가가 빈틈없는 동시에 엄격하고, 언제나 열의를 잃지 않는 편집자를 만나는 것은 행운입니다. 꼼꼼한 교정으로 저를 몇 번이나 구해준 레슬리 르벤Lesley Levene에게도 감사드립니다. 조카인 리버티 애봇Liberty Abbott과 인디아 애봇India Abbott은 훌륭한 연구 보조자가 되어주었고, 마지막 단계에서는 길잃은 참고문헌을 끈질기게 찾아주었습니다.

작가 재단Authors' Foundation에 보조금을 제공해 이 책의 연구 자금 마련에 도움을 준 작가협회Society of Authors에도 감사드립니다.

이 책의 대부분은 길 위에서, 낯선 사람들 사이를 여행하며 썼습니다. 저의 협력자이자 친구인 해나 스티븐스Hannah Stevens가 저와 함께하며 통찰력을 제공해주지 않았더라면 이 여행은 이만큼 만족스럽고 재미있지 않았을 것입니다.

마지막으로 이 책의 아이디어는 여행길에서 낯선 이들과 나눈 수많은 대화에서 나온 것입니다. 말 그대로, 또 은유적으로 기꺼이 자신의 문을 열어주고 '안녕, 낯선 사람Hello, Stranger'이라고 말해준 모든 분께 감사드립니다!

인용 출처

11쪽 *When Death Takes Something from You Give It Back* by Naja Marie Aidt (Quercus, 2019) reproduced with the permission of Quercus Books.

11~12쪽 *The Poetics of Space* by Gaston Bachelard, translated by Maria Jolas, copyright ⓒ 1958 by Presses Universitaires de France; translation copyright ⓒ 1964 by Penguin Random House LLC. Used by permission of Viking Books, an imprint of Penguin Publishing Group, a division of Penguin Random House LLC. All rights reserved.

193쪽 Ken Smith from *Don't Ask Me What I Mean: Poets In Their Own Words*, edited by Clare Brown and Don Paterson (Picador, 2003) reproduced with the permission of Pan Macmillan.

221~222쪽 *A Short Border Handbook* by Gazmend Kapllani (Granta Books, 2017) reproduced with the permission of Granta Books and New Europe Books.

222쪽 *White Blight* by Athena Farrokhzad, translated by Jennifer Hayashida (Argos Books, 2015), reproduced with the permission of Argos Books.

310쪽 'My Life's Stem Was Cut' by Helen Dunmore' from *Counting Backwards: Poems 1975 – 2017* (Bloodaxe Books, 2019) reproduced with the permission of Bloodaxe Books.

미주

여는 말

1. Naja Marie Aidt, *When Death Takes Something from You Give It Back*(Quercus Books, 2017), p. 88.
2. Gaston Bachelard, *The Poetics of Space*(Beacon Press, 1969), p. 52에서 인용됨.(《공간의 시학》, 동문선, 곽광수 옮김)
3. Emmanuel Levinas, *Time and the Other*(Duquesne University Press, 1987), p. 77.(《시간과 타자》, 문예출판사, 강영안 옮김)
4. Donald N. Levine(ed.), *Georg Simmel: On Individuality and Social Forms*(University of Chicago Press, 1971), pp. 143-5.
5. Robin Dunbar, *How Many Friends Does One Person Need? Dunbar's Number and Other Evolutionary Quirks*(Faber and Faber, 2010), p. 37.(《던바의 수》, 아르테, 김정희 옮김)
6. Ibid., p. 39.
7. Oxford University Our World in Data에 올라온 Hannah Ritchie와 Max Roser의 유익한 글 'Urbanization'을 참조. 웹사이트: https://ourworldindata.org/urbanization.
8. 예를 들면 Malcolm Gladwell, *Talking to Strangers*(Little, Brown and Company, 2019)를 참조.(《타인의 해석》, 김영사, 유강은 옮김)
9. 이 어근은 산스크리트어와 라틴어, 그리스어의 선조인 원시인도유럽어다. 원시인도유럽어는 흑해의 북쪽 해변에서 동쪽으로 이어지는 스텝 지역에서 6500년 전까지 사용된 것으로 여겨진다.
10. K. D. M. Snell, 'The rise of living alone and loneliness in history', *Social History*, 42:1(2017), pp. 2-28.
11. Fay Bound Alberti, *A Biography of Loneliness: The History of an Emotion*(Oxford University Press, 2019), p. 31.
12. Marina Keegan, *The Opposite of Loneliness*(Simon and Schuster, 2014), p. 1.
13. 이는 호모사피엔스뿐만 아니라 모든 사회적 영장류도 마찬가지다. John Capitanio, Stephanie Cacioppo and Steven Cole, 'Loneliness in monkeys: neuroimmune mechanisms', *Current Opinion in Behavioral Sciences*, 28(2019), pp. 51-7 참조.

01 우리 집에 오신 것을 환영합니다

1. Cicero, *Selected Letters*, translated by P. G. Walsh(Oxford World's Classics, 2008), p. 64.
2. Ibid., p. 68.
3. Plutarch, *The Age of Caesar: Five Roman Lives*, translated by Pamela Mensch(W. W. Norton, 2017), p. 104.
4. 이후 일부 학자들은 혐의의 타당성에 의문을 제기했다. W. Jeffrey Tatum은 저서 *The Patrician Tribune: Publius Clodius Pulcher*(University of North Carolina Press, 1999)에서 이들의 논거를 검토한 뒤 아무리 가능성이 낮아 보이더라도 증거의 무게가 클로디우스의 유죄 쪽으로 기운다고 결론 내린다.
5. 이는 본래 신성한 규율을 어긴 사람의 집과 재산을 몰수하는 종교적 형벌이었다. Gordon P. Kelly, *A History of Exile in the Roman Republic*(Cambridge University Press, 2006), p. 28 참조.
6. Anthony Everitt, *Cicero: The Life and Times of Rome's Greatest Politician*(Random House, 2001), p. 143 참조.(《로마의 전설 키케로》, 서해문집, 김복미 옮김)
7. 이 이야기는 다음 책에 잘 설명되어 있다. Kathryn Tempest, *Cicero: Politics and Persuasion in Ancient Rome*(Continuum Books, 2001), pp. 122-4.
8. Cicero, Selected Letters, p. 76.
9. Cicero, *Back from Exile: Six Speeches upon His Return*, translated by D. R. Shackleton Bailey(American Philological Association Classical Resources, 1991), p. 84. 또한 다음을 참조. Jack Lennon, 'Pollution and ritual impurity in Cicero's De domo sua', *Classical Quarterly*, 60:2(2010), pp. 427-45.
10. Jerry D. Moore, *The Prehistory of Home*(University of California Press, 2012), p. 18 참조.
11. Martha C. Nussbaum, *Political Emotions: Why Love Matters for Justice*(Harvard University Press, 2013), p. 154.(《정치적 감정》, 글항아리, 박용준 옮김)
12. John S. Allen, *Home: How Habitat Made Us Human*(Basic Books, 2015), p. 1.(《집은 어떻게 우리를 인간으로 만들었나》, 반비, 이계순 옮김)
13. Verlyn Klinkenborg, 'The definition of home', *Smithsonian Magazine Online*(May 2012): https://www.smithsonianmag.com/science-nature/the-definition-of-home-60692392/.
14. Wendy Dongier(trans.), *The Rig Veda*(Penguin Books, 1981), p. 100.
15. J. P. Mallory and D. Q. Adams, *The Oxford Introduction to Proto-Indo-European and the Proto-Indo-European World*(Oxford University Press, 2006), p. 222.
16. Cicero, *The Nature of the Gods*, translated by Horace C. P. McGregor(Penguin Books, 1972), p. 161.(《신들의 본성에 관하여》, 그린비, 강대진 옮김)
17. J. A. J. Gowlett에 따르면 인류는 여러 단계를 거쳐 불을 발견했다. 'The discovery of fire

by humans: a long and convoluted process', *Philosophical Transactions of the Royal Society B: Biological Sciences*, 371(2016), pp. 1-12 참조.

18. Laura Spinney, 'Cosy up with the Neanderthals, the first humans to make a house a home', *New Scientist*(6 February 2019).
19. 《사피엔스》에서 유발 하라리는 네안데르탈인이 호모사피엔스에게 멸종되었다는 이론에 동의하며 이들이 "무시하기에는 너무 친숙하고, 용인하기엔 너무 달랐"을 것이라 추측했다. 그러나 네안데르탈인이 전멸한 것은 집단 학살 때문이 아니라 불운 때문이었을지도 모른다. K. Vaesen et al., 'Inbreeding, Allee effects and stochasticity might be sufficient to account for Neanderthal extinction', *PLoS ONE*, 14:11(2019)을 다룬 Ian Sample, 'Bad luck may have caused Neanderthals' extinction - study', *Guardian*(27 November 2019) 참조.
20. 이는 '친족 관계와 우정, 동업 관계'나 물물 교환을 통해 외부인의 접근을 방어적이기보다는 사교적으로 관리했던 수렵채집 공동체에 관한 더욱 최근의 연구와도 일치한다. Steven L. Kuhn and Mary C. Stiner, 'The antiquity of hunter-gatherers', in Catherine Panter-Brick, Robert Layton and Peter Rowley-Conwy(eds.), *Hunter-Gatherers: An Interdisciplinary Perspective*(Cambridge University Press, 2001), pp. 106-7 참조.
21. Spinney, 'Cosy up with the Neanderthals' 참조.
22. Jani Närhi, 'Beautiful reflections: the cognitive and evolutionary foundations of paradise representations', *Method and Theory in the Study of Religion*, 20(2008), p. 361. 미얀마에서 대학원 학생들에게 낙원을 그려보라고 부탁해 직접 실험을 해보았다. 그 결과 모든 학생이 진화상 이상적인 풍경을 그렸다. 예외인 학생이 딱 한 명 있었는데, 시집을 출간한 시인인 라운얀이 그린 낙원에는 책 무더기와 여러 병의 와인, 오래된 레코드플레이어와 넉넉한 간식이 있었다.
23. 이 사례들은 Yale University's Human Relations Area Files에 실린 Fran Barone의 멋진 글, 'Home truths: an anthropology of house and home'에서 가져왔다. 사이트 주소는 https://hraf.yale.edu/home-truths-an-anthropology-of-house-and-home/.
24. Ibid.
25. Anna Badkhen은 저서 *Walking with Abel: Journeys with the Nomads of the African Savannah*(Penguin Books, 2015)에서 가축을 기르는 서아프리카 풀라니족 Afo Bocoum의 사례를 든다. 그는 정착한 뒤 향수병이 생겼으며, 가축에게 먹이를 주기 위해 하루에 두 번 오토바이를 타고 목초지로 향하는 것이 그의 향수와 상실감을 달래주는 위안이었다(p. 17).
26. Steve Sheppard(ed.), *The Selected Writings of Edward Coke: Volume 1*(Liberty Fund, 2003), p. 137.
27. *The Reports of Sir Henry Yelverton ... of Divers Special Cases in the Court of King's Bench, as Well in the Latter End of the Reign of Q. Elizabeth, as in the First Ten Years of K. James-*

(Court of the King's Bench of England, 1735), pp. 28-9. 코크는 국가가 타당한 이유 없이 발부할 수 있는 일반 수색영장 사용에 반대했다. 코크는 일반 수색영장이 불법이라고 주장했지만 일반 수색영장은 18세기 내내 사용되었다.

28. Judith Flanders, *The Making of Home: The 500-year Story of How Our Houses Became Homes*(Atlantic Books, 2014), p. 96에서 인용됨.
29. Setha Low, *Behind the Gates: Life, Security and the Pursuit of Happiness in Fortress America*(Routledge, 2003), p. 121.
30. 이와 관련된 연구가 상당히 많다. 그중 하나로 다음을 참조. Jiayu Wu et al., 'Dismantling the fence for social justice? Evidence based on the inequity of urban green space accessibility in the central urban area of Beijing', *Environment and Planning B: Urban Analytics and City Science*(2018), pp. 1-19.
31. Setha Low, *Spatializing Culture: The Ethnography of Space and Place*(Routledge, 2017), p. 168.
32. Ibid., p. 166.
33. Catherine Allerton, 'Making guests, making "liveliness": the transformative substances and sounds of Manggarai hospitality', *Journal of the Royal Anthropological Institute*, 18:S1(2012), p. S50 참조. 이 공동체뿐만 아니라 인도네시아 전역의 훨씬 광범위한 지역에서 라마이를 중시한다. 심지어 뼛속까지 현대적인 인도네시아 도시인 중에도 이 활기차고 떠들썩한 집단의 감각을 집에 머문다는 것의 의미로서 귀중하게 여기는 사람이 많다.
34. Catherine Allerton, *Potent Landscapes: Place and Mobility in Eastern Indonesia*(University of Hawai'i Press, 2013), p. 50.
35. Ibid., p. 54. 앨러튼은 망가라이족 용어인 라메(ramé)를 사용하지만 나는 더 널리 알려진 인도네시아 단어인 라마이(ramai)를 사용하며, 둘은 같은 뜻이다.
36. Will Buckingham, *Stealing with the Eyes: Imaginings and Incantations in Indonesia*(Haus Publishing, 2018), p. 151 참조.

02 문간의 낯선 사람

1. Bruce Chatwin, *The Anatomy of Restlessness*(Viking, 1996), p. 102.
2. John F. Hoffecker, 'Migration and innovation in palaeolithic Europe', in David Christian(ed.), *The Cambridge World History*, Volume I(Cambridge University Press, 2020), pp. 394-413.
3. 이 시는《시경》(소아)에 실린 〈사슴 울음소리〉(녹명)이며, 번역은 내가 한 것이다.
4. Ovid, *Metamorphoses*, translated by A. D. Melville(Oxford World's Classics, 2009), p. 117. (《변신 이야기》, 열린책들, 이종인 옮김)

5. Emily Wilson, 'Why I gave Homer a contemporary voice in the Odyssey', *Literary Hub*(19 December 2017): https://lithub.com/why-i-gave-homer-a-contemporary-voice-in-the-odyssey.
6. Homer, *The Odyssey*, translated by Emily Wilson(W. W. Norton, 2018), p. 23.(《오뒷세이아》, 도서출판 숲, 천병희 옮김)
7. Ibid., p. 248.
8. Ibid., p. 24.
9. Martha Nussbaum, *Anger and Forgiveness: Resentment, Generosity, Justice*(Oxford University Press, 2016), p. 21.(《분노와 용서》, 뿌리와이파리, 강동혁 옮김)
10. Malcolm Gladwell, *Talking to Strangers*(Little, Brown and Company, 2019), p. 343.
11. Seneca, *Letters from a Stoic*, translated by Robin Campbell(Penguin Books, 2004), p. 66.
12. Onora O'Neill, *A Question of Trust: The BBC Reith Lectures 2002*(Cambridge University Press, 2002), p. 24.
13. Jason Faulkner et al., 'Evolved disease-avoidance mechanisms and contemporary xenophobic attitudes', *Group Processes & Intergroup Relations*, 7:4(2004), pp. 333-53 참조. 물론 인과관계의 화살이 반대 방향으로 움직여 전염병에 대한 두려움이 제노포비아를 부채질할 수도 있다. 이에 관해서는 다음을 참조. Yasmeen Serhan and Timothy McLaughlin, 'The other problematic outbreak', *The Atlantic*(13 March 2020).
14. 'The truth about migration: how evolution made us xenophobes', *New Scientist*(6 April 2016) 참조. https://www.newscientist.com/article/mg23030680-800-the-truth-about-migration-how-evolution-made-us-xenophobes/. 겉으로는 그럴듯해 보이지만, 나는 이런 주장을 어떻게 증명할 수 있는지 잘 모르겠다.
15. 이 연구는 복잡하며 여전히 논란이 분분하다. 관련 논쟁을 다룬 글은 다음을 참조. Joseph Stromberg, 'Are babies bigoted?', *Smithsonian Magazine*(13 March 2013): https://www.smithsonianmag.com/science-nature/are-babies-bigoted-1980725/.
16. Judith Heerwagen and Gordon Orians, 'The ecological world of children', in Peter Kahn and Stephen Kellert(eds.), *Children and Nature: Psychological, Sociocultural, and Evolutionary Investigations*(MIT Press, 2002), pp. 29-64. 낯선 사람(또는 뱀이나 거미, 높은 곳)에 대한 타고난 두려움에 의문을 제기한 자료는 다음을 참조. Vanessa LoBue and Karen Adolph in their paper 'Fear in infancy: lessons from snakes, spiders, heights, and strangers', *Developmental Psychology* 5:9(2019), pp. 1889-907. LoBue와 Adolph는 이러한 자극에 대한 아이들의 반응이 훨씬 복잡하고 맥락 의존적인 '행동 묶음'이라고 주장한다. 이처럼 복잡한 상황 속에서는 맥락이 가장 중요하다. 유아는 확실히 집에 있을 때보다 집이 아닌 곳에 있을 때 낯선 사람을 더 무서워하는 것으로 보인다. 또한 어머니의 무릎에 앉아 있을 때보다 바닥에 앉아 있을 때 낯선 사람을 더 무서워한다. 즉 두려움, 물러나고 싶은 욕망 같은 제노포비아와 호기심, 흥미, 연결되고 싶은 욕망 같은

필로제니아를 촉발하는 원인은 바로 이러한 맥락이다.

17. Jennifer Hanh-Holbrook, Colin Holbrook and Jesse Bering, 'Snakes, spiders, strangers: How the evolved fear of strangers may misdirect efforts to protect children from harm', in James Lampinen and Kathy Sexton-Radek(eds.), *Protecting Children from Violence: Evidence-based Interventions*(Psychology Press, 2010), pp. 263-89.
18. Gary Ngyuen, 'Teen combats Islamophobia by inviting strangers to dine with her Muslim family', *World Religion News*(22 May 2017).
19. Mona Siddiqui, *Hospitality and Islam: Welcoming in God's Name*(Yale University Press, 2015), p. 100 참조.

03 문턱 넘기의 의례

1. Dendevin Badarc and Raymond A. Zilinskas(eds.), *Mongolia Today: Science, Culture, Environment and Development*(Routledge, 2015), pp. 11-14.
2. Caroline Humphrey, 'The host and the guest: one hundred rules of good behaviour in rural Mongolia', *Journal of the Anglo-Mongolian Society*, 10(1987), pp. 43-54. 이 말은 재미있긴 하지만 난해하다. 여기서 '당나귀'는 '노새'를 잘못 번역한 것일 수 있다. 노새는 번식이 불가능하므로, 그렇다면 이 표현은 실질적인 결과 없이 시끄럽기만 하다는 뜻일 수 있다.
3. 현대 몽골에서도 계속되는 요스의 영향력에 관한 통찰을 전해준 캐럴라인 험프리와 그레고리 들라플라스에게 감사드린다.
4. Caroline Humphrey, 'Hospitality and tone: holding patterns for strangeness in rural Mongolia', *Journal of the Royal Anthropological Institute*(2012), pp. S63-S75.
5. 케임브리지 고고학인류학 박물관에 있는 몽골의 모자에 대한 유익한 정보 덕분에 이러한 통찰을 얻었다.
6. 시무코프의 끝은 좋지 않았다. 그는 1939년에 스탈린에게 숙청되었다. 처음에는 NKVD, 즉 내무인민위원회에 체포되어 울란바토르에 구금되었고, 그곳에서 첩자로 고발되어 시베리아로 보내졌다. 몽골에서의 혹독한 생활로 다져진 그는 심문받는 16개월 내내 자신의 무죄를 주장했다. 그러나 아무 소용이 없었다. 결국 1941년에 8년 형을 선고받고 굴라크로 이송되었고, 1942년에 겨우 40세의 나이로 감옥에서 사망했다. 그의 삶을 다룬 간략한 전기는 다음을 참조. 'In memory of Andrej Dmitrievich Simukov(1902-1942)', in Dendevin Badarch and Raymond Zilinskas(eds.), *Mongolia Today: Science, Culture, Environment and Development*(RoutledgeCurzon, 2003), pp. xi-xiii.
7. Cicero, *The Nature of the Gods*, translated by Horace C. P. McGregor(Penguin Books, 1972), p. 150.
8. Humphrey, 'Hospitality and tone', p. S67.

9. Alban Gautier, 'Hospitality in pre-Viking Anglo-Saxon England', *Early Medieval Europe*, 17:1(2009), pp. 23-44.
10. Howell D. Chickering Jr의 번역은 다음과 같다. "이제 투구와 갑옷을 걸친 채 흐로드가르 왕을 만나러 들어오시오. 방패와 나무로 만든 창은 말씀이 끝날 때까지 이곳에 두시오." *Beowulf: A Dual-Language Edition*(Anchor Books, 2006), pp. 71-3 참조.(《베오울프》, 민음사, 허현숙 옮김)
11. Homer, *The Odyssey*, translated by Emily Wilson(W. W. Norton, 2018), p. 109.
12. Stephanie Strom, 'Starbucks seeks to keep guns out of its coffee shops', *New York Times*(18 September 2013).
13. 이 공개 서한은 지금도 온라인에 게재되어 있다. https://stories.starbucks.com/press/2013/open-letter-from-howard.
14. Victor Turner, *The Ritual Process: Structure and Anti-Structure*(Cornell University Press, 1969), p. 95 참조.(《의례의 과정》, 한국심리치료연구소, 박근원 옮김)
15. 터너는 범주의 혼란, '하찮음과 신성함'의 조합이 이러한 경계 공간의 특징이라고 말한다(ibid., p. 96). 만약 이것이 사실이라면 바우키스와 필레몬의 문간에 나타난 두 명의 지친 걸인이 알고 보니 변장한 신이었던 것도 놀라운 일이 아니다(p. 41-2 참조).
16. 물론 의례는 이러한 중요한 전환점에서 더 명백하게 나타나며 우리가 까다로운 이행을 실천할 수 있도록 돕는다. Roel Sterckx는 *Chinese Thought: From Confucius to Cook Ding*(Pelican Books, 2019)에서 이렇게 말한다. "인간 심리는, 특히 정서적 기질은, 안내자나 지침이 있어야 더욱 잘 기능한다."(p. 229) 이 세상을 어떻게 헤쳐나가야 할지 알 수 없을 때, 의례가 제공하는 형식은 "위로가 되고, 신체적·정신적으로 똑바로 서 있을 수 있게 도와준다".
17. Catherine Bell, *Ritual: Perspectives and Dimensions*(Oxford University Press, 2009), p. 189.(《의례의 이해》, 한신대학교출판부, 류성민 옮김) Bell은 중국 역사의 특정 시기에 유학의 경쟁자였던 도교 철학자들 또한 비슷한 주장을 했다고 말한다.
18. 이 이야기에 대한 번역은 Mark Edward Lewis, *Writing and Authority in Early China*(SUNY Press, 1999), p. 226 참조.
19. 번역은 내가 한 것이다.
20. 번역은 내가 한 것이다.
21. Humphrey, 'Hospitality and tone', p. S66.
22. Adam B. Seligman et al., *Ritual and Its Consequences: An Essay on the Limits of Sincerity*(Oxford University Press, 2008), p. 133.
23. 다음 사례에 관해서는 ibid., p. 22 참조. "자녀에게 개에게 밥을 줄 수 있느냐고 부탁했는데 거절당할 때 우리는 화가 나서 이렇게 외칠지 모른다. '젠장, 당장 개에게 밥 주지 못해?' 이 지점에서 우리는 상호 관계와 존중이라는 환상의 세계에서 폭력의 세계로 이동한다. 우리는 예의가 우리를 꺼내주었던 세상으로 다시 떨어진다."

24. Ibid., p. 95. 셀리그먼과 그의 동료들은 의례와 장난의 조합에 관한 훌륭한 사례를 제공한다. 그러나 이 사례는 손님을 반기는 맥락이 아니라 가장 심각한 상황, 즉 장례식이 배경이다. 이들은 이렇게 말한다. "예를 들어 대만 북부의 장례식에는 불교 법복을 차려입은 의례 전문가가 고인의 영혼이 저승으로 떠날 수 있게 돕는 정교하고 난해한 무드라(무용이자 수행 방식인 손동작-옮긴이)를 추는 시간이 있다. 이때 의례 전문가는 끊임없이 농담을 이어가며 고인과 고인 주변의 사회를 놀림감으로 삼는다. 물론 장례식에 참석한 인류학자도 배제되지 않는다." 다른 곳에서의 장례식은 이처럼 노골적으로 장난에 의지하지 않을 수 있지만, 나는 침울한 의례를 기대하고 장례식에 참석했다가 장례식이 예상 밖으로 가볍고 삶과 즐거움, 농담으로 가득했다는 이야기를 여러 번 들었다(때때로 결혼식에서는 반대의 상황이 벌어진다).
25. Julian Pitt-Rivers, 'The law of hospitality', *HAU: Journal of Ethnographic Theory*, 2:1(2012), p. 513. 저서 *On Humour*(Routledge, 2002)에서 Simon Critchley는 농담이 그 사회의 의례를 "놀리고 패러디하고 조롱하는 반(反)의식"이라고 말한다(p. 5). 그러나 그는 의례와 유머의 대립을 너무 단호하게 묘사한다. 유머와 의례는 하나가 다른 하나를 상쇄하는 물질과 반(反)물질이 아니다. 오히려 유머와 의례는 경계를 파괴하는 대신 옮기는, 격식과 농담의 미묘하고 간질간질한 장난 속에 공존한다.
26. Daniela Antonacci, Ivan Norscia and Elisabetta Palagi, 'Stranger to familiar: wild strepsirhines manage xenophobia by playing', *PLoS One*, 5:10(2010).
27. Mohamed El-Gomati, 'How to tackle the EDL', *Guardian*(31 May 2013): https://www.theguardian.com/commentisfree/2013/may/31/edl-english-defence-league-york-mosque.
28. Homer, *The Odyssey*, translated by Emily Wilson(W. W. Norton, 2018), p. 352.
29. Melissa Mueller, 'Helen's hands: weaving for kleos in the Odyssey', *Helios* 37:1(2010), pp. 1-21 참조.
30. 클레오스라는 단어는 '듣다'라는 단어와 관련이 있다. 이 단어는 특히 다른 사람들이 생각하는 그 사람의 지위를 뜻한다. 《오디세이아》의 클레오스에 대한 더 많은 자료는 다음을 참조. Charles Segal, 'Kleos and its ironies in the Odyssey', *L'antiquité classique* 52(1983), pp. 22-47.
31. Homer, *The Odyssey*, p. 203.
32. Ibid., p. 216.
33. Chickering Jr, *Beowulf*, p. 155.
34. Ibid., p. 157.
35. 이러한 위험은 실재한다. 그중에서도 특히 암울한 사례는 이탈리아의 경찰관인 Dino Maglio의 사례다. 그는 자신의 집에 묵은 여성 손님들에게 약물을 먹이고 강간한 혐의로 2015년 유죄 판결을 받았다. 이러한 상황에서 안전성을 묻는 것은 당연하다. 호텔과 여관처럼 낯선 사람들이 만나는 맥락에서는 안전을 염려하기 마련이기 때문이다.

36. Bryan Van Norden's translation, *The Essential Mengzi*(Hackett Publishing Company, 2009), p. 36 참조.
37. Marcel Mauss, *The Gift: The Form and Reason for Exchange in Archaic Societies*, translated by W. D. Halls(Routledge, 1990).(《증여론》, 한길사, 이상률 옮김)
38. Marcel Fournier, *Marcel Mauss: A Biography*(Princeton University Press, 2006), p. 280. (《프랑스 인류학의 아버지, 마르셀 모스》, 그린비, 변광배 옮김)
39. Mauss, *The Gift*, p. 17.
40. Ibid., p. 4.
41. David Graeber는 *Debt: The First 5000 Years*(Melville House, 2010)에서 이렇게 말한다. "시장 논리는 시장 논리를 가장 노골적으로 반대하는 사람들의 생각에까지 파고들었다."(《부채, 첫 5,000년의 역사》, 부글북스, 정명진 옮김)
42. Roy Wagner, '"Luck in double focus": ritualised hospitality in Melanesia', *Journal of the Royal Anthropological Institute*(2012) p. S171.와그너는 "대다수의 지구인"이 중요한 것은 보답이 아니라 "보답의 무한한 연기"임을 안다고 말한다. 중요한 것은 축적이 아니라 선물 교환에서 발생하는 사회적 관계다.
43. Hla Pe, *Burma: Literature, Historiography, Scholarship, Language, Life, and Buddhism*(Institute of Southeast Asian Studies, 1985), pp. 159-60.
44. Eric Mullis는 'Toward a Confucian ethic of the gift', *Dao* 7(2008)에서 이렇게 말한다. "타인과의 관계에서 선물은 관대한 마음으로 주어야 한다. 그 관계 자체가 선물이며, 절대 온전히 갚을 수 없는 빚이기 때문이다."(p. 193)
45. Susan McKinnon, *From a Shattered Sun: Hierarchy, Gender and Alliance in the Tanimbar Islands*(University of Wisconsin Press, 1991), p. 251.
46. Julian Pitt-Rivers, 'The place of grace in anthropology', *Hau: Journal of Ethnographic Theory*, 1:1(2011), p. 437. 피트리버스는 모스가 "품위는 언급하지 않으며, 그에게 선물이라는 불필요한 사례는 사회학적 망상이다"라고 말한다. 그리고 모스의 견해와 달리 이 같은 불필요한 사례와 품위는 망상이 아니라 선물 교환의 핵심이라고 덧붙인다.
47. Lewis Hyde, *The Gift*(Vintage, 2009).

04 손님의 의무, 주인의 권리

1. 이 이야기를 들려준 하산 야쿠브 하산에게 감사드린다. 본문은 내가 하산의 이야기를 다시 정리한 것이다.
2. Magnus Marsden, 'Fatal embrace: trading in hospitality on the frontiers of south and central Asia', *Journal of the Royal Anthropological Institute*, 18:S1(2012), pp. S117-S130 참조.
3. 아프가니스탄을 장악한 탈레반은 수피교를 억압했지만, 내가 파키스탄 국경에 있었던 1990년대에 랄 샤바즈 칼란다르 같은 수피교 성인의 사원에서는 여전히 커다란 데그

가 사용되고 있었다. 탈레반의 지배가 끝난 뒤 수피교는 아프가니스탄에 재등장하고 있다.

4. 압력솥이 폭발할 수 있다는 것은 곧 폭탄 제조에 압력솥을 사용할 수 있다는 뜻이다. Michael Crowley, 'A short recent history of pressure-cooker bombs', *Time Magazine*(17 April 2013) 참조.
5. Martha Nussbaum, *Anger and Forgiveness: Resentment, Generosity, Justice*(Oxford University Press, 2016), pp. 19-21.
6. Homer, *The Odyssey*, translated by Emily Wilson(W. W. Norton, 2018), p. 329.
7. Ibid. p. 110.
8. Ibid. p. 470.
9. Ibid. p. 486.
10. Julian Pitt-Rivers, 'The law of hospitality', *HAU: Journal of Ethnographic Theory*, 2:1(2012), p. 517.
11. Caroline Humphrey, 'Hospitality and tone: holding patterns for strangeness in rural Mongolia', *Journal of the Royal Anthropological Institute*(2012), p. S72.
12. Lekë Dukagjini, *Kanuni i Lekë Dukagjinit: The Code of Lekë Dukagjini*, translated by Leonard Fox and compiled by Shtjefën Gjeçovi(Gjonlekaj Publishing Company, 1989), p. xvi.
13. Mirjona Sadiku, 'A tradition of honor, hospitality and blood feuds: exploring the Kanun customary law in contemporary Albania', *Balkan Social Science Review*, 3(June 2014), pp. 93-115. 시인 Tom Phillips는 미출간된 그의 박사학위 논문 'Not nearly so far: Three journeys in South East Europe'(University of Reading, 2013)에서 다음과 같이 말한다. "베사는 자질이자 의무이며 선물이다. 베사는 명예이자 맹세이며 약속이지만 휴전이자 피난처, 보호, 평화일 수도 있다. 베사는 이 중 하나가 아니라 이 모든 것이며, 이것들이 만나는 지점이나 이것들 사이에 위치한다. 심지어 명예와 환대, 복수에 관한 알바니아의 복잡한 전통을 카눈이나 다른 관습법으로 성문화한 마을의 어른들도 그 모든 형태를, 또는 베사를 지키거나 어길 수 있는 수많은 방식을 묘사하지 못한다. 이는 중요한 문제다"(p. 55).
14. Ismail Kadare, *Broken April*(Vintage Classics, 2003), p. 27.(《부서진 사월》, 문학동네, 유정희 옮김)
15. Edith Durham, *High Albania*(Edward Arnold, 1909), p. 31.
16. Marcus Tanner, *Albania's Mountain Queen: Edith Durham and the Balkans*(I.B. Tauris, 2014), p. 10.
17. Durham, *High Albania*, p. 192.
18. Ibid., p. 32.
19. 알바니아의 환대에 관한 나의 여러 질문에 대답해준 Rubina Bala에게 감사드린다.
20. Jana Arsovska, 'Understanding a "culture of violence and crime": the Kanun of Lek Du-

kagjini and the rise of the Albanian sexual-slavery rackets', *European Journal of Crime, Criminal Law and Criminal Justice*, 14:2(2006), p. 170 참조.

21. Roland Littlewood, 'Trauma and the Kanun: two responses to loss in Albania and Kosova', *International Journal of Social Psychiatry*, 48:2(2002), p. 90 참조.
22. Sadiku, 'A tradition of honor, hospitality and blood feuds', p. 97.
23. Andrew Hosken and Albana Kasapi, 'The children trapped by Albania's blood feuds', *The World Tonight*, BBC Radio 4(12 November 2017): https://www.bbc.com/news/world-europe-41901300 참조.
24. the report by the Commissioner General for Refugees and Stateless Persons, *Blood Feuds in Contemporary Albania: Characterisation, Prevalence and Response by the State*(CGRA, 2017): https://www.cgra.be/sites/default/files/rapporten/blood_feuds_in_contemporary_albania._characterisation_prevalence_and_response_by_the_state.pdf 참조.
25. Durham, *High Albania*, p. 41.
26. Isabella Beeton, *Mrs Beeton's Book of Household Management*, edited by Nicola Humble(Oxford University Press, 2000), p. 368.
27. Ibid., pp. 21-4.
28. Jennifer Cash, 'Performing hospitality in Moldova: ambiguous, alternative, and undeveloped models of national identity', *History and Anthropology*, 24:1(2013), p. 73.
29. Alain de Botton, *Status Anxiety*(Penguin, 2005), p. 302.(《불안》, 은행나무, 정영목 옮김)
30. 여러 명백한 이유가 있어서, 나는 여기서 그를 가명으로 지칭했다.
31. Andrew Shryock, 'Breaking hospitality apart: bad hosts, bad guests, and the problem of sovereignty', *Journal of the Royal Anthropological Institute*, 18:1(2012), pp. S20-S33.
32. 이 인용문은 그리스 시인 Adrianne Kalfopoulou가 2016년 아테네에 있는 아나키스트들의 무단 점거 건물에서 시리아인 난민들과 함께 자원봉사를 하는 것에 대해 스털링스와 나눈 대화에서 가져온 것이다. 대화는 *Image Journal* #100: https://imagejournal.org/article/28385/에서 확인할 수 있다.
33. Pitt-Rivers, 'The law of hospitality', p. 517.
34. Homer, *The Odyssey*, p. 484.
35. Martha Nussbaum, *Anger and Forgiveness*, p. 28.
36. Seneca, *Anger, Mercy, Revenge*, translated by Robert A. Kaster and Martha Nussbaum(University of Chicago Press, 2010), p. 92.

05 만찬의 법칙

1. Jean Anthelme Brillat-Savarin, *The Physiology of Taste*, translated by M. F. K. Fisher(Vintage, 2001), p. 189-91.

2. Erica Boothby, Margaret Clark and John Bargh, 'Shared experiences are amplified', *Psychological Science*, 25:12(2014).
3. Ryuzaburo Nakata and Noboyuki Kawai, 'The "social" facilitation of eating without the presence of others: self-reflection on eating makes food taste better and people eat more', *Physiology & Behavior*, 179(2017), pp. 23-9.
4. V. I. Clendenen, C. P. Herman and J. Polivy, 'Social facilitation of eating among friends and strangers', *Appetite*, 23:1(1994), pp. 1-13.
5. Paula Michaels, 'An ethnohistorical journey through Kazakh hospitality', in Jeffrey Sahadeo and Russell Zanca(eds.), *Everyday Life in Central Asia: Past and Present*(Indiana University Press, 2007), p. 149.
6. C. P. Herman, 'The social facilitation of eating: a review', *Appetite*, 86(2015), pp. 61-73.
7. Brian Hayden, *The Power of Feasts: From Prehistory to the Present Day*(Cambridge University Press, 2014), p. 12.
8. Brian Hayden, 'A prolegomenon to the importance of feasting', in Michael Dietler and Brian Hayden(eds.), *Feasts: Archaeological and Ethnographic Perspectives on Food, Politics, and Power*(University of Alabama Press, 2001), pp. 23-64.
9. Hayden, *The Power of Feasts* 참조. "만찬은 새로운 종류의 인간 행동이다. 아마 이러한 행동은 후기 구석기 시대에 유리한 몇 군데 장소에서 나타난 뒤 중석기 시대나 신석기 시대에야 더 널리 퍼졌을 것이다."(p. 4)
10. Heather Pringle, 'Ancient sorcerer's "wake" was first feast for the dead?', *National Geographic*(31 August 2010): https://www.nationalgeographic.com/news/2010/8/100830-first-feast-science-proceedings-n-shaman-sorcerer-tortoise/.
11. Natalie D. Munro and Leore Grosman, 'Early evidence(ca. 12,000 b.p.) for feasting at a burial cave in Israel', *Proceedings of the National Academy of Sciences of the United States of America*, 107:35(2010), pp. 15362-6.
12. 나투프인 의례의 맥락에 관해 더 자세한 내용은 Leore Grosman and Natalie D. Munro, 'A Natufian ritual event', *Current Anthropology*, 57:3(June 2016), pp. 311-31 참조.
13. Martin Jones, *Feast: Why Humans Share Food*(Oxford University Press, 2007), p. 130.
14. Hanne Nymann, 'Feasting on locusts and truffles in the second millennium bce', in Susanne Kerner, Cynthia Chou and Marten Warmind(eds.), *Commensality: From Everyday Food to Feast*(Bloomsbury Academic, 2015), pp. 151-64.
15. Susan Sherratt, 'Feasting in the Homeric epic', *Hesperia*, 73(2004), pp. 310-37. 흥미롭게도, 《오디세이아》에는 키클롭스가 치즈를 만든다는 묘사가 나온다. 치즈 제조와 식인의 상관관계는 그리 뚜렷하지 않다.
16. Michaels, 'An ethnohistorical journey through Kazakh hospitality', p. 147.
17. Ibid. p. 148.

18. Plato, *Republic* 573d, in John M. Cooper(ed.), *Plato: Complete Works*(Hackett Publishing Company, 1997), p. 1182.(《플라톤전집 4-국가》, 도서출판 숲, 천병희 옮김)
19. Elizabeth Telfer, *Food for Thought: Philosophy and Food*(Routledge, 2002), p. 32.
20. Plato, *Phaedo* 64d, in Cooper(ed.), *Plato*, p. 56.(《플라톤전집 1-파이돈》, 도서출판 숲, 천병희 옮김)
21. Plato, *Symposium* 220b, ibid., p. 501.(《플라톤전집 1-향연》, 도서출판 숲, 천병희 옮김)
22. Plato, *Republic* 372d, ibid., pp. 1011-12.
23. Brad Inwood and L. P. Gerson(trans. and eds.), *The Epicurus Reader: Selected Writings and Testimonia*(Hackett Publishing Company, 1994), p. 32.
24. 'Hospes hic bene manebis, hic summum bonum voluptas est.' 'hospes'라는 단어는 '손님'을 의미할 수도 있지만 '낯선 사람'을 의미할 수도 있다. Seneca, *Letters on Ethics*, translated by Margaret Graver and A. A. Long(University of Chicago Press, 2015), p. 77 참조.
25. 이 인용문은 늘 정확하지는 않은 Diogenes Laertius의 *The Life of Epicurus*에서 가져왔다. Inwood and Gerson(trans. and eds.), *The Epicurus Reader*, p. 82 참조.
26. Emmanuel Levinas, *Totality and Infinity: An Essay on Exteriority, translated by Alphonso Lingis*(Duquesne University Press, 2011), p. 201.(《전체성과 무한》, 그린비, 김도형 외 옮김)
27. Immanuel Kant, *Toward Perpetual Peace and Other Writings on Politics, Peace, and History*, edited by Pauline Kleingeld and translated by David Colclasure(Yale University Press, 2006), p. 82.
28. 번역은 내가 한 것이다.
29. Carolinne White, *The Rule of Benedict: Translated with an Introduction and Notes*(Penguin Books, 2008), p. 61.
30. Andrew Jotischky, *A Hermit's Cookbook: Monks, Food and Fasting in the Middle Ages*(Continuum, 2011), p. 150.
31. 번역은 내가 한 것이다.
32. Sarah Mattice, 'Drinking to get drunk: pleasure, creativity, and social harmony in Greece and China', *Comparative and Continental Philosophy*, 3:2(2011), p. 245.
33. 번역은 내가 한 것이다.
34. Jones, *Feast*, p. 31.
35. 앞에서 말한 수피교 사원의 랑가르(langar, 공동체 식사) 의식에도 이와 비슷하게 음식을 나누어 먹는 것이 영적인 보상을 안겨준다는 믿음이 있다.
36. Michel Onfray, *Appetites for Thought*(Reaktion Books, 2015), p. 37.(《철학자의 뱃속》, 불란서책방, 이아름 옮김)
37. Immanuel Kant, *Anthropology from a Pragmatic Point of View*, translated and edited by Robert B. Louden(Cambridge University Press, 2006), p. 64.(《실용적 관점에서의 인간

학》, 아카넷, 백종현 옮김)
38. Ibid., p. 180.
39. Fuchsia Dunlop, 'Fuchsia Dunlop on the fiery charms of Sichuan hotpot', *Financial Times Magazine*(9 November 2018).

06 작별은 왜 늘 어려운가

1. Homer, *The Odyssey*, translated by Emily Wilson(W. W. Norton, 2018), p. 25.
2. Tiffany Watt Smith, *The Book of Human Emotions*(Profile Books, 2016), pp. 138-40.
3. Immanuel Kant, *Anthropology from a Pragmatic Point of View*, translated and edited by Robert B. Louden(Cambridge University Press, 2006), p. 71.
4. Alexander Loney, 'Pompē in the Odyssey', in Thomas Biggs(ed.), *The Epic Journey in Greek and Roman Literature*(Cambridge University Press, 2019), pp. 31-58.
5. 'Hostage to Hospitality', *Home Truths*, BBC Radio 4(2006): https://www.bbc.co.uk/radio4/hometruths/0231kidnapped.shtml.
6. Stuart Lockwood, 'That's me in the picture: Stuart Lockwood with Saddam Hussein, 24 August 1990, Baghdad, Iraq', *Guardian*(5 June 2015).
7. 'The MacNeil/Lehrer NewsHour, 1990-08-23', American Archive of Public Broadcasting(1990): http://americanarchive.org/catalog/cpb-aacip_507-bc3st7fg5q.
8. Adam Kosto, *Hostages in the Middle Ages*(Oxford University Press, 2012), p. 11. 오브세스라는 단어는 사로잡다(obsess)라는 단어와 어근이 같다. 이 관련성은 '사로잡다'라는 단어가 '달라붙다(haunt)'라는 뜻으로 사용된 16세기에 처음 나타났는데, 예를 들어 이때 악령은 사람들을 사로잡고, 곁에 머물고, 떠나기를 거부한다.
9. Adam Kosto, 'Hostages in the Carolingian world(714-840)', *Early Medieval Europe*, 11:2(2002), pp. 123-47.
10. Homer, *The Odyssey*, p. 59.
11. Nawal Nasrallah, *Annals of the Caliphs' Kitchens: Ibn Sayyār al-Warrāq's Tenth-Century Baghdadi Cookbook*(Brill, 2007), p. 507.
12. Mary Douglas, *Purity and Danger*(Routledge, 2013).(《순수와 위험》, 현대미학사, 유제분 외 옮김)
13. Roland Eisenberg, *What the Rabbis Said: 250 Topics from the Talmud*(Praeger Publishers Inc., 2010), p. 74.
14. 세비야의 '꺼져 커피' 전통에 대해 알려준 Ana Marija Grbić에게 감사드린다. Alison Morrison and Conrad Lashley(eds.), *In Search of Hospitality: Theoretical Perspectives and Debates*(Routledge, 2011), p. 33에도 이와 유사한 패턴이 나온다. 그러나 오늘날 세비야의 마을에서는 손님을 환영할 때 커피보다는 슬라트코를 내오는 것이 더 일반적이

며, Morrison과 Lashley가 사용한 '환영 커피'와 '대화 커피'라는 단어는 자주 쓰이지 않는다.

15. Isabella Beeton, *Mrs Beeton's Book of Household Management*, edited by Nicola Humble(Oxford University Press, 2008), p. 18.
16. Amitai Touval, *An Anthropological Study of Hospitality: The Innkeeper and the Guest*(Palgrave Macmillan, 2017), p. 22.
17. 릴리의 책은 너무 길고 그렇다고 딱히 재치 있지도 않은 다음과 같은 부-부제를 달고 있다. '모든 신사가 유쾌하게 읽을 수 있고 반드시 기억해야 하는 지혜의 해부. 이 책에는 젊은 날에는 사랑의 즐거움을 통해 지혜가 따르는 기쁨과 노년에는 지혜의 통달을 통해 거두는 행복이 담겨 있다.'
18. Mona Siddiqui, *Hospitality and Islam: Welcoming in God's Name*(Yale University Press, 2015), p. 109.
19. Julie Kerr, '"Welcome the coming and speed the parting guest": hospitality in twelfth-century England', *Journal of Medieval History*, 33(2007), pp. 142-3.
20. Finbar McCormick, 'Ritual feasting in Iron Age Ireland', in Gabriel Cooney et al., *Relics of Old Decency: Archaeological Studies in Later Prehistory. Festschrift for Barry Raftery*(Wordwell, 2009), pp. 405-12.
21. William Young, 'Arab hospitality as a rite of incorporation: the case of the Rashaayda Bedouin of eastern Sudan', *Anthropos*, 102:1(2007), pp. 47-69. Young은 이 과정의 각 단계에서 벌어지는 의례에 관한 흥미로운 사실들을 상세히 설명한다.
22. Charles Stafford, *Separation and Reunion in Modern China*(Cambridge University Press, 2004), pp. 56-7.
23. Ibid., p. 58.
24. 번역은 내가 한 것이다.
25. Torbjörn Lundmark, *Tales of Hi and Bye: Greeting and Parting Rituals Around the World*(-Cambridge University Press, 2009), p. 114.
26. Kate Fox, *Watching the English*(Hachette, 2005), p. 59.(《영국인 발견》, 학고재, 권석하 옮김)
27. Andrew Shryock, 'Breaking hospitality apart: bad hosts, bad guests, and the problem of sovereignty', *Journal of the Royal Anthropological Institute*, 18:1(2012), p. S23.
28. Tom Selwyn, 'An anthropology of hospitality', in Morrison and Lashley(eds.), *In Search of Hospitality*, p. 19.
29. Young, 'Arab hospitality as a rite of incorporation', p. 65.
30. Barbara Smuts, 'Reflections', in J. M. Coetzee et al., *The Lives of Animals*(Princeton University Press, 1999), pp. 109-13.

07 이승과 저승의 경계

1. Emmanuel Levinas, *God, Death and Time*(Stanford University Press, 2000), p. 9.(《신, 죽음 그리고 시간》, 그린비, 김도형 외 옮김)
2. Tiffanie Wen, 'Why do people believe in ghosts?', *The Atlantic*(5 September 2014).
3. Owen Davies, *The Haunted: A Social History of Ghosts*(Palgrave Macmillan, 2007), p. 241.
4. Jesse Bering, Katrina McLeod and Todd Shackelford, 'Reasoning about dead agents reveals possible adaptive trends', *Human Nature*, 16:4(2005), pp. 376-7.
5. Henry Gehman, *Stories of the Departed: Minor Anthologies of the Pali Canon*, Volume IV(Pali Text Society, 1942), p. 10.
6. Ibid., p. 104.
7. Homer, *The Odyssey*, translated by Emily Wilson(W. W. Norton, 2018), p. 280.
8. 〈레 흐브넝〉의 특징 중 하나는 죽은 자도 산 자도 이 같은 극도의 굶주림을 언급하지 않는다는 것이다. 굶주림은 이들의(죽음 이후의) 삶에서 배경일 뿐이다.
9. Jane Ferguson, 'Terminally haunted: aviation ghosts, hybrid Buddhist practices, and disaster aversion strategies amongst airport workers in Myanmar and Thailand', *Asia Pacific Journal of Anthropology*, 15:1(2014), pp. 47-64.
10. Patrice Ladwig, 'Visitors from Hell: transformative hospitality to ghosts in a Lao Buddhist festival', *Journal of the Royal Anthropological Institute*, 18:S1(2012), pp. S90-S102. 또한 Ladwig's chapter 'Can things reach the dead? The ontological status of objects and the study of Lao Buddhist rituals for the spirits of the deceased', in Kirsten W. Endre and Andrea Lauser(eds.), *Engaging the Spirit World: Popular Beliefs and Practices in Modern Southeast Asia*(Berghahn Books, 2011), pp. 19-41 참조.
11. Heonik Kwon, *The Ghosts of the American War in Vietnam*(Cambridge University Press, 2008), pp. 37-40.(《베트남 전쟁의 유령들》, 산지니, 박충환 외 옮김)
12. Ferguson, 'Terminally haunted', p. 60. 퍼거슨은 이렇게 말한다. "소나잉은 관제탑에서 근무 중이었다. 그때 두 차례에 걸쳐 미얀마 항공의 기장들이 이제 막 조종석에 들어왔고 계기판을 만지지도 않았는데 자동 비행 장치가 작동하기 시작했다고 보고했다. 미얀마 항공의 기장들은 매우 불안해했으나 조종석에서 나오거나 비행을 취소하는 것은 허용되지 않았다. 두 경우 다 비행은 계획대로 사고 없이 진행되었다. 소나잉은 한 번은 관제탑에서 타사이(tasay, 유령)를 본 적이 있다고 말했다. 그러나 유령을 자세히 묘사해달라고 부탁하자 유령이 저 아래에 있는 콘크리트 활주로 위를 너무 순식간에 지나가서 자세히 볼 수 없었다고 말했다."
13. Charlie Moore, 'M6 fatal crashes are due to ghosts including phantom lorries, vanishing hitchhikers and even Roman soldiers, says paranormal investigator', *Mail Online*(23 September 2018).

14. Aung Kyaw Min, 'The road of no return', *Myanmar Times*(25 January 2015).
15. 수도 이전에 관한 더 자세한 내용은 다음을 참조. Dulyapak Preecharushh, *Naypyidaw: The New Capital of Burma*(White Lotus Books, 2014).
16. Bénédicte Brac de la Perrière, 'Possession and rebirth in Burma(Myanmar)', *Contemporary Buddhism*, 16:1(2015), pp. 61-74.
17. 미얀마의 유령들과 그들의 무시무시한 특징에 관한 더 자세한 내용은 다음을 참조. Melford Spiro, *Burmese Supernaturalism: A Study in the Explanation and Reduction of Suffering*(Prentice Hall, 1967), p. 34.
18. Douglas Long, 'The ghost guide: 6 terrifying ghouls of Myanmar', *Myanmar Times*(30 October 2015).
19. Bruce Kapferer, *A Celebration of Demons: Exorcism and the Aesthetics of Healing in Sri Lanka*(Indiana University Press, 1983), p. 53.
20. 이 문장은 퇴마 의식의 현대적 부흥을 탐구한 Francis Young의 저서, *A History of Exorcism in the Catholic Church*(Palgrave Macmillan, 2016), p. 241에서 가져온 것이다.
21. Deborah Hyde, 'Exorcists are back – and people are getting hurt', *Guardian*(6 March 2018). 또한 다음을 참조. 'Exorcism: Vatican course opens doors to 250 priests', *BBC News*(17 April 2018): https://www.bbc.co.uk/news/world-europe-43697573.
22. Pat Ashworth, 'Deliver us from evil', *Church Times*(17 February 2017).
23. Nicholas Hellen, 'Anglican priest exorcises "poltergeist" for Muslim family', *Sunday Times*(20 January 2019).
24. Aristotle, translated and edited by Robert Crisp, *Nicomachean Ethics*(Cambridge University Press, 2000), p. 19.(《니코마코스 윤리학》, 도서출판 숲, 천병희 옮김)

08 새로운 삶을 찾아서

1. Michael F. Fisher, *Migration: A World History*(Oxford University Press, 2014), p. 2. Jan과 Leo Lucassen, Patrick Manning의 말처럼, "인간 이주의 역사는 약 15만 년에서 20만 년으로, 거의 인간사 전체와 맞먹는다". *Migration History in World History: Multidisciplinary Approaches*(Brill, 2010), p. 30 참조.
2. Lile Jia, E. R. Hirt and S. C. Karpen, 'Lessons from a faraway land: the effect of spatial distance on creative cognition', *Journal of Experimental Social Psychology*, 45:5(2009), pp. 1127-31 참조.
3. Ken Smith, quoted in Clare Brown and Don Paterson(eds.), *Don't Ask Me What I Mean: Poets in Their Own Words*(Picador, 2003), p. 274.
4. 〈요한복음〉 14장 6절.
5. Elsaid M. Badawi and Muhammad Abdel Haleem, *Arabic-English Dictionary of Qur'anic*

Usage(Brill, 2008), pp. 419-20 참조.

6. 번역은 내가 한 것이다. 다른 번역은 다음을 참조. Brook Ziporyn, *Zhuangzi: The Essential Writings, with Selections from Traditional Commentaries*(Hackett Publishing Company, 2008), pp. 13-14.
7. St Augustine, *Confessions*(Oxford University Press, 1989), p. 118.(《고백록》, 동서문화사, 강경애 외 옮김)
8. "자유롭고 편안한 방랑" 개념은 《장자》에서 나온 것이다. Ziporyn, *Zhuangzi*, pp. 3-8 참조. François Jullien은 이러한 "길" 또는 "경로"의 은유에서 "길의 본질은 걸을 수 있다는 것이다. 이 길은 그 어떤 목적지로도 향하지 않지만, 누구나 지나갈 수 있고, 언제나 지나갈 수 있으며, 그러므로 모두가 언제나(꼼짝달싹 못 하거나 막다른 길을 만나는 대신) 계속 이동할 수 있다"라고 말한다. 'Did philosophers have to become fixated on truth?', *Critical Inquiry*, 28(2002), p. 820 참조.
9. Bruce Chatwin, *The Anatomy of Restlessness*(Penguin Books, 1997), p. 113.
10. M. A. Claussen, 'Peregrinatio and peregrini in Augustine's City of God', *Traditio*, 46(1991), p. 37.
11. Stephanie Hayes-Healy, 'Patterns of peregrinatio in the Early Middle Ages', in Stephanie Hayes-Healy(ed.), *Medieval Paradigms: Essays in Honor of Jeremy DuQuesnay Adams*, Volume 2(Palgrave Macmillan, 2005), p. 16.
12. Hadas Goldgeier, Natalie D. Munro and Leore Grosman, 'Remembering a sacred place: the depositional history of Hilazon Tachtit, a Natufian burial cave', *Journal of Anthropological Archaeology*, 56(2019), p. 1-9 참조.
13. Joy McCorriston, 'The Neolithic in Arabia: a view from the south', *Arabian Archaeology and Epigraphy*, 24(2013), p. 70.
14. Joy McCorriston, 'Inter-cultural pilgrimage, identity, and the axial age in the ancient Near East', in Troels Myrup Kristensen and Wiebke Friese(eds.), *Excavating Pilgrimage: Archaeological Approaches to Sacred Travel and Movement in the Ancient World*(Routledge, 2017), p. 12.
15. Lionel Casson, *Travel in the Ancient World*(George Allen & Unwin, 1974), p. 32.(《고대의 여행 이야기》, 가람기획, 김향 옮김)
16. 고대 그리스의 종교 여행에 관해서는 다음을 참조. Inge Nielsen, 'Collective mysteries and greek pilgrimage: The cases of Eleusis, Thebes and Andania', in Kristensen and Friese(eds.), *Excavating Pilgrimage*, pp. 28-46. 고대 그리스의 스포츠 경기 관람 여행에 관해서는 다음을 참조. Fernando García Romero, 'Sports tourism in ancient Greece', *Journal of Tourism History*, 5:2(2013), pp. 146-60.
17. 이에 관해서는 다음을 참조. 'The truth about migration: we are a stay-at-home species', *New Scientist*(6 April 2016).

18. Ewen Callaway, 'UK mapped out by genetic ancestry', *Nature*(18 March 2015): https://www.nature.com/news/british-isles-mapped-out-by-genetic-ancestry-1.17136.

19. Patrick Greenfield, 'Calls for 195-year-old Vagrancy Act to be scrapped in England and Wales', *Guardian*(19 June 2019): https://www.theguardian.com/society/2019/jun/19/calls-for-195-year-old-vagrancy-act-scrapped-homeless.

20. Jiyin Cao, Adam D. Galinsky and William W. Maddux, 'Does travel broaden the mind? Breadth of foreign experiences increases generalized trust', *Social Psychological and Personality Science*, 5:5(2014), pp. 517-25. 또한 우리가 제2언어나 모국어가 아닌 언어로 말할 때 더 진실하고 신뢰할 만하다는 증거도 있다. Yoella Bereby-Meyer et al., 'Honesty speaks a second language', *Topics in Cognitive Science*, 12:2(2012), pp. 1-12.

21. Jessica de Bloom et al., 'Vacation from work: a "ticket to creativity"? The effects of recreational travel on cognitive flexibility and originality', *Tourism Management*, 44(2014), pp. 164-71.

22. David H. Cropley, Arthur J. Cropley, James C. Kaufman and Mark A. Runco(eds.), *The Dark Side of Creativity*(Cambridge University Press, 2010) 참조.

23. Jackson G. Lu et al., 'The dark side of going abroad: how broad foreign experiences increase immoral behavior', *Journal of Personality and Social Psychology*, 112:1(2017), pp. 1-16.

24. Denis Tolkach, Christine Yinghuan Zeng and Stephen Pratt, 'Tourists behaving badly: how culture shapes conduct when we're on holiday', *The Conversation*(9 February 2017): https://theconversation.com/tourists-behaving-badly-how-culture-shapes-conduct-when-were-on-holiday-72285 참조. 이 기사는 'Ethics of Chinese & Western tourists in Hong Kong', *Annals of Tourism Research*, 63(2017)를 인용한 것이다. 현지인의 상호 유대와 도덕적 감시에서 벗어났을 때 비윤리적 행동이 증가할 수 있다는 생각은 피상적으로는 타당하다. 그러나 이 자료로 일반적인 결론을 끌어내기는 어렵다. 특히 대학생(또는 기타를 메고 바르셀로나를 여행하는 영국 청년)처럼 비교적 특권이 있는 집단에 관한 자료를 이용해 이들과는 상황이 매우 다를 수 있는, 특권이 덜한 이동 인구에 대한 결론을 도출하는 것은 위험할 것이다.

25. Kevin O'Gorman, 'Dimensions of hospitality: Exploring ancient and classical origins', in Conrad Lashley(ed.), *Hospitality: A Social Lens*(Elsevier, 2006), p. 26 참조. 참고로 '크세노폰'이라는 이름은 말 그대로 '이방인의 목소리를 가진 자'라는 뜻이다.

26. Bradley A. Ault, 'Housing the poor and homeless in ancient Greece', in Bradley Ault and Lisa Nevett(eds.), *Ancient Greek Houses and Households: Chronological, Regional, and Social Diversity*(University of Pennsylvania Press, 2015), pp. 150-55 참조. 이 여관이 수용 가능한 손님의 수는 대략 140명에서 420명 정도로 추정된다.

27. Carolinne White, *The Rule of Benedict: Translated with an Introduction and Notes*(Penguin

Books, 2008), pp. 79 and 89. '내가 이방인이었을 때 너희가 나를 맞아주었다'는 〈마태복음〉 25장 35절이다.

28. Kevin O'Gorman. 'Iranian hospitality: a hidden treasure', *International Journal of Contemporary Hospitality Management*, 9:1(2007), pp. 31-6.
29. 번역은 내가 한 것이다.
30. Ibn Battuta, *Travels in Asia and Africa*, 1325-1354, translated by H. A. R. Gibb(Routledge, 2004), p. 286.
31. Patrick Olivelle, *King, Governance, and Law in Ancient India*(Oxford University Press, 2016), p. 156.
32. David Graeber, *The Utopia of Rules: On Technology, Stupidity, and the Secret Joys of Bureaucracy*(Melville House, 2015), p. 152.(《관료제 유토피아》, 메디치미디어, 김영배 옮김)
33. Amitai Touval, *An Anthropological Study of Hospitality: The Innkeeper and the Guest*(Palgrave Macmillan, 2017), p. 60.
34. Graeber, *The Utopia of Rules*, p. 152.
35. Jill Hamilton, *Thomas Cook: The Holiday-Maker*(Sutton Publishing, 2005), p. 61.
36. ibid., p. 1에서 인용됨.
37. Ibid.
38. Hamilton은 토머스 쿡의 급진성을 매우 흥미롭게 설명한다.
39. Emmanuel Levinas, *Totality and Infinity: An Essay on Exteriority*, translated by Alphonso Lingis(Duquesne University Press, 2011), p. 33.

09 국경 넘기

1. 이 수치는 유엔난민기구의 유용한 표에서 가져온 것이다. https://data2.unhcr.org/en/situations/mediterranean/location/5179.
2. Mary Harris, 'Bulgaria forces Greek train back over border on suspicion of refugee smuggling', *Greek Reporter*(23 June 2016).
3. Dina Nayeri, *The Ungrateful Refugee*(Canongate, 2019), p. 62.
4. Robert Garland, *Wandering Guests: The Ancient Greek Diaspora from the Age of Homer to the Death of Alexander the Great*(Princeton University Press, 2014), p. 115.
5. Livy, *The History of Rome: Books 1-5*, translated by Valerie M. Warrior(Hackett Publishing Company, 2006), p. 16.(《리비우스 로마사》, 현대지성, 이종인 옮김) 리비우스는 이러한 난민들을 '수상하고 천한 사람들'이라 칭하며 하찮게 여겼다. 그는 차후에 점점 커지는 국가를 감독할 귀족 원로원 100명을 임명함으로써 난민들의 수상함과 천함을 관리했다고 말한다.
6. *Greece: Inhumane Conditions at Land Border*, Human Rights Watch(27 July 2018) 참조.

https://www.hrw.org/news/2018/07/27/greece-inhumane-conditions-land-border.

7. Gazmend Kapllani, *A Short Border Handbook*(Granta Books, 2017), p. 30.
8. Athena Farrokhzad, *White Blight*, translated by Jennifer Hayashida(Argos Books, 2015), p. 52.
9. Alexander C. Diener and Joshua Hagen, *Borders: A Very Short Introduction*(Oxford University Press, 2012), p. 21 참조.
10. Ursula K. Le Guin이 상기시키듯 벽은 모호하고 양면적이다. 벽은 배제하는 동시에 포함한다. *The Dispossessed*(Hachette, 2015), p. 1 참조.(《빼앗긴 자들》, 황금가지, 이수현 옮김)
11. Jerry D. Moore, *The Prehistory of Home*(University of California Press, 2012), p. 119.
12. *The Epic of Gilgamesh*, translated by Andrew George(Penguin Books, 1999), p. 2.(《길가메시 서사시》, 현대지성, 공경희 옮김)
13. "이집트 남쪽에 있는 누비아와의 국경을 표시하기 위해 석주를 세운" 파라오 세누스레트 3세가 그 예다. Diener and Hagen, *Borders*, p. 23 참조.
14. Julia Lovell이 적절한 설명을 제공한다. "만리장성의 가장 큰 신화는 단일성이다. 만리장성이 과거가 일관성 있게 기록된 하나의 고대 건축물을 의미한다는 것이다." Lovell은 "단 하나의 만리장성은 존재하지 않으며, 그보다 규모가 작은 여러 개의 벽이 존재한다"라고 주장한다. *The Great Wall: China Against the World, 1000 bc-ad 2000*(Grove/Atlantic, 2007), p. 15 참조.(《장성, 중국사를 말하다》, 웅진지식하우스, 김병화 옮김)
15. Bryan Feuer는 국경의 고고학에 관한 자신의 연구에서 "하드리아누스 성벽이나 중국의 만리장성, 베를린 장벽처럼 두터운 벽을 세우기 위해 고안되고 지어진 경계조차 완벽하게 막힌 것은 아니었으며, 하드리아누스 성벽과 만리장성에는 그럴 의도조차 없었다"라고 말한다. *Boundaries, Borders and Frontiers in Archaeology: A Study of Spatial Relationships*(McFarland and Company, 2016), p. 60 참조.
16. 법사학자 Kunal M. Parker는 북미의 외지인 개념의 역사에 대한 저서에서 외지인 개념이 흑인과 원주민 공동체, 여성, 가난한 사람들처럼 외부인으로 여겨지는 이들에게 시민권을 주지 않기 위해 사용되어왔다고 설명한다. 파커는 이렇게 말한다. "'외지인'은 바다 건너에서 왔을 수도 있고, 비교적 가까운 곳에서 왔을 수도 있으며, 그 어디에서도 오지 않았을 수도 있다." *Making Foreigners: Immigration and Citizenship Law in America, 1600-2000*(Cambridge University Press, 2015), p. 25 참조.
17. John C. Torpey, *The Invention of the Passport: Surveillance, Citizenship and the State*(Cambridge University Press, 2018), p. 12.(《여권의 발명》, 후마니타스, 강정인 외 옮김)
18. 확실한 증거는 없으며 어쩌면 이 이야기는 지역 신화일 수도 있다. 그러나 그렇다 하더라도 신화는 우리가 상상 속에서 세계를 나누는 방식에 대해 무언가를 말해준다.
19. Benedict Anderson, *Imagined Communities*(Verso Books, 2006), pp. 6-7.(《상상된 공동체》, 길, 서지원 옮김)

20. 고대 그리스인과 비(非)그리스인의 관계에 대한 자세한 연구는 다음을 참조. Erik Jensen, *Barbarians in the Greek and Roman World*(Hackett Publishing Company, 2018).
21. Magnus Fiskesjö, 'On the "raw" and the "cooked" barbarians of imperial China', *Inner Asia*, 1:2(1999), pp. 139-68 참조. '날것'과 '익혀진 것'의 은유는 국가권력 개념과 복잡한 관계를 맺고 있다. '날것'은 '아직 요리되지 않은 것'이라는 뜻이다. 즉, 문화와 국가적 지위라는 불을 통해 형태가 변하지 않은 것이다. Fiskesjö는 이렇게 말한다. '날것'과 '익혀진 것'이라는 번역어는 … 야만인들이 자애롭고 고결한 황제의 지도 아래 변화하여 '문명'을 받아들인다는 사실을 강조한다(이때 황제는 '요리사'이며 대가다!). 주변부에 거주하는 사람들은 발견되어 흡수되며, 준비가 되면('익혀지면') 국가의 몸 안으로 '삼켜진다'. 모든 한족은 '익혀진' 사람으로 여겨지는 한편, 날것의 상태로 남아 세금을 내지 않는 야만인('날것의 야만인', 즉 셩판)과 약간이나마 불에 익어 세금을 내는 사람들('익혀진 야만인', 즉 슈판)도 서로 구분되었다. James Stuart Olson, *An Ethnohistorical Dictionary of China*(Greenwood Publishing Group, 1998), p. 95 참조.
22. 번역은 내가 한 것이다.
23. Diener and Hagen, *Borders*, p. 42.
24. Elina Troscenko, 'With a border fence in the backyard: Materialization of the border in the landscape and the social lives of border people', in Tone Bringa and Hege Toje(eds.), *Eurasian Borderlands: Spatializing Borders in the Aftermath of State Collapse*(Palgrave Macmillan, 2016), pp. 87-106.
25. Kapka Kassabova, *Border*(Granta Books, 2017), p. 320.
26. Patrick Olivelle, *King, Governance, and Law in Ancient India*(Oxford University Press, 2016), p. 172.
27. Chun-shu Chang, *The Rise of the Chinese Empire: Frontier, Immigration, and Empire in Han China, 130 bc-ad 157*(Michigan University Press, 2007), p. 137.
28. 중세 이슬람의 국경과 세금의 관계는 복잡하다. Ralph W. Brauer, 'Boundaries and frontiers in medieval Muslim geography', *Transactions of the American Philosophical Society*, 85:6(1995), pp. 1-73 참조. 이슬람 세계의 중세 여행자들에 대한 설명에서 Brauer는 해상의 국경은 비교적 명확했고 체계적으로 세금이 부과되었다고 말한다. 그러나 내륙의 국경은 경계가 훨씬 모호했고, 과세 방법과 과세를 이용해 인구 이동을 통제하는 것도 훨씬 더 복잡했다.
29. Torpey, *The Invention of the Passport*, pp. 157-8.
30. Francis Fukuyama, *The End of History and the Last Man*(The Free Press, 1992).(《역사의 종말》, 한마음사, 이상훈 옮김)
31. Tim Marshall, *Divided: Why We're Living in an Age of Walls*(Elliott and Thompson, 2018), p. 1.(《장벽의 시대》, 바다출판사, 이병철 옮김)
32. Daniel Trilling, *Lights in the Distance*(Verso Books, 2018), p. xi.

33. 예를 들면 다음을 참조. 'Turkey claims migrant killed in Greek border clash', *BBC News*(4 March 2020): https://www.bbc.com/news/world-europe-51735715.
34. 이 운송규제(Carrier Sanctions Directive 2001/51/EC) 조항은 적절한 서류를 갖추지 못한 승객을 태운 비행사에 벌금을 물린다. 조항의 일부는 다음과 같다. "불법 이주를 효과적으로 방지하기 위하여 모든 회원국이 국토 내로 외국 시민을 실어오는 운송자에게 의무를 부과하는 규제를 도입해야 한다.… 이를 위반하는 운송자에게 일시불로 부과할 수 있는 최대 벌금은 운송한 인원수와 관계없이 50만 유로 또는 2001년 8월 10일 유럽연합 관보에 게재된 환율 기준으로 이 금액에 해당하는 자국 통화액이다." https://eur-lex.europa.eu/legal-content/EN/TXT/PDF/?uri=CELEX:32001L0051&-from=EN.
35. Helena Smith, 'Refugee crisis: how Greeks opened their hearts to strangers', *Guardian*(12 March 2016).

10 대도시에서 우정이 싹트는 방식

1. Victor Mair가 운영하는 훌륭한 웹사이트 Language Log에서 라오 와이를 번역하는 어려움에 대한 재미있는 논의를 찾아볼 수 있다. https://languagelog.ldc.upenn.edu/nll/?p=11626. 그중 하나는 이 단어가 모든 외국인에게 적용되는가, 백인 외국인에게만 적용되는가 하는 것이다. 중국 학자이자 오래된 라오 와이인 Brendan O'Kane은 교황이 유교 의례를 금지하자 강희제가 내린 칙령에서 이 단어를 찾아냄으로써 이 단어가 어느 정도는 늘 피부색과 관련이 있었다는 주장에 힘을 실어주었다.
2. United Nations, *World Urbanization Prospects: The 2018 Revision*(United Nations, 2018): https://www.un.org/development/desa/publications/2018-revision-of-world-urbanization-prospects.html.
3. Douglas P. Fry, *Beyond War: The Human Potential for Peace*(Oxford University Press, 2007), p. 203. 또한 프라이는 이렇게 말한다. "21세기의 최첨단 인류는 잠시 하던 일을 멈추고 우리의 천성에 있는 엄청난 가소성을 생각해보는 일이 매우 드물다. 이 가소성 덕분에 수렵채집인이었던 영장류가 낯선 사람과 증권거래소, 크루즈미사일이 있는 인터넷 세계에 살 수 있게 된 것이다. 거시적인 인류학적 관점은 엄청난 사회적·제도적 변화를 만들어내고 이에 적응하는 인간의 능력을 잘 보여준다"(p. 204).
4. 과거에 인류학자들은 이러한 현상을 '가공의 친족'이라 불렀는데, 이 용어는 지난 몇십 년간 사용 빈도가 점점 줄었다. David M. Schneider는 인류학 고전인 저서 *A Critique of the Study of Kinship*(University of Michigan Press, 1984)에서 이렇게 묻는다. "인류학자들에게, 그리고 모든 사회에서 입양 및 다른 형태의 '가공의' 친족이 진정한 친족과 그토록 명확하게 구분되어야 하는 이유가 무엇인가?"(p. 176) 그는 입양이 이러한 구분을 허무는 데 도움이 되는 시험 케이스라고 말한다. "부모와 직접 낳은 자녀, 입양한 자

녀 간의 유대감이 똑같이 강하고 그 특성도 중요성도 같다면, 지난 수백 년 동안 그래 왔듯 입양 관계와 추정 관계, 가공의 관계를 '진짜' 또는 '진정한' 관계와 그토록 끊임없이 구분해야 할 이유가 없을 것이다."(p. 99)

5. 어느 날 도시를 떠나 작은 가족호텔에 머물다 주인과 다섯 살 난 그의 딸과 안면을 트게 되었다. 저녁에 대화를 나누고 있는데 그 소녀가 나를 '삼촌', 즉 슈슈라 불렀고 곧 자기 엄마에게 꾸중을 들었다. 소녀의 어머니는 내가 나이가 많지 않기 때문에 나를 삼촌이 아닌 '오빠', 즉 거거라고 불러야 한다고 생각했다. 소녀는 항의했다. "하지만 저 사람은 맥주를 마시잖아요. 그러니까 삼촌이죠." 호텔에 머무는 내내 나는 '오빠'가 아니라 '삼촌'이었다.
6. 예를 들어 Florence Weber는 "일상적 친족 관계"에 대해 말한다. 이는 "출산이나 혼인이 아니라 보답을 기대하지 않는 도움, 공동의 대의 추구, 자원 공유에서 비롯된 관계"다. T. Pfirsch and C. Araos, 'Urban kinships', *Articulo: Journal of Urban Research*, 20(2017), p. 3에서 인용.
7. Christopher Dell, 'Megacity', in Kristin Feireiss(ed.), *City and Structure: Photo-essays by H. G. Esch*(Hatje Cantz, 2008), p. 41.
8. 도시화와 전염병에 관한 더 자세한 내용은 James C. Scott, *Against the Grain: A Deep History of the Earliest States*(Yale University Press, 2017), p. 101 참조.(《농경의 배신》, 책과함께, 전경훈 옮김)
9. Jo Ann Scurlock and Burton Andersen, *Diagnoses in Assyrian and Babylonian Medicine: Ancient Sources, Translations, and Modern Medical Analyses*(University of Illinois Press, 2010).
10. Markham J. Geller, *Ancient Babylonian Medicine: Theory and Practice*(Wiley-Blackwell, 2010) 참조. *Diagnoses in Assyrian and Babylonian Medicine*에서 Scurlock과 Andersen은 감염을 동반한 발열이 있는 여성을 관리하기 위해 격리 조치를 실시한 사례를 제시한다. 보존된 한 편지에는 이렇게 쓰여 있다. "엄격한 명령을 내려 아무도 그 여성이 마신 컵으로 물을 마시지 못하게 하고 아무도 그 여성이 앉은 자리에 앉지 못하게 하며 아무도 그 여성이 누운 침대에 눕지 못하게 할 것."(p. 17)
11. John Aberth, *Plagues in World History*(Rowman & Littlefield, 2011), p. 4.
12. John F. Nunn, *Ancient Egyptian Medicine*(University of Oklahoma Press, 2002). 흥미롭게도, 이집트에는 남아 있는 글이나 미라에 흑사병의 증거가 없다.
13. Thucydides, *The Peloponnesian War*, translated by Martin Hammond(Oxford University Press, 2009), p. 99.(《펠로폰네소스 전쟁사》, 도서출판 숲, 천병희 옮김)
14. Ibid., pp. 102-3.
15. Boccaccio, *The Decameron*, translated by G. H. McWilliam(Penguin Books, 1972), p. 50.(《데카메론》, 민음사, 박상진 옮김)
16. P. D. Smith, *City: A Guidebook for the Urban Age*(Bloomsbury, 2012), pp. 54-5.(《도시의

탄생》, 옥당, 엄성수 옮김)

17. 딕 휘팅턴은 실존 인물이었지만 유명 우화 속 인물과는 달랐다. 그가 고양이와 관련이 있다는 증거도 없다. 우화 속에서 휘팅턴은 자신의 고양이와 함께 런던으로 가서 가난하게 살아간다. 그러나 고양이는 결국 오늘날의 북아프리카인 바르바리 해안으로 향하는 선박 유니콘에 탑승한다. 북아프리카의 무어인 왕은 들끓는 쥐로 곤욕을 겪고 있고 왕궁은 전염병이 돌 위험에 처해 있다. 임신한 상태였던 휘팅턴의 고양이는 쥐들을 죽이고 새끼고양이를 낳는다. 선박이 다시 런던으로 돌아온 뒤 휘팅턴은 후한 보상을 받는다(비록 다시는 자기 고양이를 만나지 못하지만).
18. 이 주장에 관해서는 Scott, *Against the Grain* 참조. Scott의 관점은 대부분의 역사에서 제정신인 사람은(엄청난 특권층이 아니라면) 도심에서 살고 싶어 하지 않는다는 것이다. 동남아시아 역사에서 국가 세력과 비국가 세력의 갈등이 어떤 작용을 했는지에 관한 더 자세한 내용은 그의 훌륭한 저서 *The Art of Not Being Governed: An Anarchist History of Upland Southeast Asia*(Yale University Press, 2009) 참조.(《조미아, 지배받지 않는 사람들》, 삼천리, 이상국 옮김)
19. 때때로 이는 '진사회성(eusociality)'이라고 불린다. 초사회성에 관해서는 Peter Turchin, 'The Puzzle of Ultrasociality', in Peter Richerson and Morten Christiansen(eds.), *Cultural Evolution: Society, Technology, Language, and Religion*(MIT Press, 2013), pp. 61-73 참조. 진사회성에 관해서는 Edward Wilson, *The Social Conquest of the Earth*(W. W. Norton, 2012), p. 16 참조.
20. Frans de Waal, *Primates and Philosophers*(Princeton University Press, 2006), p. 4.
21. Matthew Lieberman, *Social: Why Our Brains Are Wired to Connect*(Oxford University Press, 2013), p. 9.(《사회적 뇌 인류 성공의 비밀》, 시공사, 최호영 옮김)
22. L. A. Maher and Margaret Conkey, 'Homes for hunters? Exploring the concept of home at hunter-gatherer sites in Upper Paleolithic Europe and Epipaleolithic Southwest Asia', *Current Anthropology*, 60:1(2019), pp. 91-137.
23. Smith, *City*, p. xi.
24. 한번은 바다의 여신인 마주(Mazu)를 모시는 양곤의 한 중국 사원에서 그 지역 중국계 회사의 인사과 직원들을 목격했다. 직원들은 이력서 한 무더기를 들고 사람들을 밀치며 절의 맨 앞까지 나아갔다. 그리고 반달 모양 나무 조각을 달그락거리고 바다의 여신에게 조언을 구하며 꼼꼼하게 서류를 검토했다. 아마 이것이 직원을 뽑는 최악의 방법은 아닐 것이다.
25. Di Wang, *Street Culture in Chengdu: Public Space, Urban Commoners, and Local Politics, 1870-1930*(Stanford University Press, 2003), p. 68 참조.
26. '삶을 풍성하게 하는' 중국인들의 관습에 대한 Judith Farquhar와 Qicheng Zhang의 훌륭한 설명은 *Ten Thousand Things: Nurturing Life in Contemporary Beijing*(Zone Books, 2012), p. 57 참조.

27. 야시장과 관련된 러나오한 도시 문화에 관해서는 다음을 참조. Shuenn-Der Yu, 'Hot and noisy: Taiwan's night market culture', in David K. Jordan, Andrew D. Morris and Marc L. Moskowitz(eds.), *The Minor Arts of Daily Life: Popular Culture in Taiwan*(University of Hawai'i Press), pp. 129-49.
28. Barbara Ehrenreich, *Dancing in the Streets: A History of Collective Joy*(Granta Books, 2007), p. 253.
29. Ibid., p. 248.
30. Valerie Hansen, The Beijing Qingming scroll and its significance for the study of Chinese history(*Journal of Sung-Yuan Studies*, 1996). 이 그림은 보통 청명(묘지 청소)이라는 봄 축제와 연관되지만, Hansen은 이 그림이 도시 생활의 이상적 풍경을 나타내므로 청명이라는 단어를 "평화롭고 단정한"이라는 뜻으로 번역해야 한다고 주장한다. Hansen은 'The mystery of the Qingming scroll and its subject: the case against Kaifeng', *Journal of Sung-Yuan Studies*, 26(1996), pp. 183-200에서 이러한 생각을 개진한다. Hansen이 이 그림이 실제 도시를 묘사한 것이 아닌 상상 속 도시라고 주장하는 또 다른 이유는 그림 속에 여성이 없기 때문이다(그는 '여성들은 다 어디에 있는가?'라고 묻는다).
31. 이 구절은 15장에 나왔으며, 번역은 내가 한 것이다. '수많은 사람'이라는 단어는 본래 '인간 연기'라는 뜻이다. 너무 자욱하고 쉽게 바뀌어서 한 개인이나 입자를 골라낼 수 없는 덩어리를 나타낸다. 다른 번역은 David Tod Roy(ed. and trans.), *The Plum in the Golden Vase, or, Chin P'ing Mei, Volume One: The Gathering*(Princeton University Press, 1993), p. 300에서 찾아볼 수 있다. '덥고 시끄럽다'라는 뜻의 단어는《금병매》보다 1세기 전에 출간된 오승은의《서유기》에도 등장한다. 다음은《서유기》의 88회로, 불경을 찾으러 인도로 향하던 순례자들이 옥화현에 도착한 장면이다. "성문을 통과하자 주점과 기방이 즐비하고 무척 덥고 시끄러운 대로가 나왔다." 번역은 내가 한 것이다.
32. Smith, *City*, p. 35.
33. 다문화 사회였던 장안에 관해서는 Sanping Chen, *Multicultural China in the Early Middle Ages*(University of Pennsylvania Press, 2012)와 Edward H. Schafer의 훌륭한 저서 *The Golden Peaches of Samarkand: A Study of T'ang Exotics*(University of California Press, 1963) 참조.
34. Michael Harris, *Solitude: In Pursuit of a Singular Life in a Crowded World*(St Martin's Press, 2017), p. 27.(《잠시 혼자 있겠습니다》, 어크로스, 김병화 옮김)

11 이방인과 이웃하기

1. 미얀마의 인사말은 '사피비라?'다. 이와 유사하게 중국에서도 '니츨러마', 즉 '밥 먹었어?'라는 말로 인사를 건넬 수 있다. 또한 미얀마와 중국에서는 '어디 가?' 같은 일상적인 질문으로 인사할 수 있다. 내가 중국에서 가장 좋아하는 인사말은 '뭐해?'다.

2. Keith Wrightson, 'The "decline of neighbourliness" revisited', in Norman Jones and Daniel Woolf(eds.), *Local Identities in Late Medieval and Early Modern England*(Palgrave Macmillan, 2007), p. 23.
3. Richard D. Lewis는 다음과 같은 이야기를 들려준다. "한번은 핀란드 농부에게 개인 공간이 얼마나 있어야 한다고 생각하는지 물었다. 그는 이러한 질문을 진지하게 받아들이는 사람이어서, 거의 1분 동안 생각에 잠겼다. 그러더니 칼집에서 푸코(puukko, 나무꾼의 칼)를 꺼내 칼날이 땅과 평행을 이루도록 들고는 앞으로 팔을 쭉 뻗었다. 그리고 대답했다. '이만큼.'" *Finland: Cultural Lone Wolf*(Intercultural Press, 2005), p. 151 참조.(《미래는 핀란드에 있다》, 살림, 박미준 옮김)
4. Wrightson, 'The "decline of neighbourliness" revisited', p. 24.
5. Richard Hoggart, *Everyday Language and Everyday Life*(Routledge, 2018), pp. 75-6.
6. Emily Cockayne, *Cheek by Jowl: A History of Neighbours*(The Bodley Head, 2012), p. 22에서 인용됨.
7. M. E. J. Richardson, *Hammurabi's Laws: Text, Translation and Glossary*(Continuum, 2000). 부부 문제의 소문에 관해서는 p. 91 참조. 텍스트를 최대한 이해해보면 상황은 다음과 같다. 누군가가 신부값을 협상하고 지불하기 위해 장차 자신의 신부가 될 사람의 집에 찾아간다. 만약 이 남자의 이웃이 이에 관해 소문을 내서 결혼식이 취소된다면, 이웃은 그 보상으로 남자에게 신부값의 두 배를 줘야 한다. 또한 이웃은 소문 속 여성을 찾아가거나 그 여성과 결혼할 수 없다.
8. John Muir, *Life and Letters in the Ancient Greek World*(Routledge, 2009), p. 54.
9. 여기서 '이상한'이라는 단어는 '생소한'이라는 뜻이지만, 허버트가 이 경구를 어디서 가져왔는지는 확실치 않다. 지금도 학자들은 이 속담 모음집의 출처를 두고 토론을 벌인다.
10. W. Mieder, '"Good fences make good neighbours": history and significance of an ambiguous proverb', *Folklore*, 114:2(2003), pp. 155-79.
11. Igor Khristoforov, 'Blurred lines: land surveying and the creation of landed property in nineteenth-century Russia', *Cahiers du monde russe*, 57:1(2016), pp. 31-54 참조. Khristoforov는 이렇게 말한다. "북부 러시아의 입사식에서는 경계를 따라 쟁기로 고랑을 팠다. 이때 아버지의 토지 경계를 잊지 않게 하려고 아이들을 데려와 구타했다. 여기서 다음과 같은 노브고로드의 속담이 나왔다. '나한테 가르치려 하지 마. 고랑에서 이미 매를 맞았다고(Ty menia ne uchi, ty mne ne rasskazivai, ia na mezhevoi iame sechen).'" (p. 34)
12. 이와 관련된 몇 가지 사례는 Matthew R. Christ, *The Bad Citizen in Classical Athens*(-Cambridge University Press, 2006)에서 찾아볼 수 있다.
13. Aristotle, translated and edited by Robert Crisp, *Nicomachean Ethics*(Cambridge University Press, 2000), p. 19. 이 문단은 다음과 같다. "그러나 나쁜 자들은 잠깐이 아니면 조화

를 이루지 못하며, 역시 잠깐만 친구 관계를 맺을 수 있다. 이들은 힘든 일이나 공적인 업무에서는 제 일을 다하지 않으면서 자신에게 주어진 이익 이상을 얻고자 한다. 그래서 주위 사람들을 날카롭게 감시하며 방해하는데, 감시하지 않으면 공익이 파괴되기 때문이다"(1167b10, p. 172).

14. Slavoj Žižek, *Against the Double Blackmail*(Penguin Books, 2016) 참조. 지제크는 Adam Kotsko의 저서 *Creepiness*(John Hunt Publishing, 2015)에서 이러한 통찰을 얻었다고 말한다. 그러나 Kotsko는 "소름 끼침은 소름 끼치는 이웃의 형태로 늘 우리 가까이에 있다"(p. 25)라는 더 온건한 주장을 했다.
15. 양곤의 급격한 개발에 관한 훌륭한 개요는 다음을 참조. Maaike Matelski and Marion Sabrié, 'Challenges and resilience in Myanmar's urbanization: a special issue on Yangon', *Moussons*, 33(2019).
16. http://www.futurecities.nl/en/cities/yangon-en/ 참조.
17. *Colonial Policy and Practice: A Comparative Study of Burma and Netherlands India*(Cambridge University Press, 1948)에서 Furnivall은 양곤에 "다원 사회가 있다. 여기서는 공동체의 다양한 부문이 하나의 정치 단위 내에서 나란하면서도 따로따로 살아간다"라고 말했다(p. 304). Richard Cockett, *Blood, Dreams and Gold: The Changing Face of Burma*(Yale University Press, 2015) 참조.
18. Miri Rubin, *Cities of Strangers: Making Lives in Medieval Europe*(Cambridge University Press, 2020), p. 2.
19. Robert Hard, *Diogenes the Cynic: Sayings and Anecdotes, with Other Popular Moralists*(Oxford World's Classics, 2012), p. 16.
20. Melford Spiro, *Burmese Supernaturalism*(Prentice-Hall, 1967), p. 28.
21. Kwame Anthony Appiah, *Cosmopolitanism*(W. W. Norton, 2006), p. 144.
22. Zon Pann Pwint, 'Nirvana market', *Myanmar Times*(15 November 2019). 열반 시장에 몰려든 사람 중 다수는 지역 공동체의 구성원이 아니라 다른 곳에서 온 가난하고 궁핍한 사람들이라는 인식이 있다. 〈미얀마타임스〉와 인터뷰한 한 여성은 이렇게 말했다. "이 의식은 오랫동안 양곤에 깊이 자리 잡았습니다. 이건 일종의 자선 행사입니다. 사람들은 종교나 지위와 관계없이 가난한 사람들과 음식을 나누어 먹습니다." 이런 식으로 열반 시장은 일종의 푸드뱅크 역할을 한다. 그러나 이 의식은 축제의 가면을 쓴다. 음식을 내놓는 집주인과 가게 주인은 선물을 제공함으로써 영적인 보상을 얻고, 불교도들이 말하듯 이 영적인 보상은 현생뿐만 아니라 다음 생에도 도움이 된다.
23. 연설 전문은 *Telegraph*(5 October 2016)를 참조.
24. Kwame Anthony Appiah, '"Mrs May, we are all citizens of the world," says philosopher', BBC Online(12 October 2016): https://www.bbc.com/news/uk-politics-37788717.
25. Jon Bloomfield, *Our City: Migrants and the Making of Modern Birmingham*(Unbound, 2019), p. 19.

26. Rubin, *Cities of Strangers*, p. 9에서 인용됨. 사실 이시도르는 유대교 공동체 같은 다른 공동체보다는 자신과 같은 기독교 신자들의 "삶을 지탱"하는 데 더 큰 관심이 있었다.
27. Bloomfield, *Our City*. 오래된 버밍엄 지역에서 내가 자주 들르는 곳들은 개편된 도서관, 불링 쇼핑센터(Bull Ring, 안타깝게도 이곳은 사유지이지만 공공장소로 기능한다), 미들랜드 아트센터, 캐넌힐 공원이다.
28. Matelski and Sabrié, 'Challenges and resilience in Myanmar's urbanization' 참조. "양곤은 미얀마 사람들에게 독특한 기회를 제공하지만 소외와 혼잡, 젠트리피케이션 같은 문제 또한 점점 늘고 있으며, 이러한 현상은 포괄적 발전이 아닌 불평등의 증가에 기여한다."(p. 12)

12 환대로 연결되는 세상

1. 'Letter Sent to Zi'an' by Yu Xuanji. 번역은 내가 한 것이다.
2. Fay Bound Alberti는 외로움의 문화사에 관한 훌륭한 저서에서 이렇게 말한다. "예술적 목적에서 혼자 있기를 선택하는 것은 … 교육받은 중산층의 행위였으며, 물리적 공간뿐만 아니라 경제활동에서 벗어날 수 있는 시간을 필요로 했다. 또한 이러한 행위는 전통적으로 특권을 가진 백인 남성의 행위이기도 했다. 오랫동안 개인의 성취가 아닌 가족 구조를 통해 식별되었던 흑인 작가나 여성에게는 이러한 관습이 적용되지 않았다." *A Biography of Loneliness: The History of an Emotion*(Oxford University Press, 2019), p. 24 참조.
3. Rebecca Solnit, *A Field Guide to Getting Lost*(Canongate, 2006), p. 131.(《길 잃기 안내서》, 반비, 김명남 옮김)
4. 렌틸은 11세기를 살았던 티벳의 은둔자이자 현자인 Jetsun Milarepa에게 경의를 표하는 방식이었다. 후대의 설명에 따르면 Milarepa는 육고기와 보릿가루, 양념, 소금 대신 쐐기풀을 사용했다. Milarepa를 그린 그림 속에서 보통 그의 모습은 쐐기풀 중심의 식단 때문에 초록빛을 띤다. 몇 년이 지나자 나는 절대로 Milarepa를 능가할 수 없다는 사실이 분명해졌다. 홀로 칩거하며 쐐기풀을 아무리 많이 먹어도 내가 초록색으로 변할 리는 없었으니까.
5. '만성적인 외로움'을 느끼는 비율인 5퍼센트는 격리가 실시되기 전의 수치와 같지만, 이 조사에서 '격리의 외로움'이 크게 증가했다는 사실이 발견됐다. 조사는 영국 국민의 14.3퍼센트가 이 격리의 외로움을 경험했다고 결론 내린다. 'Coronavirus and loneliness, Great Britain: 3 April to 3 May 2020'(Office of National Statistics 2020) 참조: https://www.ons.gov.uk/peoplepopulationandcommunity/wellbeing/bulletins/coronavirusandlonelinessgreatbritain/3aprilto3may2020.
6. Moya Sarner, 'Feeling lonely? You're not on your own', *New Scientist*(19 July 2017).
7. Louise C. Hawkley and John T. Cacioppo, 'Loneliness matters: a theoretical and empirical

review of consequences and mechanisms', *Annals of Behavioural Medicine*, 40:2(2010) 참조.

8. 이 주장은 Julianne Holt-Lunstad, Timothy B. Smith and J. Bradley Layton, 'Social relationships and mortality risk: a meta-analytic review', *PLoS Medicine*, 7:7(2010)에 기초한다.
9. Vivek H. Murthy, *Together: Loneliness, Health and What Happens When We Find Connection*(Profile Books, 2020), pp. 13-14 참조.(《우리는 다시 연결되어야 한다》, 한국경제신문, 이주영 옮김)
10. Alberti, *A Biography of Loneliness*, p. 5.
11. Robin Dunbar는 인간의 언어가 그가 사회적 그루밍의 한 형태로 여기는 수다에서 발생했다고 주장한다. *Grooming, Gossip, and the Evolution of Language*(Harvard University Press, 1996) 참조.
12. 'Gentle touch soothes the pain of social rejection', *UCL News*(18 October 2017): https://www.ucl.ac.uk/news/2017/oct/gentle-touch-soothes-pain-social-rejection.
13. Maria Konnikova, 'The power of touch', *New Yorker*(4 March 2015).
14. David J. Linden, *Touch: The Science of the Sense That Makes Us Human*(Penguin Books, 2015), p. 4.(《터치》, 교보문고, 김한영 옮김)
15. Paula Cocozza, 'No hugging: are we living through a crisis of touch?', *Guardian*(7 March 2018).
16. Alberti, *A Biography of Loneliness*, p. ix.
17. Laura Mol, 'Loneliness and touch starvation in times of the coronavirus', *Studium Generale*(14 April 2020) 참조: https://www.sg.uu.nl/artikelen/2020/04/loneliness-and-touch-starvation-times-coronavirus.
18. Frans de Waal, *Primates and Philosophers*(Princeton University Press, 2006), p. 4.
19. Lars Svendsen, *A Philosophy of Loneliness*(Reaktion Books, 2017), p. 20.(《외로움의 철학》, 청미, 이세진 옮김)
20. Patricia Joy Huntington, *Loneliness and Lament: A Journey to Receptivity*(Indiana University Press, 2009), p. 7.
21. Bertrand Russell, *Autobiography*(Routledge, 2009), p. 160.(《러셀 자서전》, 사회평론, 송은경 옮김)
22. 수렵채집 사회의 여가시간에 관한 문제는 인류학자 Marshall Sahlins가 수렵채집 사회를 '풍요로운 사회의 기원'이라고 칭한 1966년에 논의되기 시작했다. Sahlins가 수렵채집 사회의 심각한 문제들을 축소하긴 하지만, 최근의 증거들은 농업사회로의 전환이 실제로 여가시간의 감소로 이어진다는 것을 보여준다. Victoria Reyes-García, 'Did foragers enjoy more free time?', *Nature Human Behaviour*, 3(2019), pp. 772-3 참조.
23. Jared Diamond, *The World Until Yesterday*(Penguin Books, 2013), p. 457.(《어제까지의

세계》, 김영사, 강주헌 옮김)
24. John and Stephanie Cacioppo, 'Loneliness is a modern epidemic in need of treatment', *New Scientist*(30 December 2014).
25. Murthy는 *Together*에서 이렇게 말한다. "외로움은 우리의 생존에 반드시 필요한 것, 즉 사회적 연결의 부족을 경고하는 중요한 기능을 한다."(p. 23)
26. Jill Lepore, 'The history of loneliness', *New Yorker*(6 April 2020).
27. Olivia Laing, *The Lonely City: Adventures in the Art of Being Alone*(Canongate, 2016), pp. 3-4.(《외로운 도시》, 어크로스, 김병화 옮김)
28. Zhenzhu Yue, Cong Feng et al., 'Lonely in a crowd: Population density contributes to perceived loneliness in China', in Sarah J. Bevinn(ed.), *Psychology of Loneliness*(Nova Science Publishers, 2011), pp. 137-49.
29. 외로움과 신뢰를 다룬 자료에 관한 흥미로운 내용은 Svendsen, *A Philosophy of Loneliness*, 4장을 참조.
30. Ken J. Rotenberg, 'Loneliness and interpersonal trust', *Journal of Social and Clinical Psychology*, 13:2(1994), pp. 152-73.
31. Rotenberg는 이렇게 말한다. "외로움은 다음과 부적 상관관계를 보였다.(a) 타인의 신뢰성에 대한 전반적인 믿음.(b) 낯선 타인을 향한 신뢰성 신뢰 행동.(c) 가까운 동료에 대한 신뢰성 신뢰.(d) 가까운 동료에 대한 감정적 신뢰.(e) 가까운 동료와의 관계에 대한 신뢰 평가."(p. 170)
32. Zhaobao Jia and Wenhua Tian, 'Loneliness of left-behind children: a cross-sectional survey in a sample of rural China', *Child: Care, Health and Development*, 36:6(2010), pp. 812-17.
33. Guoying Wang et al., 'Loneliness among the rural older people in Anhui, China: prevalence and associated factors', *Geriatric Psychiatry*, 26:11(2011)와 Zhen-Qiang Wu et al., 'Correlation between loneliness and social relationship among empty nest elderly in Anhui rural area, China', *Aging & Mental Health*, 14:1(2010), pp. 108-12 참조.
34. https://ideasfactorybg.org/en/baba-residence/ 참조.
35. Euromontana 웹사이트에 실린 뉴스 기사(23 February 2018) 참조. https://www.euromontana.org/en/baba-residence-initiative-attract-young-people-depopulated-villages-bulgaria/.
36. Anelia Chalakova, 'Baba Residence brings life back to the depopulated Bulgarian villages!', *Bulgarka*(11 June 2017): https://www.bulgarkamagazine.com/en/резиденция-баба-връща-живота-на-об/.
37. Yanina Taneva, 개인적 대화.
38. Biljana Sikimic and Anne-Marie Sorescu, 'The concept of loneliness and death among Vlachs in north-eastern Serbia', *Symposia: Journal for Studies in Ethnology and Anthro-

pology(2004), p. 165.

39. 예를 들면 다음을 참조. Leng Leng Thang, 'Before we give them fuzzy robots, let's try solving elderly loneliness with people', *Quartz*(12 December 2018): https://qz.com/1490605/before-we-give-them-fuzzy-robots-lets-try-solving-elderly-loneliness-with-people/.
40. 주는 것과 외로움의 관계에 대한 더 많은 자료는 다음을 참조. Jenny de Jong Gierveld and Pearl A. Dykstra, 'Virtue is its own reward? Support-giving in the family and loneliness in middle and old age', *Ageing & Society*, 28:2(2008), pp. 271-87.
41. Michelle Anne Parsons, 'Being unneeded in post-Soviet Russia: lessons for an anthropology of loneliness', *Transcultural Psychiatry*(2020), pp. 1-14.
42. Ibid., p. 7.
43. James Fowler and Nicholas Christakis, 'Cooperative behavior cascades in human social networks', *Proceedings of the National Academy of Sciences*, 107:12(2010), pp. 5334-8.

에필로그 : 문을 열어놓기

1. Helen Dunmore, 'My Life's Stem Was Cut', *Counting Backwards: Poems 1975-2017*(Bloodaxe Books, 2019).
2. 엘리가 집필을 끝마치지 못했기에 엘리의 죽음 이후 내가 엘리를 대신해 책을 완성했다. 책은 다음과 같이 출간되었다. Elee Kirk and Will Buckingham, *Snapshots of Museum Experience*(Routledge, 2018).

타인이라는 가능성

초판 1쇄 발행 2022년 3월 10일
초판 2쇄 발행 2022년 4월 27일

지은이 | 윌 버킹엄
옮긴이 | 김하현
발행인 | 김형보
편집 | 최윤경, 강태영, 이경란, 임재희, 곽성우
마케팅 | 이연실, 김사룡, 이하영
디자인 | 송은비
경영지원 | 최윤영

발행처 | 어크로스출판그룹(주)
출판신고 | 2018년 12월 20일 제 2018-000339호
주소 | 서울시 마포구 양화로10길 50 마이빌딩 3층
전화 | 070-5038-3533(편집) 070-8724-5877(영업)
팩스 | 02-6085-7676
이메일 | across@acrossbook.com

ISBN 979-11-6774-037-3 03900

만든 사람들

편집 | 곽성우
교정교열 | 이정란
디자인 | 송은비
본문조판 | 성인기획